# LE MANAGEMENT PAR PROJETS

## Approche stratégique du changement

Éditions d'Organisation
1, rue Thénard
75240 Paris Cedex 05
www.editions-organisation.com

Le code de la propriété intellectuelle du 1er juillet 1992 interdit en effet expressément la photocopie à usage collectif sans autorisation des ayants droit. Or, cette pratique s'est généralisée notamment dans l'enseignement, provoquant une baisse brutale des achats de livres, au point que la possibilité même pour les auteurs de créer des œuvres nouvelles et de les faire éditer correctement est aujourd'hui menacée.
En application de la loi du 11 mars 1957, il est interdit de reproduire intégralement ou partiellement le présent ouvrage, sur quelque support que ce soit, sans autorisation de l'Éditeur ou du Centre Français d'Exploitation du Droit de Copie, 20, rue des Grands-Augustins, 75006 Paris.

© Éditions d'Organisation, 1996, 2000, 2003
ISBN : 2-7081-2964-3

Serge RAYNAL

# LE MANAGEMENT PAR PROJETS

## Approche stratégique du changement

Préface de Bernard WARAIN
*Président de la Chambre
de Commerce et de l'Industrie
du Mans et de la Sarthe*

Troisième édition

Éditions
d'Organisation

# REMERCIEMENTS

Je tiens à remercier tous ceux qui m'ont prodigué suggestions, critiques, conseils et encouragements pour cette démarche en management par projets et qui ont fait le succès de ce livre.

Ma reconnaissance s'adresse en particulier à :

Alain Le MEHAUTE, Directeur de l'ISMANS et Jean Paul PAQUIN, Responsable des programmes de Gestion de Projet à l'Université du Québec en Outaouais avec qui j'ai pu mettre en place une formation internationale de management de projet entre la France et le Canada.

Je tiens également à remercier mes collègues universitaires qui m'ont accueilli et permis d'aborder cette discipline dans leur formation : Maîtrises, DESS, écoles d'ingénieurs et de commerces.

Mes remerciements s'adressent plus particulièrement à :

Jean Paul MARTY de la Faculté de pharmacie de Châtenay-Malabry, Albert DAVID, Claude GENOT et Jean David AVENEL de l'Université d'Evry. Isabelle BLANCHARD Directeur Général de la CCI de Melun, de l'ESCI et l'ESI-GETEL d'Avon, le CNED de Poitiers et l'ensemble des entreprises avec lesquelles je travaille depuis de nombreuses années.

Enfin, j'exprime ma plus vive gratitude à Bernard WARAIN Président de la CCI du Mans et de la Sarthe pour la Préface de cette édition, pour son amitié et pour sa constance à porter et développer le management de projet auprès des entreprises de sa région.

# PRÉFACE

Pourquoi moi ? L'épicier devenu Président de la Chambre de Commerce et d'Industrie. Je me suis souvent posé la question.

Pourquoi Serge RAYNAL, homme d'entreprise, 20 ans au Groupe SNPE où son travail avait pour maîtres mots, la recherche, le management par la qualité et la communication, ce qui amène tout naturellement à la transversalité dans l'entreprise donc au « management par projet », Docteur ès Sciences, demande à un autodidacte de faire la préface de son livre ?

Puis, à tout réfléchir, vous vous apercevez qu'entre un Docteur ès Sciences et un Épicier, il y a toujours des hommes et surtout des hommes de terrain au service des entreprises où, pour moi, le dirigeant et le simple employé ont la même importance.

Si le P.D.G. ne s'intéresse pas au terrain, demain il sera déconnecté et il ne comprendra pas les besoins en projet pour l'entreprise – c'est grave –.

C'est pourquoi, je trouve que ce livre, qui a une vision à long terme et un vécu dans l'entreprise, est une source extraordinaire pour le lecteur.

Bernard WARAIN
*Président de la CCI*
*du Mans et de la Sarthe*

# SOMMAIRE

**INTRODUCTION** .................................................................. 19

*PREMIÈRE PARTIE :*
*DE L'ÈRE DE LA MATIÈRE À*
*L'ÈRE DE LA RELATION*................................................... 23

**Chapitre 1. LE CONTEXTE DU CHANGEMENT** ............ 25

   1. Introduction ............................................................... 25
   2. Le changement et ses origines ................................. 33
   3. Les types de changement .......................................... 33
   4. Stimulus du changement ........................................... 37
   5. Le contexte du changement ...................................... 38
   6. Les causes du changement ....................................... 39
      6.1. Facteurs externes ............................................... 39
      6.2. Facteurs internes ............................................... 41
   7. Les conséquences du changement ........................... 42
      7.1. L'évolution du management ............................. 42
      7.2. Caractéristiques et nouveaux principes ........... 43
      7.3. Nouvelles tendances .......................................... 45
      7.4. L'évolution du métier de manager .................... 46
   8. La conduite du changement ...................................... 47
   9. Les attitudes face au changement ............................. 48
   10. Les dirigeants face au changement ......................... 49

**Chapitre 2. CULTURE ET ORGANISATIONS** ........... 51

1. Environnement culturel et organisation .......... 51

2. Le paradoxe structurel du développement ......... 54
    2.1. Processus du court terme .......................... 55
    2.2. Processus du développement à long terme ......... 55
    2.3. Éfficacité du développement ...................... 56
    2.4. Recherche et développement ....................... 57
    2.5. Stratégie d'innovation ........................... 57
    2.6. Décloisonnement des structures .................. 58

3. Dynamique de l'organisation ........................ 60

4. Les hommes et les organisations .................... 60

**Chapitre 3. STRATÉGIES** ............................... 63

1. Le contexte économique et social .................. 63

2. Le système référentiel ............................. 65

3. Structure et corps médical ......................... 66

4. L'homme dans l'entreprise – l'homme et l'entreprise ... 67

5. De la politique à la stratégie ..................... 68

6. Stratégie générale ................................. 70
    6.1. La vigueur de la pensée .......................... 73
    6.2. L'analyse de la situation ........................ 73
    6.3. L'information .................................... 75
    6.4. Choix d'une stratégie ............................ 76

7. Stratégie opérationnelle ........................... 78

8. Conclusion ......................................... 80

© Éditions d'Organisation

## DEUXIÈME PARTIE :
## GESTION DE PROJET, APPROCHE ET MÉTHOLOGIE    85

### Chapitre 1. CONDUITE DE PROJETS : DE L'IDÉE À LA RÉALISATION    87

1. Qu'est-ce qu'un projet ?    90

2. Finalité et complexité d'un projet    92

3. Les conditions de réussite d'un projet    95
     3.1. La volonté de réussir    95
     3.2. La clarté du dessein    97
     3.3. Le pilotage de projet    97

4. La démarche    100
     4.1. L'amont du projet    101
     4.2. Le lancement du projet    106
     4.3. L'aval du projet    107

5. La démarche organisationnelle de projet    111
     5.1. La gestion par projet est une méthodologie du changement horizontal    111
     5.2. Organisation de projets    114

6. Conclusion    118

### Chapitre 2. STRATÉGIE ET NÉGOCIATION : L'ART DE GÉRER L'ESSENTIEL    121

1. Le cadre de la négociation    121

2. Négociation et management par projets    124

3. Points clés de la négociation    125
     3.1. Connaître son interlocuteur    126
     3.2. Connaître le contexte    126
     3.3. Clarifier la finalité et les objectifs de la négociation    126
     3.4. Définir les objectifs et le champ du négociable    127
     3.5. Imaginer le scénario et bâtir une argumentation    128
     3.6. Savoir accueillir et écouter    128
     3.7. Se centrer sur le projet sans perdre de vue les attentes de l'autre    128

|     |     |
| --- | --- |
| 3.8. Maîtriser le temps, mais demeurer souple et attentif | 129 |
| 3.9. Savoir conclure et décider | 129 |
| 3.10. Analyser les résultats | 130 |

4. Stratégie et négociation ........................................ 130
   - 4.1. Stratégie politique ........................................ 131
   - 4.2. Stratégie opérationnelle ................................. 133
   - 4.3. La tactique ................................................ 135
   - 4.4. L'occupation du terrain ................................. 136
   - 4.5. La connaissance de l'adversaire ..................... 137
   - 4.6. Maîtrise du temps ....................................... 137
   - 4.6. Maîtrise de l'information .............................. 138

5. Démarche stratégique et négociation ..................... 139
   - 5.1. L'analyse du contexte ................................... 139
   - 5.2. L'analyse de situation .................................. 139
   - 5.3. La préparation d'une négociation .................... 139

6. Les acteurs de la négociation ................................ 142

7. Conclusion ......................................................... 143

## Chapitre 3. MARKETING DE PROJET ......................... 145

1. Approche marketing ............................................ 145
   - 1.1. Introduction ............................................... 145

2. Analyse des forces et faiblesses de l'entreprise    146
   - 2.1. Analyse interne .......................................... 146
   - 2.2. Analyse externe ......................................... 148

3. Diagnostic marketing ........................................... 150

4. Choix stratégiques .............................................. 151

5. Intétêt stratégique .............................................. 153

6. Les étapes de la segmentation d'un marché ............. 154

7. Choix d'un critère de segmentation ........................ 155

8. Choix d'une cible ................................................ 156

9. Positionnement d'un produit ................................................. 157

10. Stratégies concurrentielles ................................................. 157

11. Étude du marché ................................................................ 158
    11.1. Qu'est-ce qu'une étude de marché ........................... 159
    11.2. Le déroulement d'une étude de marché .................. 160
    11.3. Traitement des informations ..................................... 161

12. Plan marketing et gestion prévisionnelle ........................ 162

**Chapitre 4. GESTION PRÉVISIONNELLE DE PROJET** ......... 167

1. Gestion d'un projet .............................................................. 167

2. Contrôle budgétaire d'un projet ....................................... 169
    2.1. Procédure d'élaboration des budgets d'un projet ...... 170

3. Les budgets d'un projet ...................................................... 172
    3.1. Définition des budgets ................................................. 172
    3.2. Le budget commercial ................................................. 172
    3.3. Le budget de production ............................................. 174
    3.4. Le budget des approvisionnements ........................... 175
    3.5. Le budget des frais généraux ..................................... 176
    3.6. Le budget d'investissements ....................................... 177
    3.7. Le budget de trésorerie ................................................ 178

4. Conclusion ............................................................................. 179

**Chapitre 5. COMMUNICATION EN MANAGEMENT DE PROJET** ............................................................................. 183

1. Introduction ........................................................................... 183

2. Communication de projet ................................................... 186

3. Les enjeux de la communication de projet ...................... 187

4. Cibler la communication de projet ................................... 191

5. Planifier la communication d'un projet ............................ 192

6. Communication interne en conduite de projet ............... 194

7. Communication externe d'un projet ........................... 197
    7.1. Convaincre l'acheteur ........................................... 199
    7.2. Visualisation de la communication d'un projet ......... 200
    7.3. La stratégie de communication de projet ................ 201
    7.4. Le choix stratégique ............................................. 203
    7.5. Le design produit ................................................. 204
    7.6. Publicité de projet ................................................ 206

8. Conclusion ................................................................. 207

**Chapitre 6. LE PROJET ET SON ENVIRONNEMENT** ........ 211

1. Introduction ................................................................ 211

2. Environnement culturel et organisation ........................ 215

3. L'environnement économico-politique ......................... 217

4. L'environnement socio-économique ............................ 219
    4.1. Syndicalisme et stratification sociale ...................... 221

5. Environnement marketing ........................................... 222
    5.1. Composantes de l'environnement externe ............. 222
    5.2. Attitudes stratégiques ........................................... 222
    5.3. Attitudes financières ............................................. 223
    5.4. Suivi technique et technologique ........................... 225

6. Conclusion ................................................................. 226

**Chapitre 7. MÉTHODOLOGIE ET OUTILS
DE LA CONDUITE DE PROJET** ........................ 227

1. Introduction ................................................................ 227

2. Définition et philosophie de la méthode
de conduite de projet ................................................. 229
    2.1. Définition ............................................................. 229
    2.2. Philosophie .......................................................... 230

3. Le processus de la pensée créative .............................. 231
    3.1. Introduction ......................................................... 231
    3.2. Pré-formulation du projet ...................................... 231
    3.3. Réunion de l'information afférente au projet .......... 231
    3.4. Organisation de l'information ................................ 232

| | |
|---|---|
| 3.5. Reformulation conjointe | 234 |
| 3.6. Le problème de l'expert | 234 |
| 3.7. Préparation de l'évaluation | 235 |
| 3.8. Conclusion | 235 |

4. Déroulement global de la méthodologie ............... 236

5. Outils utilisés dans la méthodologie
   de la conduite de projet ............................................. 246
       5.1. Analyse fonctionnelle ........................................ 246

6. Conclusion ................................................................. 253

## TROISIÈME PARTIE :
## *LE MANAGEMENT PAR PROJETS* ............................. 255

Introduction générale ..................................................... 257

### Chapitre 1. LE MANAGEMENT AU QUOTIDIEN ......... 263

1. Introduction ............................................................... 263

2. Relation manager – entreprise ................................. 267
   | | |
   |---|---|
   | 2.1. L'implication de nombreux intervenants d'origines diverses | 269 |
   | 2.2. Qu'est-ce que la gestion de projet ? | 270 |
   | 2.3. Évolution de la gestion de projet hier et aujourd'hui | 271 |
   | 2.4. La gestion de projet : une véritable philosophie de gestion | 273 |
   | 2.5. Gestion de projet – gestion traditionnelle | 277 |

3. Le groupe projet ....................................................... 278

4. Le chef de projet ...................................................... 286
   | | |
   |---|---|
   | 4.1. Les compétences du chef de projet | 289 |
   | 4.2. Rôles clés du chef de projet | 291 |
   | 4.3. Les fonctions du chef de projet | 298 |
   | 4.4. Le manager face au projet | 302 |
   | 4.5. Le chef de projet animateur du groupe projet | 304 |
   | 4.6. Gérer les conflits, gérer les résistances | 310 |

5. Conclusion ................................................................. 312

**Chapitre 2. LA RESPONSABILITÉ EN MANAGEMENT PAR PROJETS** ........ 317

1. La responsabilité du chef de projet ........ 317

2. La fonction responsable de projet ........ 319

3. Les fonctionnels face aux projets ........ 328
   3.1. Intervenir pour apporter de la valeur ajoutée dans les projets ........ 331
   3.2. Intervenir pour apporter de la valeur ajoutée aux prises de décision ........ 331
   3.3. Intervenir pour établir et garantir l'application des règles du jeu ........ 331
   3.4. Intervenir pour préparer l'avenir ........ 332

4. Conclusion ........ 332

**CONCLUSION GÉNÉRALE** ........ 335

**DÉFINITIONS ET TERMINOLOGIE** ........ 343

**BIBLIOGRAPHIE** ........ 347

***Aujourd'hui tout le monde travaille en projet,
beaucoup font du « Canada Dry »***

*Ça s'appelle projet*
*Ça ressemble à un projet*
*Mais ce n'est pas un projet*

# INTRODUCTION

D'où venons-nous ? Que sommes-nous ? Où allons-nous ?

Voici une triple question essentielle que se posent de nombreuses entreprises pour leur survie.

Les sociétés savent qu'elles ne sauraient s'affranchir de l'héritage qui les constitue. Elles savent également que le présent ne reproduit pas le passé et que l'avenir est partiellement déterminé, évaluable et aléatoire. Le temps est au coeur de l'action et l'entreprise doit savoir le maîtriser avec justesse et efficacité. Ceci dans tous les domaines : connaissance des situations passées, compréhension des situations présentes, organisation du travail et des hommes, stratégies, projets, décisions.

Dans un monde aujourd'hui caractérisé par la vitesse, l'instabilité et l'incertitude, la tentation est grande de répondre à l'éphémère par la précipitation, de rendre coup pour coup au temps qui passe et nous dépasse en le prenant à son propre piège.

Le monde change à une vitesse accélérée. Il est banal de parler de notre époque comme d'une période de grandes mutations. Tout aussi banal de formuler pour l'avenir des hypothèses révolutionnaires en matière de technologie, de forces économiques dans le monde, de population et d'emploi. Mais qu'en sera-t-il des entreprises ? Comment vont-elles changer ? De nouvelles formes d'organisation vont-elles apparaître ?

Notre vision du monde est en train de changer radicalement vers le multiple, le temporel, le complexe et le relationnel. Pendant très longtemps, la vision mécaniste du monde a dominé la science occidentale. Nous savons aujourd'hui que nous vivons dans un monde pluraliste en pleine mutation.

Les entreprises qui durent sont habitées par une tenacité intrinsèque et par une volonté permanente de s'élever au-dessus du désastre. On voit ainsi des organisations frustes mais farouches résister aux intempéries du temps et traverser les épreuves avec une foi salvatrice. On voit également des agrégats très sophistiqués, mal coordonnés, insuffisamment managés, en équilibre au bord de l'abîme.

La capacité de management d'un organisme est la résultante d'une tenacité foncière, originelle et de la qualité de l'organisation qui structure son identité.

Dans le monde de l'entreprise, comme ailleurs, les capacités de management s'expriment de façon visible et spectaculaire dans les situations « courtes », à fort enjeu : cessions, acquisitions, restructurations. Ce sont là des actes de direction, à vocation globale. Très peu nombreux, ils valent par la puissance de leur impact et par leur tranchant. Ils frappent l'esprit et sont lourdement porteurs de sens. Mais on a de plus en plus conscience que le management d'un organisme se joue à tous les niveaux, à tous les instants, de toutes les places : dans les étages inférieurs, ou bien aux marges, chacun à son poste interprète, décide, agit.

Arrêtons ici cette esquisse d'un axe finalement assez peu fréquenté, mais profondément fécond, du management. Trois grandes questions demeurent, qu'une entreprise ne saurait éluder sans aller vers de sérieuses difficultés.

– Comment mettre vigoureusement en évidence « l'organisation » de l'entreprise ? Elle doit régir le rapport aux autres, au monde, mais aussi à soi. Plus elle sera générale, riche, plus sa maille sera fine, mais en même temps plus ses lignes de force seront visibles, et plus pertinente sera la grille de lecture offerte au management quotidien pour maîtriser le monde.

– Comment créer un langage commun entre les différents acteurs du management qui permette les échanges, la compréhension et la coopération dans le traitement des

© Éditions d'Organisation

situations concrètes, et qui soit le langage du management en action ?

– Comment modifier (en prenant appui sur l'entreprise-projet) l'architecture et le contenu de l'organisation, sujet réservé du management central, avec les quelques actes lourds qui dépassent les capacités automanagériales ?

Au-delà de la mise en oeuvre de techniques de motivation, de techniques de projet d'entreprise, de techniques de communication globale, c'est l'extension du potentiel managérial qui est en jeu. Voici probablement un nouveau champ d'action du management des entreprises, et son défi : le défi de l'intelligence.

Les trois problèmes à résoudre pour la survie d'une société sont fondés sur une organisation définie par :

– le ciment qui correspond aux valeurs où se reconnaissent ses membres ;

– le moteur, assis sur les projets (sans projet, le travail d'une société devient inutile) et le pouvoir qui a pour mission de faire réaliser les projets ;

– la rencontre, qui met en jeu des notions de frontières, d'intérêt, d'influence, de suprématie et qui revêt deux formes principales : le commerce et la guerre sur les plans physique, social, culturel et économique.

En période de crise économique mondiale, les entreprises doivent être vigilantes et réagir vite et bien à l'opportunité comme aux menaces. Leur stratégie ne peut reposer que sur une capacité d'innovation et une force pour se différencier de ses adversaires et non pour vouloir leur destruction.

L'entreprise doit mettre ses ressources là où elles auront le plus d'effet. L'objectif stratégique est de renforcer ou de créer un avantage concurrentiel significatif et défendable pour ne pas se perdre et tirer le meilleur parti de ces turbulences. Les dirigeants sont amenés à conduire le changement en étant créateur de richesses, en plaçant leur entreprise dans un univers en expansion et en favorisant les échanges avec le personnel.

Dans un environnement qui évolue rapidement, avec une pression de plus en plus forte du marché, les organismes doivent en permanence s'adapter pour mieux répondre aux besoins du client. Une des réponses à cette pression consiste à regrouper certaines de leurs activités sous la forme de projets avec des enjeux de plus en plus importants. La réussite des projets devient une préoccupation pour certains organismes du même niveau que le processus de production et éventuellement le processus d'amélioration continue de la qualité. Pour tenir compte de ce changement culturel, ils se réorganisent et adaptent leur management général et leur fonctionnement.

Ce mode de management par la direction pour tenir compte des projets est appelé le « **management par projets** »

Ce livre décrit les principes essentiels du management par projets et en spécifie la terminologie. Il présente les principales conséquences en terme d'organisation que sa mise en œuvre au sein d'un organisme entraîne.

Le présent document a vocation à être utilisé par toutes les entreprises susceptibles de mettre en place un système de management par projets, quels que soient leur secteur d'activité, leur taille, le service ou le produit fabriqué.

Ce livre s'adresse prioritairement a la direction des entreprises qui a, seule, autorité pour mettre en place une organisation par projets de tout ou partie des ses activités. Il s'adresse aussi à tous les autres acteurs concernés, à un titre ou à un autre, qui participent à des projets, quel que soit leur rôle, leur métier ou leur position hiérarchique. Il s'adresse également aux formateurs, aux consultants et aux autres spécialistes en management par projets.

© Éditions d'Organisation

# Partie I
# De l'ère de la matière à l'ère de la relation

*« Le hasard ne favorise que les esprits préparés »*
Pasteur

Chapitre 1

# Le contexte du changement : de la révolution industrielle à l'ère de la complexité et de l'incertitude

## 1- Introduction

Le management par projets est un mode de management stable et durable de tout ou partie d'organisme. Il vise à articuler de manière efficiente les « activités projets » avec les activités récurrentes (fonctions, services, ateliers...). Il en résulte des interventions « croisées » des fonctions respectives et une organisation de type matriciel. La réalisation proprement dite des projets à durée déterminée relève du management de projet.

*Le management par projets, c'est une vision stratégique de l'entreprise*

La mise en œuvre du management par projets est un choix stratégique de la direction de l'entreprise ayant généralement pour but d'améliorer la compétitivité et les performances de ladite entreprise (meilleure satisfaction des diverses parties intéressées, réduction des coûts et des délais, réactivité, potentiel d'innovation.....). Dans la période actuelle, ce choix résulte souvent d'un besoin d'adaptation de l'entreprise face à un environnement concurrentiel exacerbé et complexe, où l'offre est devenue supérieure à la demande et se diversifie. Plus aisément que dans le management industriel « classique », ce mode de management permet de segmenter, hiérarchiser et finaliser les objectifs, d'en préciser les caractéristiques et d'en limiter l'horizon et la durée. Ces objectifs deviennent ainsi plus lisibles et compréhensibles par le personnel qui se responsabilise plus intimement à leur atteinte. L'entreprise tend à devenir une somme de plus petites composantes « à dimension humaine ». Par la même occasion, il devient plus flexible et maniable ; ce qui facilite la conduite des changements rendus indispensables et fréquents par les évolutions de l'environnement et la gestion des démarches d'innovation et de progrès continu ou par rupture.

*C'est l'intégration de la dimension humaine dans une évolution durable*

En contrepartie, le risque d'entrée en divergence de ces composantes s'accroît. Le rôle et les missions de la direction prennent de ce fait de nouvelles dimensions : la direction prend en charge personnellement la maîtrise de ce risque et est l'ordonnateur principal permanent de la mise en synergie des diverses composantes.

La migration vers le management par projets entraîne des changements culturels et organisationnels profonds s'inscrivant dans la durée. La bonne détermination de ces adaptations nécessaires, puis la conduite des changements résultants sont des facteurs clés de la réussite de la démarche.

Elle nécessite l'adaptation de l'organisation existante, parfois la mise en place d'une organisation nouvelle ayant pour objet de gérer un ensemble de projets. Elle nécessite la maîtrise des corrélations entre les processus des fonctions permanentes (souvent appelées « fonctions métier ») et les processus de gestion des projets ; avec besoin d'arbitrage fréquent des priorités, de processus de régulation, d'allocation pertinente des ressources. Elle entraîne une évolution significative du management des ressources humaines de l'organisme de manière à reconnaître et valoriser les compétences et comportements « spécifiques projet ».

Comme tout autre mode de management voulant être efficient, le mode de management par projets requiert, par ailleurs, la mise en œuvre d'un processus d'amélioration continue qui est essentiellement alimenté par les données de sortie des processus de maintenance à caractère itératif.

Avant de décider cette migration, sans céder seulement à l'effet de mode, la direction doit estimer rigoureusement :

– les contraintes, risques et coûts d'investissement et d'apprentissage qui accompagnent généralement l'adoption d'un mode de management par projets ;
– les enjeux et l'intérêt pour l'entreprise.

*L'adoption d'un management par projet doit être précédée d'un calcul des risques et d'une étude de la faisabilité*

## LES ENJEUX

Travailler autrement pour travailler mieux.

Diminuer les temps de réaction.

Décloisonner les secteurs d'une société.

Répondre aux marchés.

Être plus performant.

Adapter le personnel en fonction des besoins.

Motiver et responsabiliser le personnel.

Impliquer le personnel sur les projets de l'entreprise.

## POURQUOI ÇA MARCHE

Gains pour les entreprises.

Adapter le personnel en fonction des besoins.

Forte interactivité entre services concernés par rapport à un projet.

Motivation du personnel.

## DÉMARCHE

Conduire un changement.

Piloter des projets transversaux.

Constituer des groupes projets.

Utiliser méthodologie et outils pour gérer la conduite de projets.

## DIFFICULTÉS RENCONTRÉES

Peur du changement.

Problème de communication entre le groupe projet et le reste de l'entreprise.

Problème de suivi des carrières.

## INCIDENCES SUR LE FONCTIONNEMENT DE L'ENTREPRISE

Mettre en place un management par projets a des incidences fortes sur le management et le fonctionnement de l'entreprise :

*Le management par projets entraîne un changement des relations dans l'entreprise*

- l'identification et la réduction des activités non créatrices de valeurs ;
- le renforcement de la motivation et de la responsabilisation du personnel ;
- l'amélioration de la réactivité aux évolutions au travers de la capacité à concentrer l'effort et à le déplacer rapidement,
- le développement de l'initiative et de la créativité individuelles et collectives, c'est-à-dire la capacité à innover ;
- une meilleure capacité d'adaptation aux évolutions du marché ;
- le décloisonnement interne et l'accroissement des synergies ;
- l'élargissement des compétences contribuant à une meilleure employabilité du personnel ;
- l'apprentissage du travail en équipe et de la solidarité collective ;
- la reconnaissance plus aisée des compétences projet et leur optimisation ;

© Éditions d'Organisation

- l'accroissement de création de valeur pour l'organisme du fait de la fertilisation croisée et de l'optimisation des relations et des comportements que le management par projets favorise ;
- l'affirmation et la valorisation de la spécificité des compétences mises en jeu dans le management de projet ;
- l'intérêt du personnel à acquérir ou à accroître les compétences nouvelles reconnues par l'entreprise ;
- le développement de la capitalisation du savoir-faire et la généralisation du savoir être.

C'est-à-dire autant de facteurs qui contribuent à l'amélioration continue des performances de l'entreprise en réduisant les dysfonctionnements entre les projets et les structures permanentes de l'entreprise qui sont alors orientées vers l'aide et le soutien aux projets. Ces facteurs contribuent également à la prise en compte des attentes des clients, du personnel et des partenaires.

**Le management par projet contribue à l'amélioration permanente des performances**

## HIER

*LE PILOTAGE DE L'ENTREPRISE ÉTAIT CARACTÉRISÉ PAR :*

– **« L'ORGANISATION SCIENTIFIQUE » du travail :**
- simplification des tâches ;
- réduction des missions au tâches élémentaires ;
- transformation de la matière ;
- production de masse.

– **LA STABILITÉ :**
- l'intemporel,
  « nous vivons dans la durée »,
  « l'organisation est immortelle » ;
- la certitude et la sécurité,
  « l'emploi à vie ».

– **LA SUPÉRIORITÉ DE LA DEMANDE PAR RAPPORT À L'OFFRE :**
- beaucoup d'espace pour chacun ;
- peu de concurrence ;
- peu ou pas de violence.

↓

**LE MODÈLE PYRAMIDAL**

## AUJOURD'HUI

*LES CHANGEMENTS DANS L'ENVIRONNEMENT SOCIO-ÉCONOMIQUE SE DÉFINISSENT PAR :*

- L'INTERNATIONALISATION ;
- LA MONDIALISATION DES PHÉNOMÈNES ;
- DES INDIVIDUS MIEUX FORMÉS, MIEUX INFORMÉS ;
- LA PRÉDOMINANCE DE LA COMMUNICATION ;
- LA SUPRÉMATIE DES RÉSEAUX.

*LES CHANGEMENTS INDUISENT 3 EFFETS MAJEURS :*

- LA COMPLEXITÉ ;
- L'INCERTITUDE ;
- LA TURBULENCE, VOIRE LA VIOLENCE.

↓

**NÉCESSITÉ DE PASSER D'UNE ENTREPRISE PYRAMIDALE À UNE ENTREPRISE POLYCELLULAIRE**

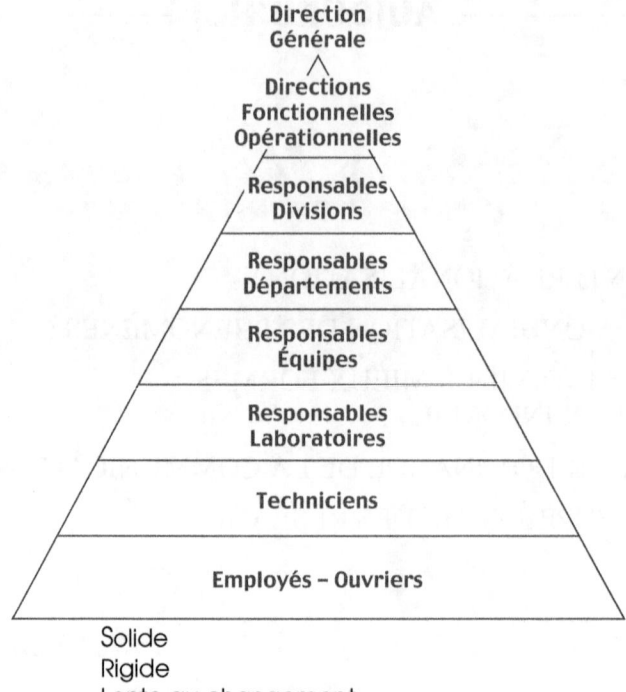

**ENTREPRISE PYRAMIDALE**

**ENTREPRISE POLYCELLULAIRE**

## 2. Le changement et ses origines

Le changement est un phénomène interactif entre un acteur, un système et un environnement. Ce phénomène est déclenché par un stimulus provoquant un écart, un décalage, une rupture, ou un déséquilibre.

Le changement peut avoir plusieurs origines : l'environnement économique, technologique, culturel ou juridique. Il dépendra de sa nature mais également des contraintes, des pressions, des exigences et aura des conséquences sur l'impact recherché.

Le changement peut provenir des systèmes organisationnels des structures et des modes qui influeront sur les relations système/environnement, les sous-systèmes, les relations entre sous-systèmes, la finalité du système et les produits du système.

Le changement viendra essentiellement des acteurs et aura des conséquences sur les enjeux et la stratégie de l'entreprise, les attitudes et les comportements du personnel, leur mode de pensée et leur vision du monde.

Dans tous les cas, la dynamique de changement est le résultat d'une frustration provoquée soit par le désir d'une ou plusieurs personnes soit par les contraintes qui peuvent être économiques, techniques ou juridiques. Cette dynamique aura donc des tonalités différentes qui seront axées sur le désir ou l'obligation : vouloir ou devoir changer.

## 3. Les types de changement

Le changement peut se traduire par une évolution ou une rupture. Ce sont les changements qui intègrent le temps et échappent ainsi au contrôle de la volonté humaine, car plus perçus dans leur résultat que dans le processus. En matière de changement, la ligne droite continue n'existe pas. Cette ligne de continuité est faite d'une multitude de micro-ruptures. La rupture est le passage d'un état de déséquilibre à un autre état de déséquilibre qui passe par une modification du rapport de forces entre acteur, système et environnement.

L'entreprise, en tant qu'organisation, doit être étudiée de points de vue forts divers, à la fois comme ensemble technique de production, comme groupe social, comme unité économique, en tant que système complexe proprement dit.

Ces aspects, tous complémentaires, sont eux-mêmes confrontés de façon ultime au problème de la dynamique de l'entreprise (apparition, développement, survie, disparition…).

Avec des termes différents, cette question a été traitée comme celle d'une dualité entre stabilité et changement.

– L'évolution technique et sa mise en œuvre.
– La conquête des nouveaux marchés et leur rentabilisation.
– Les nouveaux profits et leur utilisation.
– La croissance et l'organisation…

*L'entreprise comme modèle du changement dans la continuité*

Les exigences stratégiques d'innovation nécessaires pour la pérennité et le développement des entreprises qui correspondent à la nécessité de souplesse des structures sont des éléments importants pour conduire le changement de l'entreprise pyramidale à l'entreprise polycellulaire.

À chacune de ces composantes correspondent des modèles organisationnels.

L'un est rigide, formalisé, entraînant des lourdeurs et est axé sur l'organisation méthodique et une pensée taylorienne.

L'autre, animé par des notions de marchés, de besoins des clients est fondé sur l'innovation et sur les hommes.

Il n'y a pas de bon et de mauvais système. En terme de qualité, la dualité n'existe pas entre ces deux concepts, mais ils sont complémentaires l'un de l'autre.

La gestion globale de la qualité est à la fois :

– répondre aux besoins des clients et faire appel à des notions de dynamisme, de souplesse et d'innovation ;

– être conforme aux spécifications ce qui nécessite rigueur et méthodologie.

Cette schématisation vise à souligner l'impérieuse nécessité de bien comprendre que le changement n'est pas une mode organisationnelle passagère, mais doit tenir compte des deux composantes reposant sur la souplesse, la mobilité, avec des structures en adéquation, mais également sur la rigueur et une grande maîtrise méthodologique.

La dimension fondamentale dans tout processus de changement est la façon de l'aborder. Celle-ci doit correspondre à une véritable formation des acteurs concernés qui doivent s'approprier le changement pour en être des acteurs actifs et non passifs.

Ce changement va conduire à de nouveaux modèles relationnels, de nouveaux modes de raisonnement, à de nouvelles capacités collectives de l'entreprise.

Ce bouleversement qui peut être matériel et social va se traduire par une rupture, en passant d'une situation instable mais avec un référentiel connu, à une autre situation instable sans référentiel.

*Le changement influence la vie sociale de l'entreprise*

Alors que la stabilité obéit à un petit nombre de règles simples, le changement est le résultat d'un grand nombre de facteurs complexes :

– la volonté des dirigeants ;
– la mise en œuvre de moyens importants (matériel, fonction, contraintes, organisation…) ;
– la conjoncture ;
– l'environnement ;
– le passé de l'entreprise.

Ceci peut aboutir à l'inverse du résultat recherché si la conduite du changement est réalisée dans de mauvaises conditions.

Une autre difficulté apparaît : le manque de moyens de mesure pour quantifier le changement dans un milieu en continuelle évolution. En effet, la notion de changement

© Éditions d'Organisation

signifie que nous sommes en pleine mutation et que toute société cherchant à se développer doit être dans un mouvement perpétuel de changement.

Rompre avec les habitudes, les jeux, les hiérarchies, les protections, qui ont fondé le groupe, qui le structurent, suppose qu'existent des alternatives clairement perçues et des bénéfices évaluables.

La richesse d'une organisation est faite de la multiplicité de ses régulations qui, elles-mêmes, bénéficient de la légèreté des réglementations. Favoriser le changement (lui ouvrir la voie), c'est pour partie, agir avec tout ce qui va libérer l'initiative individuelle (ou collective), c'est freiner tout ce qui va fixer de manière rigide des objectifs, des moyens, des voies.

À travers les connaissances que l'on peut avoir sur les mécanismes du changement dans les organisations et de leur nécessaire liaison avec l'amélioration de la qualité, on peut schématiser ainsi ce que serait une stratégie qualité – changement incluant les hommes et les structures, sachant qu'il n'y a pas de chemin privilégié a priori, qu'il faut chaque fois le découvrir à partir des caractéristiques du système et des moyens disponibles.

**Pérenniser et développer par le changement**

À un premier niveau, c'est agir sur tout ce qui va affirmer la pérennité de l'organisation par sa maîtrise du marché, par ses liens avec ses fournisseurs, par ses liens avec ses employés. C'est se rendre prévisible pour ces mêmes composantes. Cela veut dire que l'on va définir avec suffisamment de précision le cadre de l'action, que l'on va privilégier le long terme.

Il serait en effet utopique de penser que quiconque va mettre en balance ses avantages immédiats, s'il n'a pas l'assurance que l'investissement qu'on lui demande aura le temps d'être rentabilisé.

Les différents éléments de cette stabilité doivent traduire, faire coïncider les perspectives de chacun. C'est-à-dire qu'il doit exister dans l'entreprise des valeurs et projets partagés, l'essentiel étant de respecter l'ordre des facteurs, de connaître les besoins, les soucis, le potentiel de chacun pour en faire un tout et non pas de demander à chacun de se mettre à la taille de la nouvelle construction. Dégager une culture peut être une façon de permettre à chacun de se rattacher au tout.

Dire que l'accession a plus de liberté passe par plus de rigueur.

L'idée maîtresse ici est qu'il faut redonner confiance dans l'entreprise et dans la solidarité des liens qui l'unissent à tous ceux qui la composent. Que cette confiance ne peut être que la résultante d'actions, sans perdre la référence du client.

La constatation d'une grande cohérence organisationnelle n'est pas forcément un signe de bonne santé parce qu'il peut s'agir d'un ensemble pauvre, donc rigide ; mais inversement la profusion d'un système riche en régulation peut masquer cette même cohérence. Cette première connaissance acquise, il faudra ensuite déterminer quelle dose de novation est nécessaire et suffisante.

*Le changement est un vecteur de l'innovation*

Une troisième illustration de ce même besoin résulte des nécessaires propositions d'action qui doivent être faites. L'impératif, en l'occurence, est de simplifier. Parce qu'il est vain de vouloir opposer à la complexité des problèmes rencontrés, celle des règles édictées. Cette opération n'a de chances d'aboutir que si elle repose sur une connaissance approfondie du terrain. Celle qui va montrer entre autres des contradictions peut-être nécessaires, des mécanismes parfois opposés, à des niveaux ou dans des secteurs différents.

Enfin, la réalité que l'on découvre et qui est ce que l'on doit faire évoluer, est en même temps un frein à l'innovation et son nécessaire soubassement.

## 4. Stimulus du changement

Le stimulus est le phénomène déclencheur du changement. Ce stimulus peut prendre la forme d'un comportement, d'une action au niveau de l'individu dans le système, et d'un produit ou d'un événement au niveau du système ou de l'environnement.

Le stimulus va avoir une valeur positive ou négative quant aux finalités du changement qu'il va provoquer et aux effets directs ou indirects du processus du changement amorcé. Un stimulus provoque toujours une perception, une réaction et un changement plus ou moins intenses au niveau des acteurs. Les réactions vont de l'engagement à l'affrontement en passant par la passivité, l'inhibition, la fuite et la résistance. Ce stimulus peut être prévu ou imprévu, voulu ou redouté mais il conduira à un changement.

*Sans motivation il n'y a pas de changement réussi*

## 5. Le contexte du changement

Pendant des millénaires, saisons et générations se sont répétées. Dans les sociétés primitives, le temps était celui de l'agriculture et des saisons. C'était aussi celui de l'immobilisme social ; le père n'avait qu'une ambition : voir son fils reprendre à l'identique ses coutumes, sa maison, ses gestes quotidiens. Le changement et la croissance sont des concepts récents et presque inattendus dans le déroulement de l'histoire.

Le XX$^e$ siècle aura été celui de la révolution industrielle et la fin de ce siècle voit le travail de la matière, les usines remplacer le travail de la terre et les paysans émigrer vers les villes pour devenir des ouvriers.

*De l'ère de la matière à l'ère de la relation*

L'ère de la matière est caractérisée par la technique, la production de masse, la rationalisation, la maximisation, la standardisation et l'information à sens unique. À l'aube du XXI$^e$ siècle, nous sommes à l'ère de la relation identifiée par une prédominance de la communication, la relativité des espaces temps, la suprématie des réseaux, la prise en compte du non rationnel, la montée de l'éthique et la mondialisation des phénomènes.

© Éditions d'Organisation

## 6. Les causes du changement

Tout changement est un facteur de changement. De nombreux facteurs vont surgir et jouer un rôle important sur le changement. Ils sont de deux natures : externe et interne.

### *6.1. Facteurs externes*

La mondialisation des actions, des décisions et des réseaux qui contribuent à des mutations aussi bien en économie qu'en politique, en technologie et dans les manifestations sociales, apparaît comme le premier facteur du changement.

*La mondialisation, facteur déterminant du changement*

Bien d'autres causes peuvent conduire aux changements, notons plus particulièrement :

- l'accélération de l'espace/temps avec un accroissement de la vitesse de l'information, la surenchère de la productivité et de la qualité ;
- l'industrialisation et la professionnalisation de la relation, la prédominance de l'économie de marché avec la recherche de modèles d'organisation centrés sur l'efficacité et la productivité ;
- la complexification par la multiplication des paramètres à intégrer, des acteurs concernés, des informations à gérer, l'accroissement de l'incertitude et de l'instabilité, la multiplication des ressources ;
- les problèmes de société et ses clivages, ses chocs culturels et les nouvelles plaies sociales telles que le chômage et la santé.

Cependant la révolution industrielle est certainement la principale cause du changement et les facteurs prédominants sont les suivants :

- l'accroissement de l'utilisation de l'énergie par la ponction des réserves de la planète, la dispersion et la concentration des sources d'énergie renouvelable ou non renouvelable, la pluralité des réserves énergétiques à un éventail restreint ;

- la percée de la technologie qui fait naître de nouvelles industries, qui ouvre vers la production de masse et nécessite des ouvertures au niveau de la distribution ;
- les nouvelles formes d'organisation sociale ou de la famille étaient auparavant regroupées autour d'une terre. Aujourd'hui, l'autorité patriarcale est remise en question. Les rapports : parents/enfants, hommes/femmes évoluent. La naissance de l'éducation de masse préconditionne les jeunes à l'industrie ;
- le nouveau rapport production-consommation. Nous passons de l'ère de la production de masse à celle de la consommation de masse, avec une production de 20 % pour un usage personnel, et 80 % à usage commercial. Nous sommes passés d'un rôle central joué par le marché à une dépendance du marché pour assurer les besoins vitaux ;
- un nouveau type de communication avec une diffusion de l'information médiatisée et en masse.

> **La révolution industrielle est certainement la principale cause du changement**

Ce schéma de la révolution industrielle repose sur six principes :

1 – La standardisation

Elle porte non seulement sur les produits (fabrication en masse de produits identiques), mais aussi sur les procédures, les outils de travail puis sur les systèmes éducatifs, informatifs. La standardisation pénètre tous les aspects de la vie quotidienne.

2 – La spécification

L'organisation scientifique du travail conduit à la décomposition élémentaire des tâches et donc à une grande spécification qui se retrouve au niveau de l'éducation et de la formation.

3 – La synchronisation

Le travail est lié aux exigences du marché pour répondre au mieux aux besoins des clients, ayant pour conséquences des restructurations organisationnelles et des adaptations de production dont l'objectif principal est la rentabilité.

Le travail c'est de l'argent et le monde industriel est devenu économique, ce qui implique qu'aucun retard ne soit pris dans le système productif.

4 – La concentration

Nous sommes dans la décennie de la concentration de l'énergie, des populations dans les villes, du travail dans les usines et plus particulièrement dans les PME et PMI et des capitaux au sein de groupes économiques financiers internationaux.

Le regroupement de ces sociétés dans des organisations croisées multi-internationales a pour objectif le pouvoir et le partage du monde.

5 – La maximalisation

L'homme a toujours été intéressé par l'accumulation des profits entraînant l'accroissement de la taille des entreprises, aujourd'hui multinationales. La concentration a eu pour conséquence la multiplication des habitations devenues buildings.

6 – La centralisation

L'évolution industrielle a conduit l'homme à vouloir diriger et contenir cette révolution et il s'en est donné les moyens par la centralisation des pouvoirs, des méthodes, de l'information et du commandement.

## 6.2. Les facteurs internes

Le travail change ; nous observons une évolution des valeurs professionnelles, une évolution des niveaux de compétence (autonomie, responsabilité et exigences), une évolution des éléments du contrat et une évolution des modes de management.

Les changements sociaux, vecteurs des changements managériaux

L'ensemble de ces facteurs conduit vers un modèle de fonctionnement de type polycellulaire.

Les caractéristiques de l'entreprise polycellulaire reposent sur l'existence d'une véritable équipe de direction, la régulation permanente et une forte communication interne, un fonctionnement en réseau, la négociation interne comme acte permanent et la capacité de maîtriser le temps.

## 7. Les conséquences du changement

### 7.1. L'évolution du management

Le travail évoluant, le management, dont le principal objectif est de gérer l'entreprise, se devait de changer.

Nous sommes passés d'un management centré sur les tâches à un management centré sur les hommes. Nous pouvons constater que cette révolution culturelle a été régie par de nombreux principes. Le management centré sur les tâches était lié à une structure pyramidale dans laquelle le subordonné ne doit recevoir d'ordres que d'un seul chef, ce qui conduit à une centralisation de l'autorité et un éventail limité de subordination et de contrôle. Nous observons désormais une division du travail et une spécification des fonctions. La priorité est donnée aux managers scientifiques pour une analyse rationnelle du travail et une décomposition des travaux en tâches élémentaires : mesure du temps, élaboration de standard, codification des fonctions du chef, planification, organisation, commandement, coordination et contrôle. Le manager doit, après analyse, savoir dégager la bonne méthode, la meilleure organisation et le modèle unique. Le monde doit être impersonnel, les règles d'organisation, les fonctions et les structures doivent être indépendantes des personnes : une place pour chaque personne et chaque personne à sa place.

*L'évolution du management est une révolution culturelle*

Cette forme de management ne peut plus exister dans le monde occidental ; l'éducation, la formation, la communication ont fait évoluer le travail et ont eu pour conséquence une révolution dans la façon de diriger.

L'homme est devenu le centre du management. Les pouvoirs et les responsabilités sont décentralisés. Le rôle d'animateur et de responsable est valorisé par une recherche de la participation du personnel de l'entreprise. Les rapports sont fondés sur la confiance plus que sur l'autorité, avec le développement de l'autocontrôle au détriment des contrôles hiérarchiques externes. Les relations interpersonnelles sont favorisées ainsi qu'une recherche constante de l'amélioration de l'ambiance de travail par le développement de la communication d'entreprise. L'organisation devient informelle : il faut prendre en compte les relations non officielles, les mécanismes spontanés de la communication et de la dynamique de groupe. La priorité est donnée à la dimension relationnelle dans l'action d'organisation : l'organisateur est avant tout un praticien de la psychologie, un animateur, un homme de communication.

*L'homme devient la pierre angulaire de l'entreprise*

## 7.2. Caractéristiques et nouveaux principes

Parallèlement à l'apogée de la reconstruction dans les années 1960-1970 où l'on peut observer une croissance économique, technologique et des évolutions socio-culturelles, on voit émerger les prémices de ce qui sera la crise des années 70 avec ses conséquences actuelles. L'entreprise se multiplie dans un contexte où les évolutions s'accélèrent :

– les évolutions socio-culturelles accroissent les exigences du consommateur et celles des acteurs de l'entreprise ;
– une nouvelle éthique apparaît, qualité de la vie et environnement ;
– les pays producteurs de matières premières cherchent à exercer davantage leur pouvoir ;
– la mondialisation de l'économie accélère la concurrence et modifie les rapports de l'offre et de la demande.

Le principe de simplicité des structures comme réponse à l'investissement des ressources humaines et à la maîtrise de la complexité des rapports humains se traduit par la professionnalisation et la désophistication des structures et des procédures. Le principe d'autonomie doit permettre la rapidité d'adaptation à l'environnement et donner à chacun des acteurs, une liberté pour innover, entreprendre et agir. Ceci conduit à la décentralisation et à la délégation. Manager pour obtenir la mobilisation et une coopération efficace, se traduit par plusieurs principes :

**Approche stratégique, technologique et socio-culturelle**

– une conception relativiste et pluraliste de l'organisation : pas de modèle idéal, plusieurs modèles peuvent être performants selon le contexte (stratégies, technologies, culture interne) ;
– une approche systémique de l'organisation : l'entreprise est un système ouvert qui doit s'adapter à son environnement, l'entreprise est un ensemble de sous-systèmes qu'il faut articuler en un tout cohérent ;
– une décentralisation et une flexibilité d'autant plus importantes que l'environnement de l'entreprise est incertain et évolutif ;
– une approche socio-technique et socio-économique des problèmes d'organisation : toute action technique ou économique a des implications sociales et humaines et inversement ;
– une direction par objectifs : la logique des objectifs doit primer sur la logique des tâches, les structures doivent être un moyen de réaliser les stratégies ;
– une planification du développement de l'entreprise à moyen terme ;
– la priorité est donnée à la dimension méthodologique et stratégique dans l'action d'organisation : l'organisateur est moins un expert ou un homme de communication qu'un stratège, un négociateur et quelqu'un qui facilite la résolution d'un certain nombre de problèmes dans le cadre de la mission qui lui est confiée ;
– la recherche permanente de l'amélioration des conditions de travail et de la qualité de la vie par un développement

*De l'ère de la matière à l'ère de la relation*

des nouvelles formes d'organisation (enrichissement des fonctions, cercles de qualité…) ;
- la formation des responsables aux méthodes de l'action. Le management étant l'art d'obtenir des résultats en intégrant le changement, les méthodes ou les démarches sont plus importantes que les contenus ;
- enfin, le changement se gère, et même si tout n'est pas négociable, la réussite d'une action de changement dépendra largement de la part active qu'y prendront les différents acteurs concernés.

## 7.3. Nouvelles tendances

Il ne s'agit pas de donner ici un tableau exhaustif de toutes les tendances mais de celles qui nous paraissent les plus significatives.

Elles ne sont pas toutes de même importance mais toutes sont cohérentes avec l'idée que nous sommes aujourd'hui dans une phase de transition entre l'ère de la matière et l'ère de la relation.

Cette mutation vers l'ère de la relation se caractérise de la façon suivante :

- c'est par l'individu que commence la description d'un monde fondé sur la relation, et ce phénomène appliqué au monde économique place nécessairement l'individu au centre du processus économique ;
- dans ce modèle de représentation, l'individu appréhende la relation à partir de ses besoins ; non seulement le besoin de contact, d'entrer en contact et communiquer avec les autres, le sentiment d'appartenir et d'être reconnu, mais aussi le besoin de retrait, de s'individualiser, s'isoler, ne pas être dérangé, créer sa solution personnalisée.

*L'entreprise prend en compte les besoins de son personnel*

Ces deux types de besoins, en apparence contradictoires sont en réalité les deux versants d'une même réalité, et vont avoir des répercussions importantes quant à la compréhension des

© Éditions d'Organisation

comportements des acteurs, internes et externes à l'entreprise.

Dans cette nouvelle ère, toutes les transactions se font, non plus sur des échanges de matières, mais sur des échanges relationnels.

Enfin, cette ère de la relation se manifeste par les tendances socio-culturelles qui visent à répondre à ce double besoin d'individualisation et de communication.

L'élément clé, c'est l'information qui devient la denrée la plus recherchée. Tout comme le temps devient une valeur marchande qu'il faut apprendre à gérer. La montée des réseaux comme contre-pouvoir à la possession de territoires est une donnée décisive dans les stratégies. La mondialisation des relations conduit à la prise en compte des composantes non rationnelles et oblige à redéfinir les caractéristiques et les rôles du manager.

## 7.4. L'évolution du métier de manager

Le manager devient un agent de diffusion, d'intégration et de production de culture pour fédérer les acteurs et se mobiliser avec eux autour des référents communs du changement qui se substitueront aux ordres contraignants.

*Le changement de fonction du manager*

Son métier consiste à être un producteur de sens et de cohérence pour passer de la logique du comment à la logique du pourquoi et concentrer toutes ses énergies vers les buts que s'est fixés l'entreprise.

Il aura un rôle de médiation et de stratège pour produire de l'organisation, inventer et mettre en œuvre des médiations et des stratégies face aux contradictions de l'entreprise. Il devra trouver un langage commun pour rétablir la communication, il sera un arbitre et un régulateur pour rechercher le consensus dans les conflits. Enfin, ce sera un éveilleur et un créateur de situations mobilisantes pour mettre les acteurs en situation de se motiver eux-mêmes.

© Éditions d'Organisation

## 8. La conduite du changement

Conduire le changement c'est anticiper, préparer, provoquer, initier, s'adapter, accompagner et évaluer. Pour mener à bien l'ensemble de ces actions, il est nécessaire de suivre quelques principes élémentaires :

– analyser la situation de départ :
- dresser l'état des lieux (points forts, points faibles) ;
- prendre en compte toutes les dimensions de la situation, techniques, économiques, psycho-sociologiques et culturelles.

– adopter une vision stratégique :
- expliciter les stratégies générales et opérationnelles de l'entreprise en interne et en externe ;
- expliciter les stratégies d'acteur ;
- avoir une vision globale de la stratégie ;
- garder la maîtrise mentale de l'action.

*Cheminement organisé du changement*

– prendre appui sur les facteurs de changement :
- annoncer les orientations stratégiques et les axes politiques ;
- informer et former le personnel ;
- changer le cadre, les règles, les noms, les outils, les personnes…

– accepter la complexité, l'incertitude, le risque :
- prendre des risques ;
- calculer les risques ;
- savoir s'entourer.

– programmer le changement :
- définir les objectifs ;
- établir un plan d'action ;
- inscrire ces programmes dans une stratégie.

– analyser :
- adopter les méthodes et outils de la conduite de projet ;
- éclaircir le processus de décision ;
- donner aux pilotes une information rapide et pertinente ;
- évaluer et réagir rapidement.

## 9. Les attitudes du changement

Nous retrouvons les différents comportements traditionnels de l'être humain dans l'entreprise. Nous rencontrons les personnages **adaptés**, ceux qui, quelles que soient les circonstances, seront des opportunistes ou des individus préparés à l'avenir. Il y a également les **pionniers**, ceux qui voient toujours plus loin, les visionnaires, les explorateurs, les professionnels du changement. Malheureusement nous trouvons également les **belliqueux**, véritables guerriers : ce sont les empêcheurs de tourner en rond, toujours prêts à serrer les freins. Il reste les **passéistes**, les rêveurs qui ne voient pas pourquoi changer leurs habitudes, les revanchards qui ont vu des changements dans leur carrière, en ont subi les conséquences, et qui sont prêts à tordre le cou à toutes nouvelles initiatives.

*Tout changement entraîne de la résistance*

Les principaux types de manifestations de résistance aux changements sont : le rejet, les récriminations, la paralysie par l'analyse, les conflits, le cloisonnement, la temporisation, l'accentuation, le simulacre, la dispersion, la déviation, le refus de formation et d'information.

Ces réticences sont provoquées par :

- l'individu : ses habitudes, sa peur de l'inconnu, son besoin de stabilité, sa méfiance justifiée, sa satisfaction des besoins, sa perception personnelle du changement, sa perte des points de repère... ;
- le groupe, pour des raisons de conformité aux normes du groupe, de système de valeur, de représentation de la réalité et des menaces, des rituels et des tabous ;
- les structures, les conditions de travail, le fonctionnement organisationnel, la cohérence du système, les intérêts et droits acquis, le rejet de ce qui est étranger et le climat.

Les résistances peuvent être également liées au processus par le manque d'explications, l'incompréhension du sens, le manque de temps, de crédibilité de l'acteur du changement, le manque de consolidation ou l'absence de visibilité sur les buts poursuivis.

Nous constatons que les facteurs de résistance aux changements sont nombreux et qu'il est nécessaire de bien étudier les enjeux, de mesurer les difficultés et de maîtriser la conduite avec méthodes et outils, pour que ce changement se transforme en succès et non en échec.

|  | **PASSÉISTES** | **PIONNIERS** |
|---|---|---|
|  | – RÊVEURS<br>– REVANCHARDS  1 | 3  – EXPLORATEURS<br>– VISIONNAIRES |
|  | – GUERRIERS  2<br>– VOYOUS | 4  – OPPORTUNISTES<br>– PROFESSIONNALISTES |
|  | **BÉLLIQUEUX** | **ADAPTÉS** |

## 10. LES DIRIGEANTS FACE AU CHANGEMENT

Dans cette période de mutations profondes, nous nous apercevons que l'entreprise est plus qu'un lieu de production où l'homme reçoit un salaire en contrepartie d'un travail. C'est un champ de rencontres, d'innovations, de joies, de défis, de passions, de colères, de peines, de conflits, de réconciliations et de déchirements. C'est un monde vivant doté d'un mouvement vers le bas qui matérialise les idées, les traduit dans la vie quotidienne sous formes concrètes et un mouvement vers le haut qui permet à l'individu de se réaliser et de s'épanouir. Pour prospérer, les dirigeants ne peuvent faire l'économie ni de l'un ni de l'autre. Les entreprises qui réussissent sont celles qui, en plus de leurs performances technologiques, de la qualité des produits qu'elles fabriquent et des marchés qu'elles détiennent, sont porteuses d'une énergie de réussite, d'une volonté de prospérité en accord avec le corps social.

**Le changement nécessite un nouveau mode de direction**

Les dirigeants de demain seront des animateurs, des stratèges, des économistes sachant créer, innover, sentir, ressentir, suscitant la confiance de leur personnel, l'adhésion et l'enthousiasme.

Pour manager le changement, il faut savoir que la vie de l'entreprise va au-delà de ses aspects purement économiques. Les dirigeants doivent comprendre qu'il est nécessaire d'agir avec lucidité et justesse pour le bien de l'entreprise et des hommes qui y travaillent.

Pour ce faire, il est nécessaire de faire travailler ensemble les hommes et les femmes concernés par chaque projet, car ils pourront apporter leur expertise pour répondre au mieux aux besoins des marchés et des clients en évitant les erreurs.

# Chapitre 2
# Culture et tradition : de l'impact culturel sur les structures et les organisations à l'influence de la culture d'entreprise sur la conduite du changement

## 1. Environnement culturel et organisation

Une entreprise s'identifie par une organisation et un environnement culturel dont les principales caractéristiques sont :
- un système de valeurs qui cimente les membres de l'organisation ;
- un idéal, qui donne à chacun une aspiration transcendante ;

- un système de communication, un support, un réseau qui diffuse l'information ;
- une structure qui répartit les rôles ;
- un système de création et/ou de productions qui réponde aux besoins matériels et immatériels de l'organisation et de ses membres ;
- un système éducatif qui favorise la vie à long terme de l'organisation ;
- un système d'échanges économiques ;
- un système politique qui assure la pérennité de l'organisation ;
- un système législatif qui détermine les règles de fonctionnement.

Une entreprise se définit également comme une institution fondée sur :

– l'identité :

**Les facteurs organisationnels d'entreprise**

C'est ce qui fait que l'entreprise ou l'institution se reconnaît et qu'on la reconnaît en tant que personne morale unique.

Les composantes de l'identité sont nombreuses (juridiques, techniques, économiques, organisationnelles, humaines et sociales). La plus significative des composantes est dans la majorité des cas, la marque ou la dénomination.

C'est l'ensemble des caractéristiques qui permettent d'identifier et de qualifier l'entreprise ou l'institution dans son « marché » et son environnement.

– la mission :

C'est ce à quoi l'entreprise ou l'institution sert, c'est-à-dire la contribution qu'elle apporte aux autres (ses produits et services, mais aussi, à travers ses produits, d'autres contributions).

– la vocation :

Elle est intemporelle. C'est ce pourquoi l'entreprise ou l'institution est faite. Ce pourquoi l'individu croît qu'il est fait. C'est le destin qu'il se fixe ou auquel il est appelé.
C'est la raison d'être de l'entreprise ou de l'institution.

– l'ambition :

C'est l'horizon que l'entreprise se fixe (proche ou lointain, avec plus ou moins de perspective).
Généralement tout comme l'horizon, au fur et à mesure que l'organisation se rapproche de son ambition, elle en recule les limites.
Une organisation, en tant que personne morale, n'a aucune ambition.
Ce sont les hommes qui sont porteurs d'ambition pour elle, que ces hommes soient les dirigeants, l'ensemble des salariés ou les actionnaires.
En l'absence d'ambition, la raison d'agir disparaît vite, seule subsistera éventuellement la raison de survivre.
C'est l'ambition qui permet à l'organisation de se nourrir d'objectifs pour se développer.

– les valeurs :

Ce sont les croyances. Les aspects, notamment comportementaux, que l'on valorise et que l'on défend en matière de pratiques, de métier, d'action, d'éthique de gestion, de pouvoir, de ressources.
Les convictions exprimées et que l'on défend.
Les règles que nous n'acceptons pas de transgresser.
Ces valeurs que l'on positive et qui s'opposent à d'autres valeurs que l'on rejette.
Ces convictions, règles, valeurs… sont l'un des constituants de base appelé communément la culture d'organisation (de l'entreprise ou l'institution).

**Les facteurs culturels de l'entreprise**

L'ensemble de ces critères a pour rôle d'établir au sein d'une entreprise un référentiel.

Ce référentiel reflète un regard subjectif et arbitraire ; il correspond à un choix politique. C'est lui qui donne un sens à toutes les actions.

La notion de culture d'organisation sera un élément clé et déterminant dans la conduite du changement.

Par rapport au management d'une organisation, tout événement ou tout projet de changement qui ne s'inscrit pas dans la continuité culturelle de l'organisation suscitera spontanément :

– méfiance ;
– malaise ;
– résistance ;
– défiance ;
– défi.

Il convient donc d'anticiper le décalage culturel qui sera créé par cet événement ou ce projet de changement, et de prévoir une action ou de créer les conditions qui en faciliteront l'acceptation.

**Le changement fait évoluer la culture de l'entreprise**

Le changement doit consacrer la primauté de l'homme dans l'entreprise, car l'entreprise de demain, moins lourde en personnel, adoptera des organisations plus souples où l'initiative de chacun contribuera au succès de l'ensemble. Mais la décentralisation de la gestion supposera en contrepartie que les dirigeants, conscients de la spécificité de la culture de leur entreprise, s'efforcent de faire partager par tous le projet stratégique dont ils sont porteurs. Une évolution qui n'ira pas sans heurts, surtout dans les grandes entreprises où le phénomène bureaucratique risque de rester profondément enraciné.

## 2. Le paradoxe structurel du développement

L'efficacité de l'organisation dans le court terme permet de générer un profit investissable dans le long terme. Pourtant les modèles d'organisation du court terme peuvent pénaliser fortement la prise en charge du développement.

Le dirigeant d'entreprise doit organiser, animer et contrôler deux types de processus :

- les échanges et transactions du court terme (articulations production-vente, système logistique, comptabilité, achats, etc.) ;
- les développements du long terme (produits, amélioration des procédés, évolution de la configuration industrielle, diversification, etc.).

Les processus de prise en charge du développement (réflexion, investissement de moyens, etc.) ne sont envisageables que si l'entreprise génère, par son efficacité dans le court terme, des profits réinvestissables en temps et en financement.

*Conséquences du changement*

Or les processus du court terme et ceux du long terme diffèrent fondamentalement quant à l'adhésion et l'animation des équipes concernées.

## 2.1. Processus du court terme

- Il s'agit d'échanges et de transactions entre les services (production, vente, achats).
- L'événement présent s'impose et sa perception est en général commune.
- On peut faire jouer des automatismes (procédures normales ou d'urgence).
- L'arbitrage du dirigeant est légitimé en grande partie par l'urgence des décisions à prendre.

## 2.2. Processus du développement à long terme

- La notion de transaction doit s'effacer devant celle de projet commun.
- Les événements lointains ne sont pas perceptibles de la même façon par tous (techniciens, commerciaux, financiers).

© Éditions d'Organisation

- L'objectif à atteindre est discutable par définition.
- La richesse des idées est inégalement répartie entre les individus.
- Les causes de désaccord sont donc nombreuses et le caractère lointain des échéances n'impose pas de lui-même une mobilisation commune sur les problèmes.

Le problème du Dirigeant est que ces deux processus doivent s'appuyer sur les mêmes équipes : celles qui génèrent par leur efficacité le profit d'aujourd'hui doivent être associées à la définition et à la conduite des projets qui généreront le profit de demain.

Sur un autre plan, les critères de performance des responsables (rentabilité court terme) peuvent fréquemment pénaliser la prise en charge du long terme car les projets absorbent du temps et des moyens financiers dont la contrepartie ne se retrouve pas dans l'immédiat.

Un certain nombre de principes permettent cependant d'envisager une bonne intégration de l'entreprise pour la prise en charge de son développement à terme.

## 2.3. Efficacité du développement

*L'efficacité passe par la recherche continuelle de l'innovation*

Les entreprises performantes sur le plan technologique, celles qui innovent sur les produits ou les procédés, présentent, quelles que soient leur taille et les circonstances, un certain nombre de caractères :

- elles savent provoquer une mobilisation de l'ensemble des personnels sur leurs projets de développement, depuis le stade de l'idée jusqu'à la réalisation industrielle ;
- elles trouvent des ressources d'idées, d'information, de compétences et de financement, tant à l'intérieur qu'à l'extérieur de l'entreprise ;
- elles ont mis en place des structures porteuses d'innovations, valorisant les idées et supprimant les blocages dans les processus de développement.

© Éditions d'Organisation

## 2.4. Recherche et développement

Les démarches de la recherche et celles du développement font toutes appel à la notion de projet, mais elles diffèrent fondamentalement dans leur esprit et leur mode opératoire, bien qu'il ne soit pas toujours facile de les distinguer.

– La recherche

On sait ce que l'on cherche, on ne sait pas ce que l'on trouvera.
La recherche s'inscrit dans le long terme pour ouvrir le champ des possibilités technologiques.
C'est en fait un processus d'augmentation des connaissances (scientifiques ou appliquées), dont les résultats seront utilisés pour des développements de produits ou de procédés nouveaux.

– Le développement

On travaille sur un objectif identifié de satisfaction d'un besoin de marché ou de production (produit ou procédé).
Le développement s'inscrit souvent dans le court terme avec une programmation.

Quelle que soit la taille de l'entreprise, les développements efficaces devront utiliser des résultats de recherche obtenus préalablement par des moyens internes ou externes.

On devra en tenir compte lors de la planification et de l'organisation des ressources (équilibre court terme – moyen terme – long terme).

*Favoriser la recherche pour assurer le développement*

## 2.5. Stratégie d'innovation

Les entreprises qui réussissent à innover dans leurs produits ou leurs procédés y sont poussées par un besoin identifié :
– stagnation des marchés sur leurs produits traditionnels ;
– nécessité de renouvellement de gamme ;

– recherche d'un atout commercial sur le produit ou sur des coûts de production ;
– besoin de diversification ;
– risque d'obsolescence technologique.

La formulation de ce besoin et sa compréhension par les équipes sont une source d'efficacité, qu'elles résultent d'une analyse stratégique cartésienne, d'une intuition de la Direction Générale, ou d'un consensus de fait.

Le pouvoir de compétitivité de l'entreprise s'appuiera sur :

– des objectifs technologiques qui doivent découler clairement d'une analyse de type stratégique ;
– une bonne réflexion stratégique et une évaluation de la position technologique de l'entreprise ;
– une bonne stratégie diffusée au sein de l'entreprise.

## 2.6. Décloisonnement des structures

Les cloisonnements dans la structure sont la première cause d'inefficacité des fonctions liées au développement.

Tout projet doit être un projet d'entreprise et non pas éclaté entre les diverses sous-structures.

*Aérer l'entreprise en décloisonnant les secteurs*

– Même dans des entreprises où l'objectif stratégique est bien défini, un cloisonnement structurel peut empêcher que cet objectif soit perçu par les responsables des échelons inférieurs.

– Le manque de communication est fréquent entre les structures :

- recherche ;
- marketing ;
- production ;
- technologie ;
- ventes.

– À l'intérieur de l'entreprise, les cloisonnements interdisciplinaires sont aussi des défauts fréquemment observés. Il existe même des groupes où le développement n'utilise pas les résultats de la recherche. Les causes de cloisonnement sont nombreuses :

- profil des hommes (âges, compétences, carrière) ;
- citadelles « historiques » dans l'entreprise ;
- vocabulaires non adaptés (exemple : formulations court terme des cahiers des charges marketing) ;
- inadaptation géographique (éloignement) ;
- procédures inadaptées à la structure ou au type de technologie ;
- manque d'animation-contrôle sur les projets de développement.

**Rassembler les facteurs nécessaires aux développements**

Il faut bien identifier les articulations nécessaires. Celles-ci peuvent être de caractère général (qualité de la communication marketing-production ou recherche-développement) ou plus spécifiques à l'entreprise (étapes clés de concertation pour le développement du produit, ou pour la définition des axes de recherche).

La structure, l'évolution des carrières, les procédures de Recherche et de Développement devront principalement viser la suppression des cloisonnements (créer des affinités, des points de concertation, des complicités positives).

– Il a été montré que le taux de succès des projets tient plus au niveau de motivation et à la qualité de formulation de l'objectif qu'à la rigueur de la programmation ou du contrôle.
– Par ailleurs, la forme d'animation et de contrôle est différente selon les entreprises (métier, idées dominantes, structure).
– La créativité des structures qui suppose une certaine liberté dans les démarches exploratoires ne doit pas empêcher la naissance d'un projet commun dès qu'un objectif peut être formulé.

Bien que les procédures doivent obéir à quelques principes de caractère général (fiche de départ des projets, étapes clés

© Éditions d'Organisation

de concertation et de contrôle), leur rigueur et leur formalisme devront être adaptés à chaque cas.

- Elles doivent servir à l'animation et non pas à la sécurisation (procédures « parapluie »).
- Elles doivent être réalistes et viser plus la progression que la perfection.
- Elles ne sont pas suffisantes pour régler à elles seules les problèmes du développement.

## 3. Dynamique de l'organisation

Un certain niveau de strate est à observer pour assurer une bonne efficacité :

- culturel, fondé sur les principes fondateurs, la vocation, la finalité et la culture de l'entreprise ;
- politique, faisant appel aux ambitions, aux valeurs, à l'exercice de décision et aux pouvoirs ;
- stratégique, axé sur les doctrines et modèles ;
- tactique, identifié par les actions, les concrétisations, les réalisations, les résultats, les moyens mis en œuvre (outils, méthodologie et humains).

**Une organisation et des hommes dynamiques pour conduire le changement**

Le projet de changement ou la fuite en avant dépendra du sens (résolution ou compréhension) et de la cohérence (structuration ou bureaucratie).

## 4. Les hommes et les organisations

Nous sommes sur le chemin de l'entreprise pyramidale à l'entreprise polycellulaire. Ce changement ne peut se faire que dans un espace-temps qui dépend de la culture des entreprises et de la volonté des hommes pour accepter une autre forme de pensée.

© Éditions d'Organisation

C'est aussi le passage de l'organisation bureaucratique fermée sur elle-même, qui ne tient pas compte des influences de l'environnement avec des structures formalisées, un cloisonnement des fonctions, des secteurs et une coordination procédurière et hiérarchique. Les décisions sont définies dans le cadre d'un organigramme vertical vers une organisation fondée sur l'initiative et une très grande réactivité face à l'environnement. C'est un management caractérisé par la délégation et des décisions décentralisées. L'accent est mis sur les objectifs à atteindre et laisse une grande marge de manœuvre, privilégiant la capacité à répondre aux besoins des clients. C'est l'entreprise polycellulaire dont les principales caractéristiques sont :

*Ouverture vers une organisation reposant sur le relationnel*

– l'existence d'une véritable équipe de direction participative ;
– la régulation permanente ;
– une forte communication interne ;
– un fonctionnement en réseau ;
– la négociation interne comme acte permanent ;
– la capacité à maîtriser le temps ;
– l'intégration systématique dans la réflexion de la planète « business ».

L'entreprise polycellulaire repose sur :

– la subsidiarité :

- chaque cellule connaît parfaitement sa mission (négociée, contractuelle) ;
- chaque cellule est autonome dans le cadre de sa mission ;
- chaque cellule ne renvoie aux niveaux supérieurs que ce qui ne relève pas de sa mission et des moyens dont elle dispose.

– la nécessité d'un référentiel fédérateur :

- qui repose sur des valeurs ;
- qui représente un intérêt supérieur commun pour toutes les cellules ;
- qui doit être partagé ;
- qui repose sur un fonctionnement par réseau.

Les hommes et les femmes de demain ont tout à gagner dans cette nouvelle façon de travailler : « la passion de la transmission verticale à la transmission horizontale représentera une libération fantastique pour l'individu ». Les hiérarchies, avec leur obligation de franchir toujours un échelon de plus, produisent du stress, de la tension et de l'angoisse. Dans le monde des « réseaux », leur récompense sera de réussir avec les autres et non pas contre les autres.

# Chapitre 3

# Stratégies : de la stratégie générale à la stratégie opérationnelle

## 1. Le contexte économique et social

En période de crise économique mondiale, les entreprises doivent être vigilantes et réagir vite et bien à l'opportunité comme aux menaces. Leur stratégie ne peut reposer que sur une capacité d'innovation et une force pour se différencier de ses adversaires et non pour vouloir leur destruction.

L'entreprise doit mettre ses ressources là où elles auront le plus d'effet. L'objectif stratégique est de renforcer ou de créer un avantage concurrentiel significatif et défendable pour ne pas se perdre et tirer le meilleur parti de ces turbulences. Les dirigeants sont amenés à conduire le changement en étant créateur de richesses, en plaçant leur entreprise dans un univers en expansion et en favorisant les échanges avec le personnel.

*La stratégie au service de la concurrence*

Une question se pose pour toute organisation : quel rapport établit-elle entre sa stratégie et les individus qui en font partie ?

Face aux difficultés économiques actuelles, la direction des entreprises se trouve confrontée à la nécessité d'un changement qui implique une mutation. Il ne s'agit pas de réfléchir de plus en plus intelligemment mais d'une autre façon. Raisonner autrement, voir plus loin, représentent un défi qui est simple à énoncer mais difficile à intégrer dans sa plus profonde réalité. Dans l'Europe de demain, les entreprises qui réussiront seront celles qui, en plus de leurs performances techniques, technologiques ou commerciales, seront capables de faire surgir une dynamique humaine en harmonie avec la stratégie de l'entreprise.

**Dans un monde fortement concurrentiel il est nécessaire d'écouter le client**

Nous discernons deux grandes orientations dans nos modèles de pensée : la première est individuelle, agressive ; son objectif est d'être le premier quel qu'en soit le prix. La seconde est collective, créatrice, innovatrice ; sa principale difficulté est l'absence d'identité individuelle. Dans le cadre des difficultés économiques actuelles où le chômage représente plus de 12 % de la population active, l'individualisme l'emporte le plus souvent sur l'intérêt collectif de l'entreprise, pouvant entraîner à plus ou moins long terme des difficultés pour cette dernière.

En réponse à la crise, les entreprises élaborent des modes d'action où se mêlent de plus en plus les facteurs internes et externes. Les stratégies de développement sont pensées et mises en œuvre en intégrant les politiques commerciales et politiques du personnel au sein d'objectifs globaux. Mais de tels dispositifs ne sont envisageables bien souvent qu'au prix de distorsions et de difficultés internes.

Il ne peut y avoir de changement sans qu'il y ait adaptation entre les structures, la stratégie et les ressources humaines de l'entreprise. La direction d'une entreprise se doit de fixer en premier lieu sa stratégie générale en adéquation avec son potentiel humain.

À l'origine de la création, du développement, du succès ou de l'échec d'une entreprise, nous trouvons des actions humaines. Ce sont elles qui vont déterminer ces résultats. Certes, les aspects techniques et économiques vont jouer un rôle important, mais c'est parce qu'une personne ou un groupe pourra ou ne pourra pas saisir les opportunités et prendre des risques, que se jouera la prospérité d'une affaire.

C'est dans le mécanisme profond et subtil de la personnalité que se trouvent les clefs du décodage de la réussite ou de l'échec d'une entreprise.

## 2. Le système référentiel

L'entreprise s'inscrit de plus en plus dans un ensemble complexe, aux interactions multiples à flux rapides. Sans que l'on puisse réellement parler de changement accéléré, cette situation est vécue par les acteurs comme une turbo-évolution où le personnel opérationnel, élément de la production, ne retrouve plus ses repères.

Chaque entreprise apparaît comme au centre d'un réseau dense d'échanges d'informations, qui se situe dans un univers qu'elle a accepté, défini ou choisi comme le sien. En ce sens, la clarification de son système référentiel est une priorité. Il faut donc :

– énoncer sa vision du monde ;
– définir la place qu'elle entend y tenir ;
– dire ce qu'elle veut y faire : sa finalité, sa mission ;
– reconnaître son système de valeurs et contrôler son évolution ;
– connaître précisément son métier et ses compétences ;
– gérer le potentiel humain de son entreprise en harmonie avec sa culture.

*L'entreprise un système complexe devant se positionner*

Ce système référentiel est en quelque sorte sa philosophie, sur laquelle s'appuieront ses choix politiques et stratégiques.

Le terrain est balisé, les analyses rationnelles peuvent être menées.

## 3. Structure et corps social

La maturation des entreprises vers une organisation polycellulaire s'explique par un certain nombre d'évolutions, parmi lesquelles nous pouvons retenir : la mondialisation et la primauté de l'information, la turbo-évolution technologique et la maîtrise du temps, la productivité et les mutations du corps social. De l'analyse de ces causes, de ces chocs, on peut tirer quelques enseignements et voies de réflexion :

- capacité des acteurs à identifier et gérer l'information et à comprendre les nouvelles règles de confidentialité ;
- capacité à anticiper et innover et donc nécessité pour chacun d'avoir une lecture stratégique de l'entreprise et de son environnement ;

*Comprendre l'entreprise à l'ère de la mondialisation*

- prise en compte des différentes natures du temps et de l'importance des rythmes ;
- conséquences du principe de la subsidiarité qui veut que chaque élément de l'entreprise s'acquitte de tout ce qu'il a la capacité de faire pour ne renvoyer aux niveaux supérieurs que ce qui ne relève pas de sa mission et des moyens dont il dispose. Ce dernier principe appelle la clarification des conditions de l'autonomie et de la vision commune, de la nature de l'unité et de la dynamique de l'entreprise. Il oblige à considérer le problème du cadre éthique et les conditions de maintien de la confiance, ciment du système.

## 4. L'homme dans l'entreprise – L'homme et l'entreprise

Cette relation est marquée par deux tendances antagonistes : STABILITÉ ET MOBILITÉ.

Les règles qui fondent l'association acteur/entreprise sont en évolution rapide et constante. La primauté du métier et des compétences s'affirme pour les individus, ce qui a pour conséquence pour les mieux armés, d'accepter la mobilité professionnelle. En contrepartie s'impose l'acceptation des règles et des références de l'entreprise dans une association caractérisée par la loyauté, les règles du scénario gagnant-gagnant et un état de confiance. Tout cela a de nombreuses conséquences, parmi lesquelles on peut citer :

– les nouvelles conditions de communication et de formation ;
– l'acceptation de l'erreur dans un jeu d'ajustement rapide marqué par la transparence ;
– les sanctions pour les deux parties pour le non-respect des règles ;
– la recherche constante de l'équilibre nécessaire entre les éléments de stabilité, en particulier les acteurs garants de la pérennité de l'entreprise, et les facteurs de changement, les personnels mobiles notamment.

On voit bien que si, traditionnellement, l'entreprise offrait au salarié, en échange de son temps de travail, une rémunération et une garantie de l'emploi dans des structures majoritairement stables et en croissance (cette garantie propre à satisfaire en bonne partie le besoin de sécurité du salarié), aucun dirigeant d'entreprise ne peut l'offrir désormais, sauf à manquer de clairvoyance ou d'honnêteté. Dans le nouveau contrat entre le salarié et son entreprise, le besoin de sécurité de l'individu doit être en partie satisfait par l'engagement de l'entreprise à maintenir et développer sa compétence qui devient une de ses plus solides garanties d'avenir. Cette compétence n'est pas seulement technique, elle concerne aussi l'adaptation

Évolution du monde de l'entreprise

intellectuelle et culturelle à un univers socio-économique en constante évolution.

D'autre part, l'entreprise doit revoir sa façon de mesurer les moyens dont elle dispose. L'approche seulement financière et comptable, bien que nécessaire, est loin d'être suffisante pour la connaissance de l'entreprise. Elle ne permet pas de savoir ce que celle-ci perd vraiment lorsqu'elle perd un salarié, pour l'immédiat et surtout pour le futur. Si une gestion saine suppose l'ajustement des effectifs, réduire l'apport du salarié à une ligne comptable risque de conduire l'entreprise à des mesures qui sont de véritables suicides, immédiats ou le plus souvent différés par une perte de savoirs et de savoir-faire.

*L'homme et l'entreprise dans une société en plein changement*

## 5. De la politique à la stratégie

On peut dire que la « politique » d'une Direction Générale (on ne peut pas parler politique de l'entreprise) est l'expression à la fois d'un dessein, d'une volonté, d'une identité et de convictions qui reposent sur des valeurs.

Elle va fournir et expliciter le dessein, l'ambition et les principes fondamentaux d'action et d'exercice du pouvoir de la Direction Générale en tant que responsable de l'entreprise. Ces éléments seront repris et déclinés dans chaque secteur ou chaque fonction (politique de communication, de formation, financière, etc.).

*Le poids des dirigeants sur la stratégie de l'entreprise*

Ce que les entreprises ont coutume d'appeler politique, comprend déjà bien souvent des éléments de stratégie générale ou opérationnelle.

Or, la politique est volonté tandis que la stratégie est pensée. Il est utile parfois de bien faire la distinction.

– La stratégie en tant que concept, c'est :

- l'art de coordonner les moyens pour atteindre un but. Il ne s'agit pas d'une étape, mais de l'art de conjuguer, articuler, coordonner les ressources et moyens disponibles, afin d'atteindre un but (fourni par l'instance politique) dans un temps donné. Et cet art va se manifester tout au long de l'action.

– La stratégie en tant que modèle auquel on peut faire référence, c'est :

- la stratégie directe, la stratégie indirecte, la stratégie du jeu de GO.
C'est la combinaison, l'articulation de certains principes « gagnants » en vue de constituer une ligne de conduite en fonction de certains types de situations supposées.

– La stratégie en tant que résultat, c'est :

- le mode d'action, la stratégie adoptée, résultat d'une réflexion et d'un choix.

Deux niveaux de stratégie coexistent :

– la stratégie générale qui fournit l'idée générale, le concept stratégique pour parvenir au but fixé par le politique.

La question que se pose la stratégie générale sur le plan militaire, c'est « par quel combat faut-il obtenir la paix ? ».

Elle prend en compte le dessein politique pour définir le but qui est le résultat d'une confrontation entre le souhaitable et le possible.

– la stratégie opérationnelle, en corrélation avec la stratégie générale, est l'organisation en actions sur le terrain avec les différents moyens. La question que se pose la stratégie opérationnelle sur le plan militaire, c'est « comment je vais organiser mes forces pour remporter la victoire ? ».

Elle est la déclinaison de la stratégie générale dans les différentes dimensions que revêtira l'action.

C'est elle qui va assurer l'articulation des actions et la coordination des moyens.

**De la stratégie économique à la stratégie opérationnelle**

La réflexion stratégique ne peut être que systématique si elle veut coller à la réalité. Cela veut dire qu'elle va devoir :

- intégrer des logiques et dimensions de différents ordres et différentes natures ;
- penser à la fois dans des espaces et des temps différents,
- penser en terme de processus ;
- combiner tous les paramètres à l'intérieur de scenarii de lancement et d'articulation des actions.

Il s'agit aussi d'une étape durant laquelle, après s'être livrée à différentes analyses et combinaisons et avec l'aide éventuelle de théories et de modèles, l'entreprise va se déterminer sur le plan stratégique qui lui apparaîtra comme le plus « gagnant ».

Le principe stratégique est un principe d'actions, d'une ligne de conduite qui fournira un avantage décisif dans une situation donnée pour l'acquisition d'une position, l'atteinte d'un objectif.

Ces principes seront par définition à l'origine de l'élaboration de la stratégie et intégrés ensuite dans la mise en œuvre. Les trois principes fondamentaux de l'art de la stratégie retenus par le général Foch sont :

1. la liberté d'action ;

2. la concentration des efforts ;

3. l'économie des forces.

## 6. Stratégie générale

*La stratégie, une vision du monde dans un système en évolution permanente*

Par la réflexion politique, une entreprise définit ses missions, ses finalités, clarifie et ajuste ses valeurs, fixe ses ultimes enjeux. Autrement dit, elle exprime la vision qu'elle a du monde, elle précise la place qu'elle y tient, ou veut y tenir, et ce qu'elle veut y faire. Pour cela, elle a besoin d'un système commun de références qui à la fois énonce un idéal et propose les règles de conduite qui fondent et légitiment actions, organisation et existence même : ce sont les valeurs fruits de son histoire mais aussi de la prise en compte naturelle des évolutions de l'univers socio-économique.

La stratégie générale est très consommatrice de temps et ne s'improvise pas. Elle ne précède pas mais accompagne l'élaboration et l'exécution des plans opérationnels. Ces deux démarches ne se font pas au même rythme. La stratégie générale prend toute sa dimension en période de calme relatif. En période de haute turbulence, il n'est plus temps de la mener : c'est le moment de la stratégie opérationnelle.

À l'aube d'une ère nouvelle, en pleine guerre économique, en période de crise et de chômage, quel choix stratégique s'offre aux dirigeants d'entreprises pour allier prospérité de l'entreprise et l'ensemble des acteurs qui contribuent à son développement ?

La démarche stratégique tire sa vigueur et son efficacité de la capacité où se trouve l'équipe de Direction qui la conduit de l'expliquer au personnel afin que celui-ci puisse participer tant à son entretien qu'à sa mise en œuvre. Il est donc nécessaire, à la fois, d'avoir une communication interne adaptée et de donner, au-delà même du savoir nécessaire à chacun, une culture stratégique à tous. Les cadres, en particulier, doivent être capables d'avoir une lecture stratégique de leur entreprise et de son environnement. Les jeunes cadres, quant à eux, doivent se préparer à leurs futures responsabilités de stratèges par la formation, la participation active aux analyses de situation, et l'obligation de construire, de justifier et d'assumer leurs choix.

Le diagnostic stratégique, par l'utilisation d'outils classiques permet l'analyse de la situation qui conduit à la mise en lumière des vraies compétences de l'entreprise.

La démarche stratégique n'est pleinement efficace que dans le cadre d'une communication qui va se charger de l'expliquer au personnel, gage de sa mise en œuvre et de son maintien.

**Conduire une démarche stratégique avec des acteurs dont le métier évolue**

La stratégie accompagne donc l'action pendant tout son déroulement. Elle repose sur des actes précis :

– identifier le terrain ;
– analyser la situation ;
– analyser ses forces et ses moyens ;
– choisir où, quand et comment agir ;
– bien répartir ses forces dans l'action.

Elle va se dérouler en six points et de manière itérative :

### 1. DÉFINITION DES FINALITÉS ET DES MISSIONS
– La vision du monde.
– La place qu'on y tient.
– Ce que l'on veut y faire.
– Les valeurs qui nous guident.

### 2. L'ANALYSE DE LA SITUATION
– Le contexte, l'environnement.
– La situation interne.

### 3. L'ANALYSE DU POTENTIEL
– Les moyens d'actions.
– Les ressources humaines.

### 4. LES STRATÉGIES POSSIBLES

### 5. LES CHOIX

### 6. LES SCÉNARII ET LES PLANS D'ACTIONS

## 6.1. La vigueur de la pensée

Afin d'être à même de prendre en charge les choix stratégiques de son entreprise, le cadre dirigeant se doit d'enrichir et d'affirmer sa pensée, d'élargir son centre de connaissances, et de réactualiser son savoir. Il doit prendre en compte les questions essentielles qui déterminent sa démarche politique et ensuite guideront ses choix stratégiques. Aussi doit-il définir au préalable :

- la mission par rapport aux finalités de l'entreprise, partagées par l'ensemble du personnel ;
- les enjeux ;
- les métiers de l'entreprise ;
- la position de l'entreprise par rapport au marché (les alliés, les concurrents, les menaces) ;
- les compétences de l'entreprise ;
- les cultures dont l'entreprise doit disposer.

*Maîtriser la vision de l'évolution du monde*

Faute d'une idée générale, d'une philosophie ou d'un fil conducteur, les entreprises iront à la rencontre de l'échec et leurs dirigeants subiront les assauts philosophiques d'autres cultures qu'ils ne sauront adapter à leur entreprise. Pour gagner, il est nécessaire d'avoir la maîtrise mentale de l'univers dans lequel on agit.

## 6.2. L'analyse de la situation

Elle consiste à recueillir, traiter et mettre en ordre l'information afin de maîtriser tous les éléments de la prise de décision. Elle permet de prendre en compte tous les possibles en assurant la cohérence de la pensée. Elle facilite le choix des axes stratégiques et des modes d'actions, et de là, elle permet de bâtir des plans et des scénarii opérationnels.

C'est la Direction Générale qui met en route le processus et prend ses décisions à partir des choix qui lui sont proposés. Bien que cette analyse de la situation soit conduite par une équipe, permanente ou non, désignée à cet effet, cela n'exclut pas que tout le personnel soit formé à l'utilisation d'outils d'analyse adaptés à la complexité des tâches. La cohérence intellectuelle qui lie les méthodes du cercle de progrès à la méthode des hauts dirigeants en passant par celles utilisées à tous les niveaux de responsabilité doit être reconnue et assurée.

La méthode d'analyse de situation est d'autant plus complexe que le champ est vaste et la structure concernée importante. C'est une des raisons pour laquelle de nombreuses équipes de direction, faute de maîtriser une solide méthode, se contentent d'analyses approximatives, se fiant à leur expérience ou à l'intuition de quelques-uns. Cependant, il ne faut pas oublier que pour conduire leurs entreprises, la plupart des responsables ont besoin d'une solide rampe (ceci de plus en plus en raison de la complexité et de la rapidité croissantes), de la contribution de tous et d'outils intellectuels communs.

**Les choix stratégiques passent par une organisation méthodologique**

L'autre raison qui fait négliger l'analyse méthodologique est qu'elle est très consommatrice de temps, même si des reflexions comme la démarche Qualité mettent l'accent sur la prévention prospective qui est de savoir perdre du temps pour en gagner et d'éviter le coût exorbitant du réajustement par une prévention active après les erreurs.

Le besoin en informations et en renseignements est considérable et peut conduire à de nombreux dysfonctionnements :

– la carence de vision générale, de concepts vastes et solides ;

– la méconnaissance du terrain, de l'environnement et de l'adversaire ;

– la faiblesse dans le recueil, l'interprétation, l'exploitation et la conservation de l'information ;

– le non-respect des règles et des principes stratégiques et tactiques et l'utilisation de modes rudimentaires ;

– l'incapacité à s'organiser ou se réorganiser et de le faire à temps – en fonction des circonstances et de la stratégie choisie ;

- la personnalité inadaptée de dirigeants mal choisis et mal préparés qui se caractérise par un esprit conservateur et une absence de vision ;
- l'enfermement culturel qui rend aveugle vis-à-vis de tout ce qui vient d'ailleurs.

Le renseignement éclaire souvent d'un jour nouveau certaines analyses et oblige à revenir en arrière. Toute méthode d'analyse est itérative et exige de la modestie. Il s'agit d'évaluer les forces contraires (politiques, sociales, concurrentes), les actions qu'elles ont la capacité d'entreprendre et celles susceptibles de contrarier le projet.

La rigueur est indispensable à l'efficacité d'une analyse de situation. Elle suppose aussi le maintien en éveil de la curiosité et le souci de l'amélioration permanente des connaissances générales.

## 6.3. L'information

L'entreprise est un centre d'informations. Celles-ci ne s'obtiennent ni par hasard, ni par comparaison avec d'autres faits, ni en faisant des calculs. L'entreprise obtient ses informations par des hommes qui connaissent la situation réelle de l'entreprise, des concurrents, du marché et de l'environnement.

L'analyse de la situation et le choix qui en découle ne sont possibles que si l'on dispose d'une information importante et fiable. Ceci nécessite la mise en ordre des informations, celles qui n'ont de sens et de valeur qu'en fonction du futur que l'on souhaite bâtir.

*L'importance de l'information pour décider d'une stratégie*

Le recueil demande de définir avec soin ce que l'on cherche, ce que l'on veut savoir. L'analyse de la situation facilite la clarification du besoin en informations. Il permet de construire le plan de renseignements. Élaborer une stratégie demande de respecter deux exigences : définir avec précision ce que l'on recherche et établir l'ordre dans lequel les informations seront collectées.

### 6.4. Choix d'une stratégie

Il s'agit maintenant de déterminer les axes stratégiques à retenir et les modes d'actions qui vont en découler, pour finalement aboutir à un plan d'actions à caractère opérationnel.

En période de crise et de guerre économique, deux points essentiels apparaissent :

– Connaître la stratégie de l'autre.
  La plupart de nos concurrents de par le monde, en particulier ceux du sud-est asiatique, ont une stratégie qui se caractérise par une présence multiple, discrète, qui ne révèle pas ses objectifs. Elle ne se conçoit pas en terme de territoires solidement délimités, comme nous nous le représentons dans notre vision encore très inspirée de notre vieux passé colonialiste et de luttes territoriales, mais en terme de maillages de réseaux, à la fois mobiles et économiquement bien concrets. Ces réseaux tiennent leur force de la qualité des systèmes d'informations qui les alimentent et du projet dans lequel ils s'inscrivent.

– L'affrontement limite et la coexistence.
  La seconde raison vient de ce que l'évolution actuelle du tissu socio-économique vers des structures polycellulaires, vivantes et réactives, exige des démarches stratégiques qui limitent au maximum les affrontements directs. Ceux-ci, en effet, occasionnent aux deux adversaires des dégâts de plus en plus considérables en rapport avec la fragilité du tissu et la puissance croissante des moyens mis en œuvre.

*Se situer par rapport à la concurrence pour définir une stratégie*

Les choix stratégiques sont multiples et variés et dépendront essentiellement des marchés potentiels, de la culture de l'entreprise, de ses ressources en terme de moyens techniques, économiques et humains mais également dans la capacité managériale et stratégique des dirigeants.

Gouverner c'est anticiper. Il apparait pour cela nécessaire de suivre, et un certain nombre de règles sont indispensables.

– Il s'agit de réaliser un projet, d'avoir une finalité et non de détruire un adversaire. Il s'agit de voir plus large, d'arriver avant, de voir plus loin, de visualiser le projet avant de le lancer. Visualiser le projet consiste à voir par anticipation à la fois le résultat du projet réalisé, et le chemin à parcourir pour y arriver, ce qui implique d'anticiper aussi les obstacles à dépasser, les risques encourus et les conditions de réussite.
– Ne pas se polariser sur ses adversaires mais sur ce que représente l'adversaire qui fait obstacle au projet. Ainsi l'énergie disponible sera davantage utilisée à construire le projet, à mettre en place les conditions de réussite, à établir les communications nécessaires, à s'implanter sur les territoires disponibles et intéressants pour le projet plutôt que de tendre des pièges à l'adversaire.
– Accepter l'existence de l'autre, mais chercher à exister plus que lui. C'est une question de choix dans la façon d'utiliser son énergie, son potentiel. Explorer de nouveaux lieux d'existence et s'y installer plutôt que d'empêcher l'autre d'exister fournira à terme beaucoup plus de possibilités pour le développement de son entreprise.
– Contenir l'adversaire et garder l'initiative. Ainsi une innovation qui peut sembler mineure à son apparition sur le marché peut représenter, après-coup, un avantage considérable parce qu'elle était la première à s'installer.
– Quand on ne peut pas les éviter, mener les affrontements avec détermination. Lorsque l'on doit faire face à un affrontement, quel qu'il soit, se montrer aussi combatif que si cet affrontement était capital, même si l'enjeu semble de peu d'importance. Toujours montrer à l'adversaire que l'on sera inflexible quelle que soit l'importance du combat.
– Voir loin, jalonner, connecter et anticiper. Construire des réseaux, utiliser des réseaux existants et, le moment venu, les connecter entre eux. Les stratégies d'expansion enseignent de se doter de bases fortes et, en dehors de celles-ci, de s'implanter en une multitude de points. Réaliser un maillage

*L'objectif de l'entreprise : se développer pour assurer sa survie*

qui ne confère aucun gain immédiat, mais seulement beaucoup d'influence qui, le moment venu, va se transformer en territoire.
- Gaspiller avec économie au service du projet. Aller au-delà de la rentabilité financière à court terme d'un investissement. Savoir accepter de perdre momentanément de l'argent dans le cadre d'un projet plus important à moyen ou à long terme. Il n'y a gaspillage que s'il n'y a pas projet.
- S'assurer le contrôle de son entreprise. Le chef d'entreprise doit s'assurer de la mobilisation de l'ensemble de ses cadres, sans quoi il ne pourra pas faire partager son projet, ses objectifs, et sa stratégie.
- Maîtriser le temps :

- réfléchir sur le court, le moyen et le long terme et prendre le temps de le faire ;
- réagir vite aux situations pour ne pas se laisser dépasser ;
- exécuter rapidement une action longuement préparée pour surprendre ;
- accélérer le rythme pour garder l'initiative ;
- savoir s'arrêter pour prendre du recul et faire le point ;
- avoir la maîtrise mentale du projet et faire en sorte que les adversaires ne puissent établir des plans contre vous.

## 7. Stratégie opérationnelle

*Le succès passe par la cohérence entre stratégie générale et opérationnelle*

Elle sera la suite logique de la stratégie générale et sera en accord avec cette dernière. Elle s'appuiera plus spécialement sur les moyens à mettre en œuvre pour répondre aux marchés et aux besoins des clients et nécessitera une démarche et un investissement sur les points suivants :

- être à l'écoute des clients et se donner les moyens d'anticiper leurs besoins ;
- chercher à connaître la concurrence, qu'elle soit traditionnelle ou le fait de nombreux compétiteurs ;

- pratiquer la veille technologique et traduire l'information en actes ;
- libérer et valoriser l'intelligence existante dans des organisations flexibles, dans des structures participatives ;
- définir des modes de rémunération personnalisés pour matérialiser, au niveau de l'individu et/ou du groupe, la reconnaissance des performances ;
- susciter des démarches par projet, visant à focaliser les énergies sur des objectifs clairs qui peuvent faire l'objet d'un consensus entre partenaires sociaux ;
- chercher à identifier et à apprécier les potentiels humains le plus tôt possible, afin de valoriser par des démarches spécifiques, ceux que l'on estime les plus porteurs d'avenir ;
- acheter de l'intelligence par des recrutements, la recherche de synergie, la création de réseaux, l'acquisition de brevets.

Cette démarche devra s'intéresser à tous les domaines de l'entreprise :

- la recherche et le développement industriel ;
- la formation et développement des ressources humaines ;
- l'investisement commercial ;
- l'information/communication ;
- les nouvelles formes d'organisation, participation aux décisions ;
- les matériaux, objets et processus de production ;
- les investissements stratégiques :
    - le montage de systèmes de veille (repérer les signaux faibles, le décodage des signes) ;
    - la constitution de banques de données :
        - techniques ;
        - économiques ;
        - commerciales ;
        - sociales.
    - la création et l'animation de réseaux ;
    - la pensée stratégique ;
    - les méthodes de direction ;
    - l'usage de la ressource du temps.

## 8. Conclusion

Avons-nous réellement besoin d'une stratégie explicite ?

Des générations de managers expérimentés et intuitifs ont fait des choix difficiles et ont réussi sans élaborer de stratégies explicites et communiquées aux collaborateurs.

Aujourd'hui les lois du marché international ont changé, notre environnement évolue plus vite que par le passé, devient de plus en plus complexe et compétitif. On observe que dans toute organisation, chaque élément tend à fonctionner selon sa propre logique et à oublier que seuls les résultats globaux ont une importance réelle, à chaque fois que la démarche générale et les objectifs de l'entreprise sont inconnus ou mal compris de l'ensemble des acteurs. Les dirigeants des entreprises définissent trop souvent leurs priorités et ambitions pour leur entreprise en terme de considérations financières, commerciales, techniques et logistiques.

**Sur les chemins d'une révolution culturelle de l'entreprise**

Dans ce contexte, les dirigeants doivent être capables de développer de nouvelles qualités pour mener à bien les tâches qui les attendent. Les entreprises ont besoin d'hommes et de femmes aptes à diriger, organiser, rationaliser, innover, susciter la confiance, l'adhésion et l'enthousiasme.

Pour atteindre ces objectifs, les dirigeants doivent se situer dans un scénario gagnant et, de ce fait, mettre en place des stratégies d'expansion des entreprises. Ces stratégies seront en harmonie avec le corps social de l'entreprise dans une politique à long terme en préservant la maîtrise mentale de l'action et en considérant que les adversaires ne sont pas des ennemis qu'il faut détruire mais contenir, en jouant sur les différences et l'innovation.

Une entreprise définit ses missions, ses finalités, clarifie et ajuste ses valeurs, fixe ses enjeux.

Autrement dit, elle exprime sa vision du monde, elle précise la place qu'elle y tient ou veut y tenir, et ce qu'elle veut y faire. Pour cela elle a besoin d'un système commun de références qui, à la fois énonce un idéal et propose des règles de conduite qui fondent et légitiment la gestion, l'organisation et l'existence même de l'entreprise. Ce sont les valeurs et le fruit de son passé, mais également la prise en compte des évolutions socio-économiques.

À partir de ce constat, les visions politiques de l'entreprise sont traduites en choix stratégiques et il est défini des zones d'action et de vigilance.

Les décisions opérationnelles et les plans d'actions en découlent.

Le mouvement général des entreprises après la révolution industrielle par le travail de la matière remplace le travail de la terre avec l'utilisation de l'énergie et la percée technologique vers de nouvelles formes d'organisation sociale pour répondre aux exigences des marchés et tend vers une évolution du management pour conduire au mieux les projets.

# SYNTHÈSE DE L'ÉVOLUTION

## LE CONTEXTE

| Demande > Offre | Demande > Offre |
|---|---|
| La relation à la concurrence ||
| Aucune/peu de concurrence | Beaucoup de concurrence |
| → Régionale/Nationale | → Mondiale |
| ↓ | ↓ |
| LOGIQUE DE TOUTE PUISSANCE | LOGIQUE DE STRATÉGIE ET D'ADAPTATION |

## LA RELATION AU CLIENT

| | |
|---|---|
| Ses besoins sont : <br> – standardisés <br> – centrés sur des produits <br> Le client = consommateur (assujetti-administré) <br> Il s'adapte aux produits fournis par l'entreprise <br> Il est au service de l'entreprise | Ses besoins sont : <br> – individualisés <br> – centrés aussi sur des services <br> – centrés sur la qualité <br> Le client = système-client intégrant l'environnement <br> Il a des exigences auxquelles l'entreprise doit s'adapter <br> L'entreprise est à son service |
| ↓ | ↓ |
| LOGIQUE DE PRODUCTION/VENTE | LOGIQUE DE MARKETING |

## L'EFFICACITÉ DE L'ENTREPRISE

| | |
|---|---|
| Fondée sur sa capacité à transformer : <br> – des inputs (matière première, force de travail) <br> – en outputs (produits en grande quantité) | Fondée sur sa capacité à s'adapter et à satisfaire les besoins du système-client |
| ↓ | ↓ |
| LOGIQUE DE MATIÈRE PRODUITS/QUANTITÉ | LOGIQUE DE RELATION/D'IMAGE SERVICE/QUALITÉ |

© Éditions d'Organisation

## LA CONCEPTION DE L'ORGANISATION

| | |
|---|---|
| Dogmatique et normative<br>– un modèle<br>– rigidité/uniformité<br>Mécaniste<br>– système fermé qui n'a pas besoin de s'adapter à l'environnement<br>– Juxtaposition de fonctions/d'acteurs | Relativiste et pluraliste<br>– pas de modèle idéal<br>– souplesse/originalité<br>Systématique<br>– système ouvert qui doit s'adapter à l'environnement<br>– ensemble de sous-systèmes à articuler en un tout cohérent. |

## ÉVOLUTION DU MANAGEMENT

| | | |
|---|---|---|
| Du type autocratique<br>Centré sur les tâches | Au type participatif<br>Centré sur les hommes | Au type fédérateur<br>Centré sur le système |

### LE MANAGER

Agent de diffusion/d'intégration/de production

| | | |
|---|---|---|
| D'ordre, de discipline, de résultats | De cohésion, d'entente, de motivations | De culture, de sens, de cohérence |
| Un homme de contrôle d'autorité, d'organisation rationnelle | Un homme de communication, de charisme | Un homme de médiation de stratégie, de méthodologie |
| Un chef | Un animateur | Un facilitateur, un conseiller, un stratège |

LOGIQUE DES TÂCHES/MOYENS
(LE QUOI ET LE COMMENT)

LOGIQUE DES OBJECTIFS ET DES FINALITÉS
(LE POUR QUOI FAIRE)

# Partie 2
# Gestion de projet, approche et méthodologie

*« Le chemin est long du projet à la chose »*

MOLIÈRE

# Chapitre 1

# Conduite de projets : de l'idée à la réalisation

Concevoir, mettre en œuvre et piloter des projets industriels (informatique, génie civil, espace, aéronautique, automobile, chimique, pharmaceutique ou cosmétologique), marketing, qualité ou recherches dans un secteur d'activité, sur un marché ou au niveau de l'entreprise, dans un contexte national ou international, sont les nouvelles données de la conduite du changement dans les entreprises.

Pour ce faire, il est nécessaire d'avoir une approche globale de la conduite de projet : technique, technologique, commercial, ressources humaines, environnement et communication.

Tout changement apporte réticence et suspicion. Le rôle de chef de projet est donc très important, par la confiance qu'il pourra apporter à l'ensemble du système et des acteurs. C'est pourquoi manager la communication de projets sera l'élément clé de la réussite.

Travailler par projets : de l'idée à la mise en place

À l'aube du XXI$^e$ siècle, toute entreprise industrielle, commerciale ou de service est confrontée aux lois du marché concurrentiel et doit sa survie à sa capacité d'innovation, d'organisation et de gestion. Pour réussir, être créatif est un atout nécessaire mais non suffisant. Ce potentiel doit s'accompagner d'une gestion rigoureuse et d'une organisation sans faille, dans le développement et la concrétisation de ses idées : c'est la conduite de projet.

Comment parvenir à se développer quand on doit agir dans l'urgence, la complexité, la turbulence, lorsque les politiques, les valeurs, les cultures, les règles de conduite semblent remises en question ?

Ce contexte nous oblige à dépasser un paradoxe : réduire les investissements pour assurer la survie et produire de plus en plus d'innovations coûteuses pour rester compétitif.

Pour sortir de ce paradoxe, la gestion de projets permet de cibler les investissements et d'allier rigueur et créativité.

**Travailler autrement pour travailler mieux**

Pour cela, il est indispensable de disposer d'une vision globale du processus et d'être capable de concevoir et de mettre en œuvre, une méthodologie.

La politique de développement permet d'orienter les efforts dans la bonne direction. Mais seule une gestion suivie de chaque projet permettra de la concrétiser.

Il faut avant tout créer les conditions qui permettront à tous les intervenants d'étudier et de résoudre ensemble les problèmes. C'est gérer une approche pluridisciplinaire.

La performance au niveau de chaque fonction dans l'entreprise est le facteur clé lorsque la technologie et les besoins des clients sont stables. Mais lorsque la réactivité devient un élément important de la compétition, la coordination entre les fonctions devient indispensable.

L'approche générale consiste à planifier les phases du projet, de manière à impliquer simultanément toutes les fonctions, et à maximiser la communication autour du projet, en tenant compte des différents niveaux de strate à observer.

© Éditions d'Organisation

## LE NIVEAU DE LA STRATE À OBSERVER

### CULTUREL
- LES PRINCIPES FONDATEURS
- LA VOCATION
- LA CULTURE

### POLITIQUE
- LA FINALITÉ
- LES AMBITIONS
- LES VALEURS
- L'EXERCICE DE LA DÉCISION

### STRATÉGIQUE
- LES DOCTRINES ET MODÈLES
- LES AXES
- LES DISPOSITIFS

### TACTIQUE
- LES ACTIONS
- LES CONCRÉTISATIONS, RÉALISATIONS
- LES RÉSULTATS
- LES OUTILS
- LA GESTION, LE MANAGEMENT ET LE SUIVI

## 1. Qu'est-ce qu'un projet ?

Un projet, c'est l'expression d'un désir, d'une volonté, d'une intention, d'une ambition. C'est aussi l'expression d'un besoin, d'une nécessité, d'une situation future vivement souhaitée.

Aujourd'hui, aucune entreprise, quelle qu'elle soit, ne peut se permettre de se dispenser de projets sous peine de disparaître, car elle perdra peu à peu ses atouts concurrentiels, sa rentabilité, sa crédibilité, son efficience par son immobilisme face à la prolifération des innovations concurrentes.

Satisfaire cette nécessité n'est cependant pas suffisant. Un projet répond également aux souhaits de mobiliser les énergies dans le but de créer et développer sous forme autonome des équipes pluridisciplinaires correspondant aux différents métiers par rapport à ce projet et répondre au mieux aux besoins du marché et des clients.

*Conduire un projet nécessite une méthodologie et des équipes*

La démarche de la conduite de projet constitue une révolution culturelle et une véritable méthodologie de la pensée qui amène les entreprises et leurs dirigeants à manager différemment et à revoir leur gestion organisationnelle.

La démarche méthodologique de la conduite de projet est une forme de prévention prospective qui doit aboutir au zéro défaut avec efficacité et en organisant les équipes.

Il ne suffit pas de créer des projets.

Un projet sans désir risque d'être un projet terne et sans vie qui portera la marque du manque d'enthousiasme. Un projet réalisé par obligation risque d'être un projet subi et non pas agi.

Pour qu'il existe, un projet doit déjà exister virtuellement à l'état de concept par le désir d'une personne ou d'un groupe de personnes. À ce stade-là, il est souvent une utopie, plus ou moins décalée de la réalité du moment. Ce décalage peut se traduire par un décalage dans le temps, qui peut aller de quelques mois à quelques décennies.

© Éditions d'Organisation

Pour que cette utopie devienne réalité, deux conditions doivent être remplies :

– la volonté du ou des pères du projet ;
– la capacité de dépasser les obstacles qui vont s'opposer à la réalisation du projet, ces obstacles pouvant être humains, sociaux, économiques, techniques.

Un projet correspond aussi à une ambition et une intention précises. Ce n'est pas par hasard que l'on veut réaliser tel projet et non tel autre. Derrière la réalisation du projet, on souhaite obtenir autre chose (se dépasser, être reconnu, démontrer sa puissance, etc ...). C'est cette finalité du projet qui donnera l'énergie nécessaire au dépassement des obstacles.

À un niveau plus pragmatique et modeste dans l'entreprise, la finalité d'un projet, c'est souvent être au service d'un but technique, économique ou humain. Ce but peut concerner l'identité, le patrimoine ou la façon d'agir et les actions de l'entreprise ou de l'individu.

**Un projet ça a un début et une fin**

## LE PROJET ET LES RAPPORTS AVEC L'ENTREPRISE

|  | DIMENSION HUMAINE | DIMENSION ÉCONOMIQUE | DIMENSION TECHNIQUE |
|---|---|---|---|
| ÊTRE | – Les comportements et attitudes<br>– Le management<br>– Le développement personnel | – Le positionnement<br>– La rentabilité | – Les compétences et le potentiel<br>– La capacité à innover |
| AVOIR | – Les ressources humaines<br>– Le mobilisation<br>– Les compétences<br>– L'organisation | – La part dans le marché<br>– Les ressources financières | – Le patrimoine technologique<br>– Les unités de production |
| AGIR | – Les pratiques et les règles<br>– Les projets sociaux<br>– La formation | – Les plans d'action et projets<br>– Le concept nouveau | – Les nouvelles compétences<br>– Les nouveaux produits |

## 2. Finalité et complexité d'un projet

La finalité d'un projet, c'est avant tout résoudre un problème, innover, changer (l'organisation, les pratiques, les moyens), anticiper (une situation, une difficulté, un risque) pour passer d'une situation actuelle insatisfaisante à une situation souhaitée plus satisfaisante.

### SATISFACTION D'UN PROJET

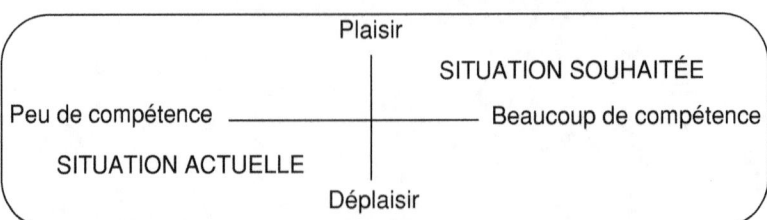

Le projet contribue à la concrétisation d'un choix stratégique. Il permet de développer :

- la synergie par une meilleure utilisation des compétences internes ;
- l'esprit d'équipe par la co-responsabilité d'un groupe vis-à-vis d'un objectif commun et la nécessité de travailler ensemble ;
- la communication interne.

Enfin, il permet l'intégration des changements par la nécessité de dépasser les situations de blocage.

Un projet est l'anticipation de sa concrétisation, c'est-à-dire la conception du plan d'action.

C'est la visualisation, la représentation imaginée de la façon d'y arriver et des résultats espérés.

Cette visualisation va donner naissance à un plan d'action nécessitant :

- une méthodologie de réalisation de ce plan d'action,
- des connaissances, des moyens, des ressources d'ordre technique, économique ou humain.

En fonction du nombre de dimensions concernées et du décalage entre le projet et la réalité, le degré de difficulté et de complexité du projet sera plus ou moins important.

**Travailler par projets c'est conduire un changement**

## DIFFICULTÉ ET COMPLEXITÉ DES PROJETS

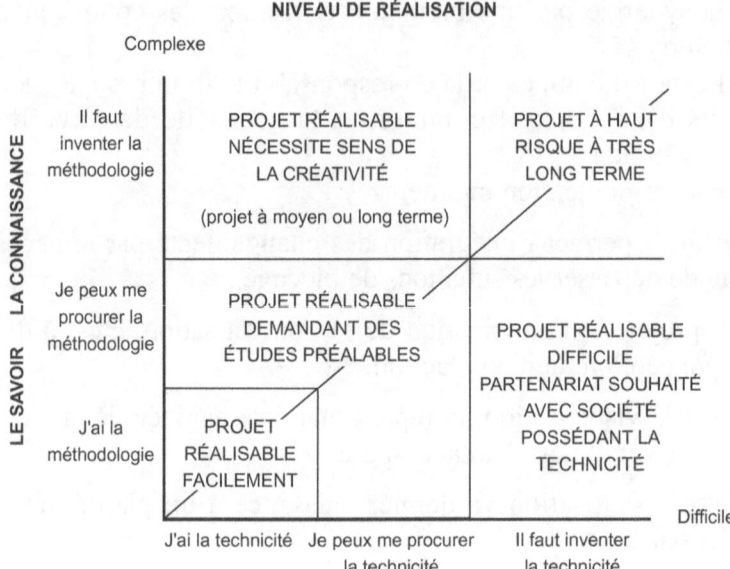

## NIVEAU DE COMPLEXITÉ DU PROJET

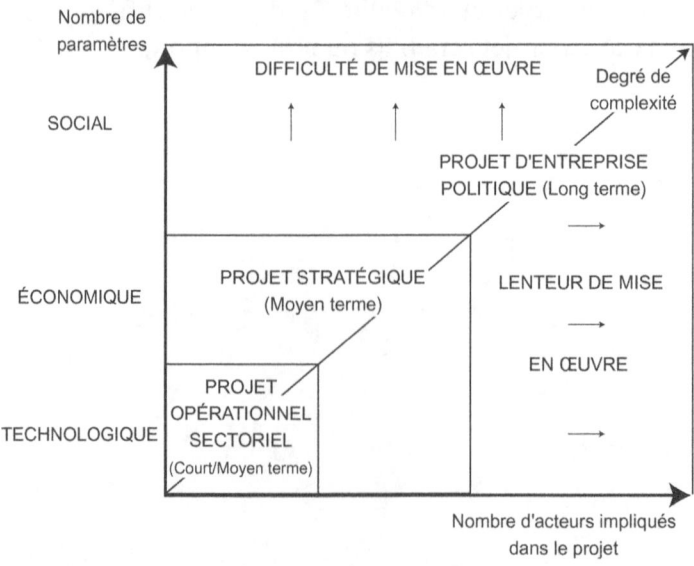

Difficultés + lenteur → Obligation de motivation du personnel.

Mais quels que soient les niveaux de difficulté et de complexité, un certain nombre de principes d'actions doivent être adoptés dès l'émergence du projet.

Mener une réflexion stratégique en amont et anticipatrice sur l'état de la situation, sur les difficultés à surmonter et la façon de faire, sur les risques d'échec et la manière de les éviter, sur les conditions de réussite et la façon de les mettre en place, ce qui se traduira par un plan d'actions et une méthodologie.

Visualiser l'implication de tous les acteurs du projet (pilote, relais, réalisateurs, etc.).

Un projet, c'est enfin sa concrétisation, sa réalisation.

Par la mise en place du pilotage du projet : méthodologie, management, logistique économique, technique.

Par la réalisation concrète de toutes les actions qu'implique la réalisation du projet dans sa globalité. Par l'obtention de résultats et par une progression vers sa réalisation finale impliquant un système d'évaluation, qui aura pour effet la satisfaction ou l'insatisfaction qu'il faudra intégrer dans la réactualisation des objectifs et du pilotage du projet.

*Un projet s'inscrit dans une vision stratégique de l'entreprise*

# 3. Les conditions de réussite d'un projet

## *3.1. La volonté de réussir*

C'est un acte de direction dans tous les sens du terme. Généralement il s'agit d'une intention, d'une ambition, sur l'identité de l'entreprise. C'est également l'expression d'une détermination, d'une volonté inébranlable qui repose sur des valeurs fortes reconnues, légitimées et partagées collectivement.

Cette décision engage le plus souvent toute l'entreprise dans une direction précise pour longtemps et réoriente éventuellement la vocation de l'entreprise.

L'expression de la volonté et de l'ambition d'un projet est un discours qui tend à décrire une situation future, souhaitable, voire idéale.

Ce discours va toujours se heurter à une difficulté : la comparaison par les acteurs entre ce discours et la réalité présente et donc la mise en évidence de l'écart les séparant et qui risque de décrédibiliser le discours.

Le problème à résoudre dans l'expression de la volonté sera, en intégrant l'écart dans le discours même, de rendre ce dernier crédible malgré l'écart.

*Conduire un projet c'est avoir une vision économique et humaine*

La force de conviction risque de ne pas suffire longtemps. Il conviendra donc d'assortir le discours d'un certain nombre de dispositifs :

– montrer la nécessité de se rallier au discours ;
– ne pas masquer les écarts, mais au contraire les expliciter ;
– faire la démonstration de l'implication réelle du management ;
- dans la mise en place d'actions concrètes de changement ;
- dans son attitude de remise en question.

– instaurer un système d'évaluation des progrès par tous les acteurs ;
– reconnaître et valoriser toutes les actions qui visent à réduire les écarts.

Le facteur prédominant pour le succès d'un projet, c'est le rapport entre les enjeux relationnels et les enjeux économiques et techniques.

## CHANCES DE SUCCÈS DU PROJET

```
Désir                                    Chances de réussite
détermination/résistances ▲
                    ┌─────────────┬─────────────┐
                    │ Risques     │ Mobilisation│
                    │ d'échec     │ et moyens   │
                    │ et de       │ importants  │
                    │ déception   │             │
                    │ importants  │             │
                    ├─────────────┼─────────────┤
                    │ Projets-    │ Condamné à  │
                    │ Prétextes   │ réussir     │
                    │ (enjeux     │ « ça passe  │
                    │ personnels  │ ou ça casse»│
                    │ sans rapport│             │
                    │ avec les    │             │
                    │ enjeux de   │             │
                    │ l'entreprise)│            │
                    └─────────────┴─────────────┘ ▶
                          Situation : enjeux économiques et techniques
                                   – Ressources et moyens
                                Difficultés et contraintes techniques
```
(axe vertical : Relationnel, enjeux affectifs)

### 3.2. La clarté du dessein

Il s'agit, pour la Direction Générale, de disposer de toutes les données sur sa problématique interne et externe par rapport à son ambition pour bien comprendre la situation et de se donner les moyens d'être le plus clairvoyant possible par rapport à la situation.

Ceci implique de connaître les enjeux externes et internes en cas de succès et en cas d'échec, les obstacles et les freins qu'il va falloir lever, les atouts dont elle dispose, les ressources disponibles ou potentielles, les conditions de réussite et le degré d'énergie, de désir, de volonté pour affronter les obstacles et trouver des solutions.

*Travailler par projets c'est connaître et comprendre le monde*

### 3.3. Le pilotage du projet

Piloter, c'est voir plus loin, connaître la destination, connaître le chemin, connaître le bateau, connaître les écueils, connaître les courants, savoir utiliser les courants et éviter les écueils, connaître l'équipage, conduire le changement.

Les principales règles du pilotage peuvent se résumer en quelques actions. Savoir lancer un projet et plus particulièrement piloter l'apprentissage, puis gérer le développement, la progression avec ses réussites et ses échecs. Piloter la cohérence, c'est-à-dire fournir aux dirigeants les moyens d'être clairvoyants, de disposer d'indicateurs de cohérence reconnus par tous et diagnostiquer en permanence les degrés.

Enfin piloter l'évaluation qui est l'une des fonctions constantes de la fonction pilotage et pas seulement une étape en fin de processus.

**Piloter un projet c'est connaître la stratégie de l'entreprise**

Quelques principes de pilotage simples peuvent assurer la cohérence quels que soient le contenu et l'objectif poursuivi à court terme :

- le pilotage d'un système de complexité N, nécessite un niveau de complexité égal ou supérieur à N + 1 ;
- l'implicite agit à notre insu sur nous et/ou malgré nous. En explicitant, nous réduisons son pouvoir sur nous. Expliciter, c'est accroître la clairvoyance ;
- la vie et le développement d'une organisation ne peuvent pas être fondés sur le don mais sur l'échange ;
- il ne peut y avoir longtemps de contribution sans contrepartie à cette contribution.

© Éditions d'Organisation

## SCHÉMA GÉNÉRAL DU PILOTAGE D'UN PROJET

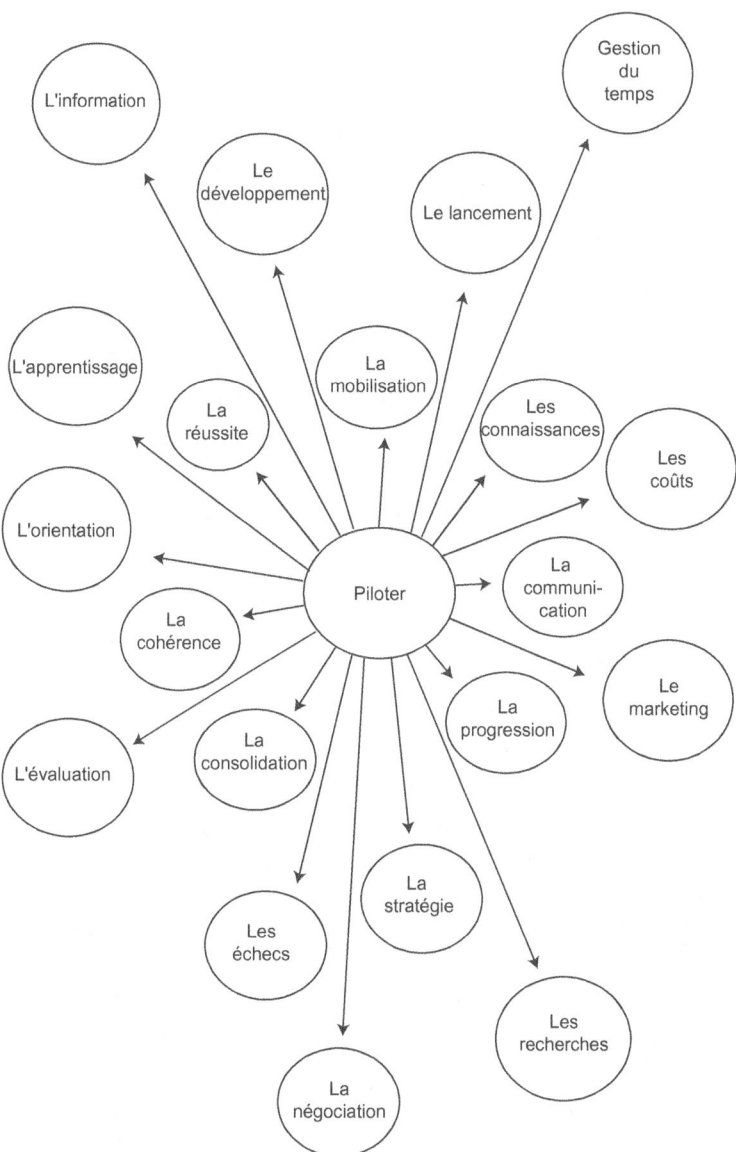

## 4. La démarche

La démarche pourrait être cernée à travers l'articulation de deux temps caractéristiques : l'amont du projet – l'aval du projet.

**SCHÉMA GÉNÉRAL DE MISE EN ŒUVRE D'UN PROJET**

**L'EXPRESSION DE LA VOLONTÉ**
**L'ÉMERGENCE DU PROJET**
- Le contenu (les ambitions, la volonté, les choix)
- Le cadre (les limites, les contraintes)
- Les acteurs (les décisions, la concertation, l'implication)
- Les résultats visés
- Le cahier des charges

**L'ANALYSE AMONT**
**LE DIAGNOSTIC**
**LA PROBLÉMATIQUE DU PROJET**
- La situation actuelle
- La situation souhaitée
- Les écarts, difficultés, résistances
- Les conditions de réussites, risques d'échec

**L'AMONT**

**LA RÉFLEXION STRATÉGIQUE**
- L'établissement d'un plan de réalisation

**LA FORMULATION DU PROJET**
**ET LE PLAN DE RÉALISATION**
- Les choix définitifs
- Les objectifs intermédiaires
- Les actions et dispositifs à mettre en place
- La méthodologie
- La définition des missions, l'organisation et le pilotage

**LE LANCEMENT**

**LA CONCRÉTISATION**
- La communication du projet
- Le lancement du plan
- La réalisation des actions
- Le développement
- L'évaluation
- La réactualisation

**L'AVAL**

## 4.1. L'amont du projet

Ce premier temps se laisse facilement décomposer en trois moments.

**L'émergence du projet**

L'expression de la volonté, du désir qui doit se traduire par une approche essentiellement rationnelle : c'est l'élaboration de la formalisation du projet.

Un certain nombre de questions doivent être traitées pour finaliser la prestation du projet :

- De quoi s'agit-il ?
  C'est la traduction écrite de l'idée, c'est la présentation généralement émise par une ou plusieurs personnes sous forme de solution pour résoudre un problème.
- Qu'est-ce qui justifie le projet ?
  C'est le pourquoi, la raison pour laquelle on veut se lancer dans le projet : raison économique, technique, technologique, humaine ou personnelle.
- Quels sont les objectifs ?
  À quoi va servir de réaliser le projet ?
- D'où vient ce projet ?
  C'est l'origine du projet.
- À qui s'adresse-t-il ?
  Quelle est la cible visée, le public visé ?
- En quoi consiste-t-il ?
  C'est le descriptif, la concrétisation.
- Comment va-t-on procéder ?
  Ce sont les méthodes et moyens techniques mis en œuvre.
- Quelles ressources ?
  Ce sont les moyens humains et financiers pour résoudre le problème.
- Combien va-t-il coûter ?
  C'est le coût envisagé pour arriver à la solution.
- Que va-t-il apporter ?
  Ce sont les résultats attendus : pérennisation, développement.
- Combien va-t-il rapporter ?
  C'est la rentabilité financière.

*Se poser toutes les questions avant de se lancer dans un projet*

– Quelles résistances va-t-on rencontrer ?
– Quand sera-t-il achevé ?
  C'est le délai prévu pour attendre les objectifs.

**Diagnostic**

Le diagnostic fait appel à des outils appropriés permettant d'appréhender la situation avec suffisamment d'objectivité dans ses différents aspects ; les outils utilisés pourront revêtir la forme de grilles d'analyse.

Une négociation prolonge le diagnostic ; elle se fait à propos des objectifs d'actions susceptibles d'émerger de ce diagnostic et conduit à leur hiérarchisation en fonction de ce qui peut paraître pertinent.

Gestion de projet, approche et méthodologie                                    103

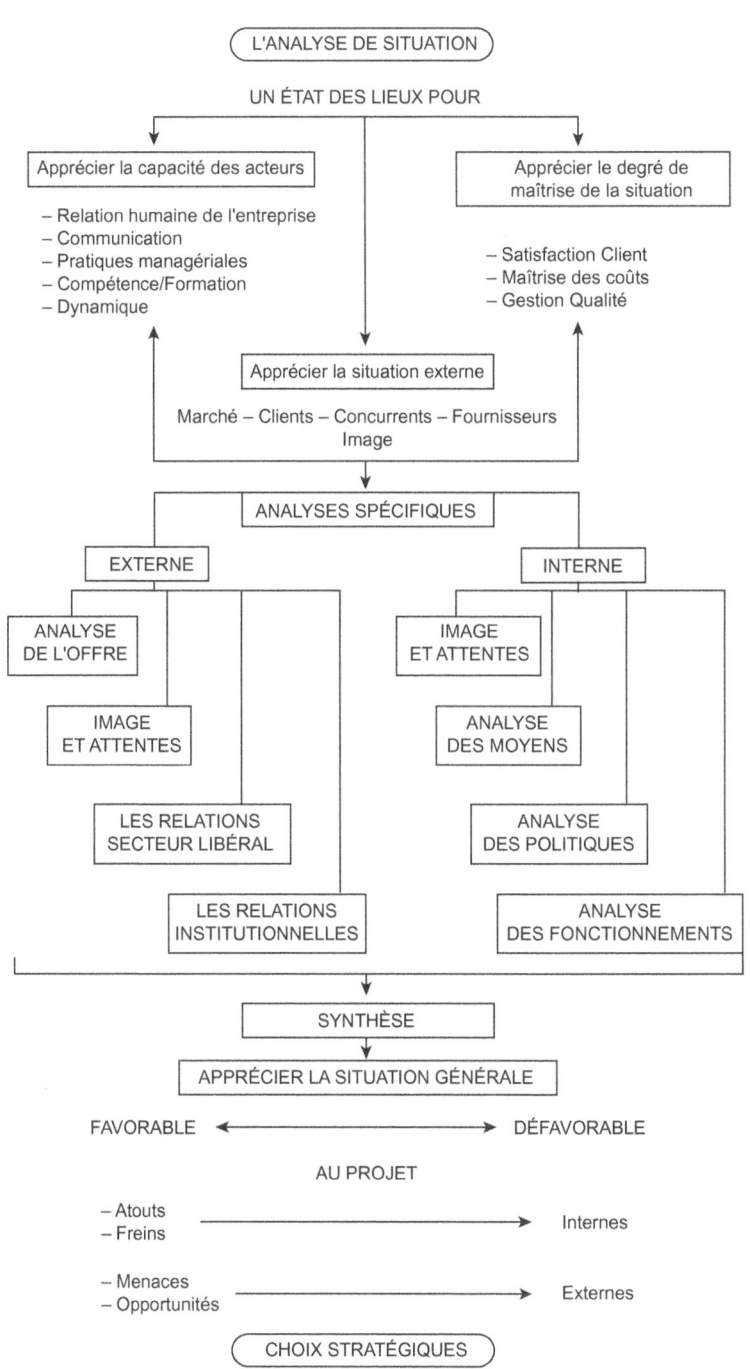

### Réflexion stratégique et vision du projet

La réflexion stratégique doit permettre de donner une image de l'entreprise en interne et en externe. Cette vision stratégique doit être simple, précise et comprise par l'ensemble des acteurs du projet et de l'entreprise.

La démarche stratégique tiendra compte de la vision, de l'existant (contexte potentiel humain, connaissances…) pour élaborer un plan stratégique.

Un projet nécessite une volonté ou un désir qui oriente l'avenir de l'entreprise mais également la façon d'y parvenir.

**STRATÉGIE OPÉRATIONNELLE**

- Faire des analyses de situations ciblées (segmentées) intégrant les grands choix.
- Traduire l'identité et la vocation en activités et produits.
- Traduire l'ambition en buts et objectifs.
- Traduire les valeurs en règles, procédures, pratiques.

**TRADUIRE LE TOUT EN PLAN(S) D'ACTIONS**

- Des actions/des responsables d'action.
- Des objectifs/des échéances.
- Un cadre, des contraintes.
- Un système de pilotage, de suivi et d'évaluation.
- Des moyens (acteurs, règles, méthodes, etc.).

La réflexion stratégique doit être la construction de la vision.

Elle sera :

- concrète (pour être tangible et acceptable par tous les acteurs) ;
- ambitieuse (pour être motivante, pérenniser et développer l'entreprise) ;
- réaliste (pour déboucher) ;
- acceptée (pour fédérer et motiver le personnel).

La réflexion stratégique s'appuiera sur les bases de l'entreprise.

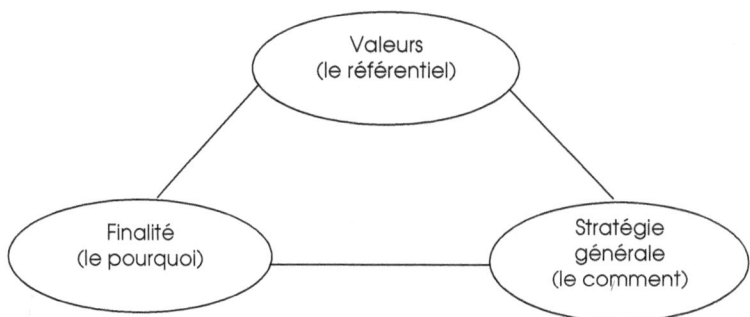

Pour mettre en place la démarche et préparer l'avenir en définissant les modalités

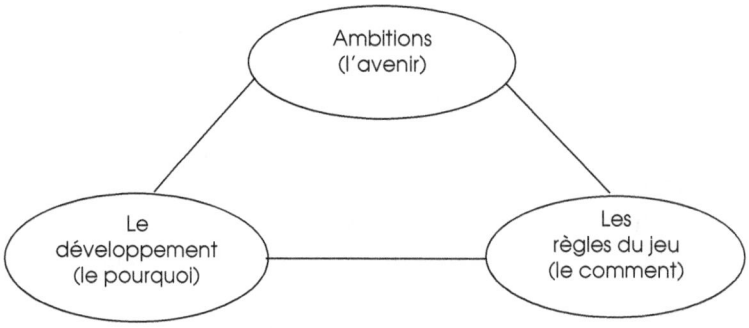

## 4.2. Le lancement du projet

C'est la concrétisation du projet par la mise en place d'un groupe de projet sous la responsabilité du pilote.

**Les principes du pilotage**

Exécuter rapidement des actions longuement préparées par le groupe projet et approuvées par l'ensemble de l'équipe. Lancer plusieurs actions qui répondent aux caractéristiques suivantes :

– îlots de succès potentiels ;
– dont les résultats seront crédibles et significatifs pour le projet final ;
– qui permettront de mobiliser et motiver les acteurs du projet et faire partager les premiers succès ;
– qui seront réalisées par les opérationnels, par la volonté de ceux qui les exécuteront ;
– qui, si elles réussissent, génèreront les alliances nouvelles, une complicité ;
– facilement coordonnables entre elles ;
– cohérentes entre elles et avec l'objectif global.

*Tout projet qui débute mal est voué à l'échec*

Le lancement est la phase d'ouverture maximum qui doit permettre ensuite :

– de disposer d'un maximum de points de relais pour établir des connexions :
  - des leaders en contact les uns avec les autres ;
  - des circuits de communication potentiels multiples rapides et directs ;
  - des liens entre les actions qui les consolident mutuellement ;
  - penser structures de communication.

– d'occuper le maximum de terrain sans avoir à déployer un système lourd et coûteux :
  - jouer l'économie de moyens ;
  - lancer des actions qui visent plusieurs objectifs à la fois ;
  - penser structures plus que masse ;

- • penser au rapport entre les choses autant qu'aux choses.
- de mobiliser dès le départ toute l'énergie positive disponible ;
    - • permettre à tous ceux qui sont partants de s'impliquer, de participer ;
    - • fournir à ceux qui s'impliquent les moyens d'obtenir rapidement des succès :
        → responsabilité et autonomie ;
        → moyens méthodologiques et formation ;
        → conditions de communication satisfaisante.
    - • générer la réactivité, favoriser l'expression des insatisfactions et des besoins de façon à les traduire en objectifs d'action ;
    - • favoriser rencontres et échanges pour accroître le volume d'énergie positive :
        → penser aux liens et structures de rencontre.

## 4.3. L'aval du projet

Ce second temps se décompose lui-même en trois moments :

- la planification des différentes activités à réaliser et la détermination des échéances pour lesquelles ces activités doivent être achevées ;
- la réalisation proprement dite du projet, réalisation vécue au jour le jour avec ses choix, les retours en arrière, ses avancées, ses inerties ; un journal de bord peut consigner les péripéties d'une telle réalisation et servir de contrôle momentané ;
- l'évaluation terminale du projet selon des modalités et des critères définis au préalable.

**Un projet doit être planifié pour éviter les erreurs**

**Piloter l'apprentissage :**

- intégrer la formation aux autres dispositifs stratégiques pour assurer le succès du projet en établissant une analyse des besoins en permanence ;
- favoriser l'adaptabilité plutôt que l'adaptation.

*Piloter un projet c'est conduire une formule 1*

**Piloter la progression :**

– piloter la réussite :

- ne pas lésiner pour fournir les conditions de réussite (investissement et non dépense) ;
- permettre la multiplication de projets réalisables, confirmer la mise en place d'une dynamique de réussite :
  - supprimer les scenarii d'échec, aider autant qu'il le faut les groupes à réussir (et sans faire à leur place) ;
  - favoriser, générer l'énergie ;
  - fournir un cadre méthodologique :
    → évitant les risques de déviation ;
    → évitant les risques de dispersion ;
    → garantissant la fixation d'objectifs :
      - mobilisateurs, motivants ;
      - réalisables ;
      - quantifiables, mesurables ;
      - pertinents.
    → garantissant la mesure des progrès ;
    → garantissant la valorisation et la reconnaissance des résultats.
  - réactualiser la ligne d'horizon :
    → en veillant aux équilibres :
      - recentrage, dispersion ;
      - court, long terme ;
      - action, réflexion, etc. ;
    - en favorisant l'émergence de nouveaux défis.
  - favoriser l'extension :
    → des principes philosophiques ;
    → des langages et outils communs ;
    → de la réactivité, la capacité de dire et d'entendre ;
    → des valeurs de progrès économiques, technologiques et humains.

© Éditions d'Organisation

**Piloter la Cohérence :**

– fournir aux Dirigeants les moyens d'être clairvoyants :
- disposer d'indicateurs de cohérence reconnus par tous ;
- diagnostiquer en permanence les degrés :
  → de compréhension ;
  → de communication ;
  → d'adhésion ;
  → d'engagement de tous les acteurs.
– disposer d'un système de communication qui donne satisfaction à tous les acteurs ;
– systématiser la mesure et la consolidation des résultats ;
– assurer les équilibres et les dosages en terme :
  - d'arbitrage ;
  - de simultanéité ;
  - d'alternance.

**Piloter l'Évaluation :**

– créer un système d'évaluation des progrès :
- des actions ;
- des acteurs,
  qui permette l'évaluation en continu.
– systématiser l'évaluation pour toutes les actions ;
– au fur et à mesure des progrès, créer des référentiels ;
– programmer et systématiser l'évaluation consolidée et l'utiliser comme outil pour réactualiser les objectifs.

Elle est l'une des fonctions constantes de la fonction « Pilotage » et pas seulement une étape en fin de processus :

**– L'Évaluation en amont :**
- des chances de réussite du projet compte tenu de la situation interne et externe au regard de l'ambition et des enjeux ;
- du degré de compréhension, d'adhésion, d'implication des auteurs et des acteurs ;
- de l'importance relative des atouts et des freins.

Évaluer la conformité (interne-externe) avant l'action.

> Piloter c'est éviter les dangers en observant de tout côté

**– L'Évaluation dans la mise en œuvre :**
- de l'obtention des conditions de réussite ;
- de la cohérence entre méthodologie, contenu, objectifs, moyens et contraintes ;
- de la façon dont sont traités les freins et des chances de les dépasser.

Évaluer la conformité de l'action et des moyens aux objectifs.

**– L'Évaluation dans l'action :**
- des résultats obtenus ;
- du degré de satisfaction des différents acteurs ;
- de l'équilibre des échanges.

La concrétisation du projet doit être définie lors d'une réflexion stratégique par rapport à la démarche.

- Assurer le maximum de clairvoyance face aux menaces qui guettent tout projet :
  - la précipitation et son corollaire, la dispersion ;
  - la dérive et son corollaire, le simulacre ;
  - la résistance au changement et son corollaire, la rigidité.
- Assurer le maximum de clairvoyance par rapport au processus :

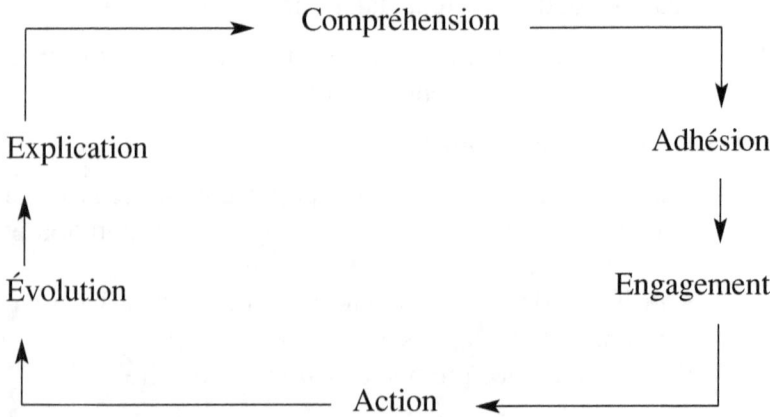

– Les risques de confusion :

- confusion entre l'explicite et la réalité (l'explicite n'est que la partie de la réalité que nous avons su expliciter) ;
- confusion entre simulacre et action (ce n'est pas parce que nous suivons à la lettre les préceptes du modèle que nous agissons vraiment) ;
- confusion entre acteurs et moyens. Les décisions dépendent des instances de décision mais leur mise en œuvre dépend des acteurs qui dis-posent de pouvoirs incompréhensibles ;
- confusion entre multiplication et développement (ce n'est pas la multiplication des actions ou des groupes ou des méthodes qui assurera nécessairement le développement du projet) ;
- confusion entre tautologie et cohérence (ce n'est pas la répétition des mêmes choses qui assurera la cohérence mais la synergie de choses différentes).

*Avoir une vision claire du changement*

# 5. La démarche organisationnelle de projet

## 5.1. La gestion par projets est une méthodologie du changement transversal

La gestion par projet doit être un mode original de gouvernement qui vise à déterminer les meilleures conditions dans l'implantation d'une innovation au sein d'un ensemble organisationnel, qu'il s'agisse d'une innovation technologique, d'une innovation comptable, d'une innovation sociale... Au lieu de faire transiter l'innovation en cause par la hiérarchie, on la confie directement à une équipe autonome.

La plupart du temps, la gestion par projets utilise la structure matricielle au sein de laquelle elle s'implante : les projets assimilés pour les besoins du moment aux organes opérationnels sont la gestion par projets, une fois qu'elle a été décidée par la direction, l'organisation mise en place doit constituer une source de créativité et d'innovation importante et échapper temporairement et partiellement à la hiérarchie dans la façon par laquelle l'innovation elle-même va être implantée. La gestion par projets n'est donc pas conçue sur un mode descendant grâce à une expérimentation à la base au sein d'ateliers ou d'unités qui s'y prêteraient. Le projet répond à une demande identifiable venant de la part du client, intérieur ou extérieur à l'organisation : cette demande comporte des exigences et exprime de nouveaux besoins ne trouvant pas de solutions immédiatement disponibles et réalisables. La demande doit viser des aspects importants de l'organisation quant à sa propre efficience et à son amélioration possible.

*D'une organisation pyramidale à une organisation transversale*

– Le projet est destiné à affecter les acteurs qui lui sont partie prenante, c'est-à-dire toute personne qui, d'une façon ou d'une autre, se trouve être en contact avec lui et appelée à modifier ses propres pratiques.

– L'introduction d'un projet implique donc la mise en place d'un changement. Il doit viser une fin identifiable ou la confection d'un nouveau produit. C'est dire que le projet n'est pas concerné par les processus répétitifs. Il vise plutôt les prototypes, tout ce qui est d'ordre expérimental.

– Cette introduction cherche à casser l'omnipotence de l'organisation pyramidale en lui adjoignant, voire en lui superposant de façon complémentaire ou parfois concurrente une organisation horizontale qui se charge de l'implantation dudit projet. Cette implantation se fait en dehors du contrôle direct des différents responsables de l'organisation verticale ; mais si besoin est, pour peu qu'ils soient impliqués dans l'innovation, ces responsables pourront être appelés à collaborer au projet. S'il y a conflit entre la responsabilité fonctionnelle et la responsabilité opérationnelle du projet, seule la direction générale est habilitée à intervenir.

– Le projet inclut un responsable et une équipe qui jouent le rôle de maître d'œuvre par rapport au maître d'ouvrage qu'est l'entreprise ; l'équipe-projet peut être prise au sein de l'organisation dans laquelle doit être implantée l'innovation. Elle peut être liée avec plusieurs organisations. Tout dépend de la nature du projet en cause : c'est l'équipe du projet, le « project-team » qui définit, avec son responsable, les différentes opérations de planification et de contrôle. Son degré d'implication dans la tâche aura des effets déterminants sur le niveau de motivation de l'équipe. De par la diversification des tâches auxquelles elle doit faire face, l'équipe sera amenée à travailler autant avec des partenaires extérieurs à l'entrepise qu'avec les services internes.

*Une équipe projet avec un chef de projet responsable*

La dynamique d'une organisation dépendra de deux facteurs : le sens et la cohérence.

## LA DYNAMIQUE D'UNE ORGANISATION

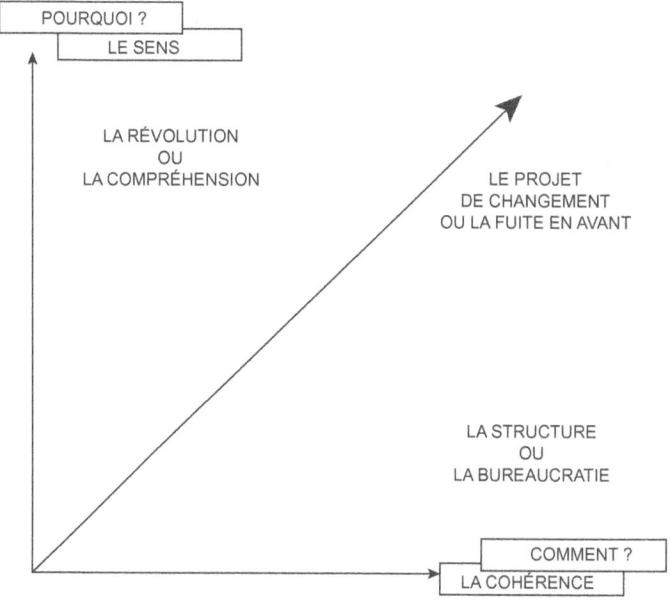

## 5.2. Organisation de projets

*Évolution des fonctions en travaillant par projets*

La différence fondamentale qui crée dans l'entreprise l'existence d'un projet, c'est qu'aux fonctions habituelles de décision, de réalisation, de coordination et de gestion attribuées aux structures, viennent s'ajouter trois fonctions :

– mobilisation ;
– facilitation ;
– conduite de pilotage de projet.

Or, les structures existantes ne sont pas toujours adaptées à prendre en charge ces nouvelles fonctions.

Nous pouvons identifier trois types d'organisation en fonction de la nature du projet.

### PROJET D'ENTREPRISE

C'est un projet politique qui implique l'ensemble du personnel ou l'ensemble des activités de l'entreprise et va mobiliser les acteurs du projet dans un temps limité, mais les occupera à temps complet.

Le chef de projet est rattaché à la Direction Générale et dépend de celle-ci pendant la durée du projet.

Les acteurs du projet seront sous la responsabilité du chef de projet et détachés de leur direction d'origine.

Les acteurs retrouvent leur direction d'origine une fois le projet terminé.

## ORGANISATION D'UN PROJET D'ENTREPRISE

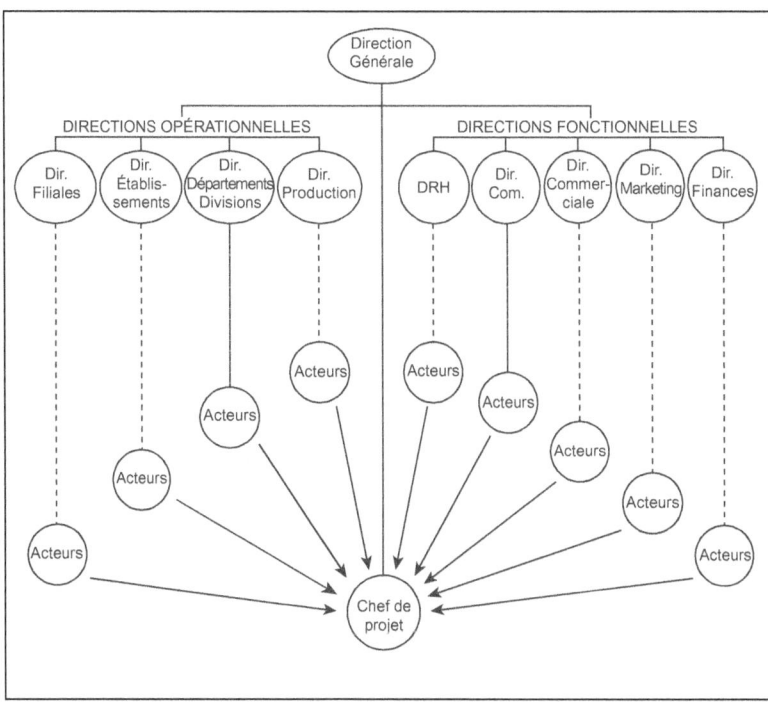

## PROJET STRATÉGIQUE

C'est un projet tactique qui implique plus particulièrement une des directions fonctionnelles.

Le chef de projet dépendra de la direction générale et/ou d'une direction fonctionnelle en fonction de la nature du projet.

Les acteurs provenant des directions fonctionnelles seront sous la responsabilité du chef de projet pour le projet proprement dit et resteront sous la responsabilité de leur hiérarchie pour le reste de leur activité.

Des acteurs du secteur opérationnel seront appelés ponctuellement dans ce groupe projet comme experts et demeureront sous la tutelle de leur hiérarchie.

## PROJET SECTORIEL

Il s'agit d'un projet opérationnel dépendant d'une activité ou d'un établissement.

Le chef de projet dépendra de la direction fonctionnelle ou opérationnelle correspondante.

Les acteurs seront ponctuellement rattachés au chef de projet pour mener à bien le projet et seront sous la double responsabilité de leur hiérarchie et du chef de projet. Comme précédemment, il sera fait appel à des acteurs des directions fonctionnelles ou opérationnelles comme experts, mais ils resteront sous la responsabilité de leur hiérarchie.

## ORGANISATION D'UN PROJET STRATÉGIQUE

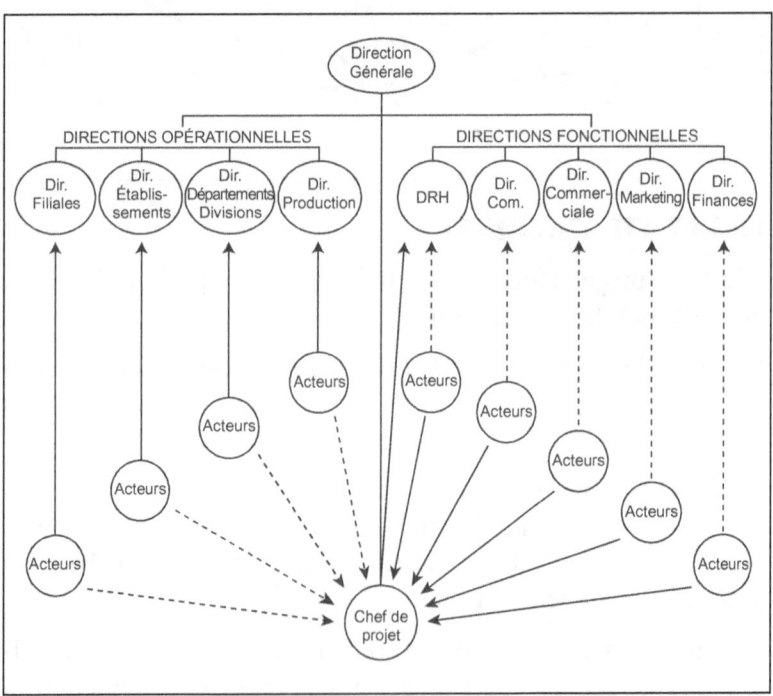

## ORGANISATION D'UN PROJET OPÉRATIONNEL

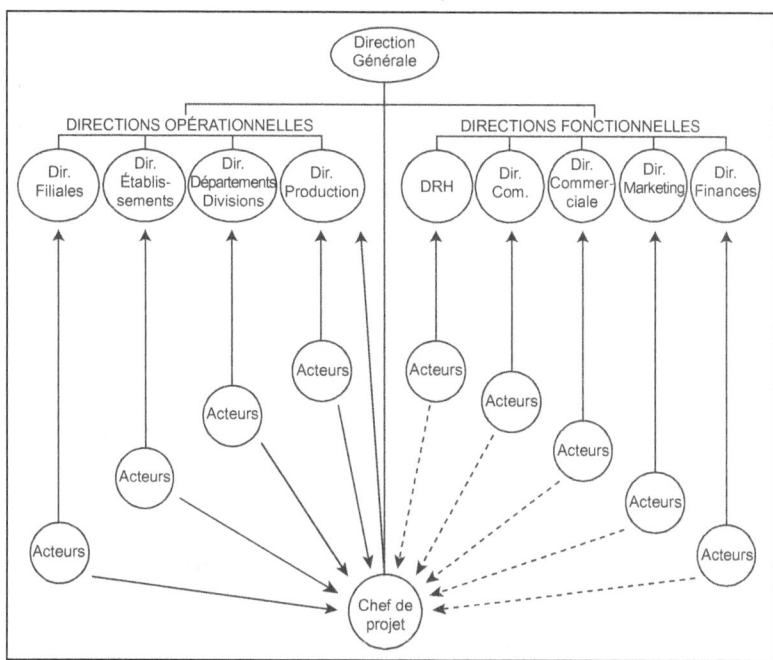

## ORGANISATION DE PROJETS EN FONCTION DE LEUR NATURE

| APPELLATION | NATURE DE LA STRUCTURE | MISSIONS – FONCTIONS FINALITÉS |
|---|---|---|
| Comités de<br>– Direction<br>– Orientation<br>– Parrainage, etc. | Instance politique de décision | – orienter<br>– mobiliser<br>– donner du sens<br>– allouer des ressources |
| Chef de Projet groupe de<br>– Pilotage<br>– Facilitation<br>Coordinateurs<br>Facilitateurs | – structures stratégiques<br>– Pilotage et Facilitation | – conduire le projet<br>– faciliter la tâche aux acteurs<br>– accompagner, aider<br>– favoriser, assurer les communications<br>– coordonner, consolider, assurer la cohérence |
| Animateurs – Pilotage<br>GAQ<br>Groupes Projet<br>Groupes de progrès, etc. | – Structures opérationnelles réalisation de Projets<br>– Structures permanentes ou ponctuelles<br>– Structures formelles ou informelles | – concrétiser, réaliser des Projets<br>– participer à la réalisation de Projets<br>– s'impliquer dans le Projet<br>– prendre en charge la résolution de problèmes techniques, économiques, organisationnels, relationnels. |

## 6. Conclusion

Chaque organisation a ses avantages et ses inconvénients et doit tenir compte de la culture de l'entreprise.

Le point de départ de toute organisation est de bien connaître les enjeux stratégiques. Les questions à se poser doivent être : le projet correspond-il à un véritable besoin, par rapport à quelle finalité et quels en seront les bénéfices pour l'entreprise ?

Le projet doit tenir compte également du potentiel et des compétences humaines de l'entreprise.

Les responsabilités doivent être clairement établies entre les différents acteurs du groupe projet et le chef de projet et l'ensemble du système hiérarchique de l'entreprise.

L'organisation mise en place devra être acceptée et reconnue par tous et rencontrera un plan de communication adapté.

En fonction des projets, des facilitateurs ou des coordinateurs pourront être mis en place pour éviter les conflits.

Chaque instance dans une entreprise possède une mission de dimension différente.

**RÔLE DES INSTANCES**

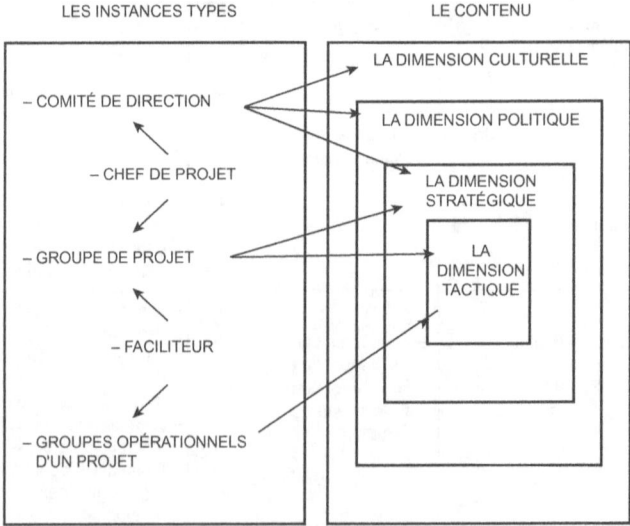

Dans toute organisation, il est nécessaire de clarifier les mots afin que chacun les utilise dans le même sens, l'objectif étant d'avoir un référentiel commun et un langage commun pour mener à bien les projets au sein d'une entreprise.

Il ne suffit pas de changer l'organigramme pour obtenir un réel changement de fonctionnement de l'organisation. Il est important que le contenu des relations relatives à la répartition du pouvoir et à la division du travail soit accepté par l'ensemble des acteurs de l'entreprise.

L'organisation n'est qu'un outil au service de l'entreprise pour faciliter et coordonner les tâches. Elle suppose que les hommes et les femmes qui composent l'organisation soient en adéquation avec cette organisation.

La spécialisation et la coordination sont deux points clés de l'organisation, mais la formulation en sera différente selon la culture de l'entreprise et la nature des hommes et des femmes qui la composent.

Le problème de nombreuses entreprises aujourd'hui est de passer d'une organisation pyramidale à une organisation polycellulaire privilégiant la capacité de l'entreprise à tendre vers une réponse adaptée aux marchés et aux clients, en favorisant la capacité d'évolution et d'innovation.

Dans ce mécanisme organisationnel fondé sur l'initiative, il est nécessaire d'établir des structures peu formelles et décloisonnées. Les décisions seront décentralisées. On fera appel à la délégation et à l'autocontrôle laissant une marge de manœuvre importante, l'accent étant mis sur les objectifs à atteindre et la responsabilité de chacun par rapport aux objectifs de l'entreprise.

Ce type d'organisation entraîne des problèmes de management et de communication. Si, au sein des groupes projets, la réactivité est très grande et la motivation accrue, on observe un dysfonctionnement au sein de l'évaluation du personnel par la hiérarchie verticale, une communication et une remontée d'informations inadaptées vis-à-vis des responsables fonctionnels.

**Tout changement conduit à des modifications du comportement**

La capacité qu'a une organisation de maintenir un schéma d'activités complexe et fortement indépendant est limitée en partie par la capacité qu'elle a de manier la communication requise pour la coordination. Plus l'efficacité de communication est grande au sein de l'organisation, plus grande est la tolérance à l'égard de l'interdépendance. Le problème présente à la fois des aspects quantitatifs et qualitatifs.

# Chapitre 2
# Stratégie et Négociation
# L'art de gérer l'essentiel

## 1. Le cadre de la négociation

La mutation que nous sommes en train de vivre nous fait passer de l'ère industrielle de la matière intemporelle, linéaire et stabilisée, à l'ère de la relation et de la communication qui est instable et complexe.

Nous entrons dans l'ère de l'incertitude, du changement, des déséquilibres provisoires, qui oblige à développer des capacités de flexibilité et dans laquelle les situations et les problèmes se complexifient à travers la multiplication des acteurs et des responsabilités et la médiatisation des tâches.

*Un monde complexe et instable comme support du changement*

Cette révolution socio-culturelle influe directement sur la conception de l'entreprise et donc sur le mode de management.

Nous passons d'un management de type autocratique centré sur les tâches, à un management de type participatif centré sur les hommes :

– mobilisation des acteurs autour des référents communs du changement (valeurs, règles, comportements) ;

- responsabilisation des acteurs, décentralisation des pouvoirs et des responsabilités ;
- participation des acteurs à tous les niveaux ;
- développement des communications dans l'entreprise ;
- recherche de la cohésion, de l'entente, du consensus.

Dans le cadre du management par projet, la négociation est l'un des facteurs clé de la réussite ou de l'échec du projet. La négociation sera l'outil indispensable de tout responsable de projet et il devra savoir s'en servir à tout moment avec tous les acteurs internes et externes de l'entreprise par rapport au projet.

## CADRE DE LA NÉGOCIATION

| L'ÈRE DE LA MATIÈRE | L'ÈRE DE LA RELATION |
|---|---|
| Rationnel | Irrationnel |
| Information à sens unique | Suprématie de la communication et des réseaux |
| Maximisation | Montée de l'éthique |
| Prédominance des techniques de fabrication | Prédominance de la technologie |
| Production de masse | |
| Standardisation | Qualité |
| Développement national | Conformité |
| Sectorisation des phénomènes | Internationalisation |
| Plein emploi | Mondialisation des phénomènes |
| Inspection | Montée du chômage et de l'exclusion |
| | Autocontrôle |
| **Management centré sur les tâches** | **Management centré sur les hommes** |

Ce qui entraîne :

- une conception relativiste et pluraliste de l'organisation - il n'y a pas de modèle idéal ;
- une approche systématique de l'organisation :
    - l'entreprise est un système ouvert qui doit s'adapter à son environnement ;
    - l'entreprise est un ensemble de sous-systèmes qu'il faut articuler en un tout cohérent.
- une théorie de la contingence – l'entreprise doit être d'autant plus décentralisée et flexible que son environnement est incertain et évolutif ;
- une approche socio-technique des problèmes d'organisation : toute action technique a des implications sociales et humaines et inversement ;
- une planification stratégique : l'entreprise doit planifier son développement à moyen terme ;
- une direction par les objectifs – la logique des objectifs doit primer sur la logique des tâches ;
- une priorité à la dimension méthodologique et stratégique dans l'action d'organisation : l'organisateur est moins un expert ou un homme de communication qu'un stratège, un négociateur et quelqu'un qui facilite la résolution d'un certain nombre de problèmes dans le cadre de la mission qui lui est confiée ;
- une recherche de l'amélioration des conditions de travail et de la qualité de vie au travail : développement des nouvelles formes d'organisation du travail (enrichissement des fonctions, groupes semi-autonomes, délégation, responsabilisation, etc. ;
- une formation des responsables aux méthodes de l'action : le management étant l'art d'obtenir des résultats intégrant le changement, les méthodes ou les démarches sont plus importantes que les contenus ;
- une planification et une négociation du changement – le changement se gère, et même si tout n'est pas négociable, la réussite d'une action de changement dépendra largement de la part active qu'y prendront les différents acteurs concernés.

*La négociation comme élément décisif du succès*

## 2. Négociation et management par projets

Nous sommes conditionnés à réfléchir en terme d'autorité et d'entente car nous avons ces deux modèles en tête. Notre système social binaire oppose l'ordre (l'autorité, l'entente) et le désordre (anarchie, agression). Si on ne s'entend pas, on se bat ; si l'autorité ne peut s'exercer, c'est l'anarchie.

Or, le poids des différents pouvoirs de l'entreprise change et la promotion humaine (éducation, niveau de vie) amène des conflits que le système autoritaire a du mal à maîtriser et dont s'accomode difficilement le schéma de l'entente (qui nie ou évite le conflit). Un nouveau type de relation commence à être nécessaire, la négociation qui permet de rétablir l'équilibre social :

– elle met en présence des gens qui ont des pouvoirs différents et complémentaires ;
– elle met en jeu des valeurs de tolérance et de pluralité.

*La négociation ne peut être que participative*

L'univers de la négociation, situé entre l'entente et le conflit, l'autorité et l'anarchie, devient un modèle culturel à part entière : c'est un univers de pouvoir flottant et partagé, c'est l'univers de l'incertain.

C'est bien pour cela que la négociation fait peur car elle remet en cause l'image du pouvoir : dans une bonne négociation, il n'y a ni gagnant ni perdant, mais une nouvelle situation.

Il faut donc relier le concept de négociation à ceux de concertation et de participation (bases du management participatif), à celui de la stratégie (les objectifs de fonctionnement sont définis et négociés avec l'ensemble des acteurs), à un nouveau mode de management (délégation, responsabilisation, reconnaissance des acteurs), à un nouveau type de relations de travail qui ne repose plus seulement sur la hiérarchie, mais sur la croyance qu'on a davantage d'idées et qu'on est plus efficace à plusieurs que tout seul.

© Éditions d'Organisation

*Gestion de projet, approche et méthodologie*

– L'émergence d'une nouvelle culture :

- les cadres ne se contentent plus d'une carrière qui repose sur le statut et la hiérarchie, mais souhaitent exercer des responsabilités et s'épanouir dans leurs tâches ;
- le développement de réseaux casse les isolements et les hiérarchies. Le pouvoir qui reposait sur l'information qu'on retient repose maintenant sur l'information qu'on donne et celle qu'on reçoit ;
- la logique de la rentabilité et de l'efficacité remplace peu à peu la logique bureaucratique.

Les conséquences de ces changements sont visibles dans la mise en œuvre d'expériences fondées sur une culture nouvelle de participation et de négociation : les cercles de qualité, la direction par objectifs, les projets de service, les projets d'entreprises et les projets industriels transversaux se font l'écho de ce changement d'état d'esprit en privilégiant la responsabilisation et la dynamisation interne des hommes.

*Travailler par projets c'est entrer dans un système de négociation permanente*

On négocie donc à différents niveaux :

– lors de l'exécution des tâches quotidiennes, les acteurs des projets négocient leur part de responsabilité, d'initiative, leur marge de manœuvre ;
– lors des entretiens individuels d'évaluation, les acteurs négocient avec leur supérieur (en fonction du type d'organisation) leurs objectifs et les critères d'évaluation de leur travail ;
– s'ajoutent les négociations plus classiques avec les syndicats.

## 3. Points clés de la négociation

Le négociateur doit obstinément construire un climat de confiance et être guidé par la volonté de jouer « gagnant-gagnant », malgré son désir et parfois son devoir d'atteindre ses objectifs.

© Éditions d'Organisation

### 3.1. Connaître son interlocuteur

sa personnalité, sa formation, son parcours professionnel, ses compétences, ses aspirations, ses besoins, son univers, sa culture, mais aussi son champ de négociation, ses pouvoirs, ses mandats, ses contraintes…

### 3.2. Connaître le contexte

– l'environnement avec ses antagonismes et ses systèmes d'alliance ;
– le domaine des tâches des uns et des autres ;
– la réalité des moyens et des pouvoirs dont chacun dispose. Il faut surtout que le négociateur ait bien clarifié avec sa hiérarchie de quel mandat il dispose ;
– l'histoire qui précède la négociation.

Il est bon d'insister sur l'importance de la maîtrise d'une bonne stratégie (qui répond à la question « comment utiliser au mieux les moyens dont on dispose pour atteindre les buts que l'on s'est fixés dans un univers que l'on a soigneusement étudié ? »). La réflexion stratégique est une des démarches de base de la fonction de manager.

### 3.3. Clarifier la finalité et les objectifs de la négociation

**Dans ce mode de management chacun doit avoir une vision claire des projets**

Une négociation s'inscrit dans une démarche générale visant à la réalisation d'un projet global ou limité. Il faut toujours se demander quels sont les véritables enjeux de la négociation que l'on va engager et savoir précisément dans cette perspective, ce que l'on en attend, de quels points bien identifiés on va débattre.

Mais il ne faut pas oublier que la négociation est un débat entre deux ou plusieurs parties, et il est de la plus haute importance de se demander quels sont les projets et les enjeux des autres. Remarquons qu'il est rare qu'ils les expriment explicitement ; en revanche, ils annoncent nécessairement leurs objets, même s'il faut parfois les y aider.

Être confronté à un objectif que l'on n'avait pas prévu ou envisagé peut mettre en difficulté, surtout s'il entre légitimement dans le cadre de la discussion et qu'il est difficile de l'évacuer.

### 3.4. Définir les objectifs et le champ du négociable

Si l'on veut avoir des chances d'aboutir en négociation, il faut pouvoir disposer d'un espace négociable dans lequel les uns et les autres peuvent se retrouver. Cela va de la position affichée initiale jusqu'à la position de rupture en passant par la position qui correspond à l'objectif souhaité. Cette part du négociable doit être mûrement réfléchie, car il est important de ne pas en sortir au cours de la négociation. Il vaut mieux échouer provisoirement dans la recherche d'un accord plutôt que d'aller au-delà des points de rupture.

De même, on s'attachera, dans la préparation de la négociation, après avoir listé tous les objets prévisibles des autres parties, à imaginer pour chaque objet et pour chaque partie, les espaces négociables. Cela permet souvent d'ajuster et d'affiner son propre champ de négociation, dans une démarche itérative classique. Cette préparation facilite la découverte d'accords, même si au cours de la discussion on est amené à réajuster les prévisions que l'on avait faites quant aux positions des autres. Plus la préparation a été menée sérieusement, plus il est facile d'aboutir aux accords que la situation offre, et de ne pas perdre de temps sur les points où l'accord est improbable. On diminue aussi le niveau de confusion et on évite les affrontements qui peuvent faire échouer le reste de la négociation.

**Des objectifs parfaitement définis par la direction et les acteurs du projet**

### 3.5. Imaginer le scénario et bâtir une argumentation

La négociation ressemble par certains côtés à une pièce de théâtre. Celui qui en perd le fil ou se fait surprendre par une évolution imprévue risque de se faire ballotter et de réagir, soit en lâchant plus qu'il n'est raisonnable, soit en campant rigidement sur ses positions : l'échec, pour lui, est assuré.

La négociation exige une longue et minutieuse préparation qui caractérise le bon et durable négociateur. Il n'est pas inutile d'améliorer ses aptitudes et techniques de débatteur, mais sans une préparation solide, elles ne font pas longtemps illusion.

### 3.6. Savoir accueillir et écouter

*Négocier c'est savoir perdre du temps pour en gagner*

Les conditions matérielles de la négociation, la qualité de l'accueil, la volonté affichée de réussir, sont des facteurs clés de succès. On dit parfois qu'une négociation bascule du bon ou du mauvais côté dès les deux premières minutes. Il est très difficile de retrouver une situation positive après un démarrage raté. L'introduction doit être brève, la reformulation claire ; ensuite, il convient d'étudier, d'encourager l'interlocuteur à s'exprimer. Cela le détendra et vous aidera grandement à confirmer ou clarifier votre analyse de situation. Le travers constant des responsables à monopoliser la parole, à ne pas écouter, à adopter le ton professoral – voire à pontifier – est la cause de nombreux échecs, procès d'intention et incompréhension durable.

### 3.7. Se centrer sur le projet sans perdre de vue les attentes de l'autre

La négociation n'échappe que rarement à des moments de confusion. Seule une très bonne préparation et une idée claire de son projet permettent au négociateur, malgré une progression erratique, de ne pas perdre de vue son cap et ses objectifs, et de rester attentif à la position et aux attentes de l'autre.

Le risque est grand pour celui qui ne domine pas mentalement le débat, d'être obligé de se raccrocher à des bribes de négociation et surtout, ce qui est plus grave, de ne plus du tout voir où en est l'autre. La préparation d'une négociation donnée doit s'appuyer sur un fond de préparation permanente.

### 3.8. Maîtriser le temps, mais demeurer souple et attentif

La maîtrise du temps et du rythme est essentielle. Il faut savoir être ferme au bon moment, ne pas réagir trop tard alors que l'on s'est fait embarquer dans une dérive-temps qui ne permet plus de maîtriser le scénario imaginé et son rythme. Mais il faut aussi être capable d'accepter de déborder, de s'ajuster, d'être attentif et patient. C'est pourquoi il faut absolument prévoir dans la préparation les espaces de liberté et le temps nécessaire à cette souplesse.

### 3.9. Savoir conclure et décider

Cela demande de la force de caractère et le sens des responsabilités, indispensables qualités du dirigeant. Cela demande aussi la capacité d'anticiper à long terme sur les principales conséquences des décisions prises, en gardant toujours à l'esprit que le but est de gagner avec l'autre. Gagner sur le dos de l'autre est toujours une victoire illusoire. Le trompé devient difficilement un partenaire. L'humilié d'aujourd'hui est toujours l'ennemi irréductible de demain.

**Dans ce type d'organisation les dirigeants doivent savoir décider**

### 3.10. Analyser les résultats

L'analyse et le suivi des résultats sont importants car une négociation n'est pas une fin en soi. C'est un moment fort dans une longue démarche, la réalisation d'un projet... Il faut l'analyser objectivement. Si elle relève de la confusion pendant son déroulement, elle relève aussi souvent de l'illusion dans ses conclusions. Il faut se garder de cette cécité plus ou moins volontaire et faire les comptes.

S'il veut progresser dans l'art de négocier, le cadre s'attachera, à chaud et à froid, à faire scrupuleusement, modestement, attentivement son auto-évaluation. Il pourra se bâtir son propre check-up et ainsi se corriger et mesurer ses progrès.

## 4. Stratégie et négociation

Il existe deux différences fondamentales entre la stratégie militaire ou la stratégie d'entreprise et la stratégie dans la négociation.

- La négociation n'est pas un acte de guerre mais un processus de conciliation entre deux parties.
  Elle est en cela une forme de stratégie.
- En négociation, le stratège doit être également tacticien car c'est à lui et à lui seul qu'incombera la mission de mettre à exécution la stratégie qu'il a définie.

**Négocier n'est pas un acte de guerre mais de partage**

Cependant, si négocier n'est pas faire la guerre, mais chercher à se mettre d'accord sur un projet commun, c'est-à-dire travailler ensemble, il n'en demeure pas moins vrai que négocier c'est aussi gérer en permanence les alternances intransigeance/conflit et conciliation/concession. Aucun négociateur ne peut choisir définitivement la coopération et renoncer définitivement au conflit, car cela signifierait pour lui renoncer à ce qui fait son poids dans la négociation : la

© Éditions d'Organisation

menace du non-accord, de la rupture ou du conflit. Ainsi donc, la coopération minimum va se construire grâce à la menace du conflit et se nourrir indirectement des ingrédients du conflit, ce qui explique en partie certaines attitudes agressives et violences verbales pendant les négociations.

Cette ambivalence propre à la négociation est déterminante par rapport à la démarche stratégique. En effet, dès l'amont puis tout au long de la négociation, le négociateur va devoir choisir entre deux orientations possibles :

– la négociation conflictuelle ;
– la négociation coopérative ;

qui détermineront son attitude fondamentale puis le choix des techniques et tactiques à sa disposition.

Enfin, pour caractériser la démarche stratégique appliquée à la négociation, on peut distinguer trois niveaux en fonction desquels les questions que posera l'analyse stratégique seront de nature et de niveau différents.

### 4.1. Stratégie politique

Compte tenu des enjeux et du rapport des forces en présence, comment se situer avec chaque client entre les deux options stratégiques de base (conflictuelle, coopérative) ?

La négociation conflictuelle correspond à un climat de méfiance et d'anxiété et à une remise en cause des solutions négociées. Il n'y a pas de réflexion à long terme et le désir d'un résultat immédiat est prépondérant.

*La confiance est un élément indispensable à toute négociation*

La négociation conflictuelle correspond à une stratégie solitaire « gagnant-perdant ». L'objectif est de vaincre, ce qui implique de connaître ses forces et ses faiblesses et d'être convaincu que l'on est le plus fort.

Ce qui entraîne :

– pas de coopération ;
– le rapport de force prime l'argumentation ;

- intransigeance-domination ;
- relations de pouvoir ;
- liquidation d'un conflit ;
- les objectifs adverses ne comptent pas ;
- recherche d'une victoire ;
- pression maximum ;
- menaces systématiques utilisées.

**Dans toute négociation il n'y a que le résultat qui compte**

Dans la négociation coopérative, il y a un climat de confiance réciproque. Il est recherché la stabilité, la consolidation et la prise en compte de l'avenir, la pérennisation du projet. L'objectif, c'est la collaboration et le partenariat par une transparence de l'information, une communication ouverte et la recherche en commun de solutions originales permettant d'assurer le développement du projet.

La négociation coopérative rentre dans le cadre du partenariat dans un schéma gagnant-gagnant avec un gain mutuel pour les négociations, ce qui se traduit par :

- coopération recherchée ;
- bonne foi ;
- argumentation avant tout ;
- relations d'influence ;
- objectifs adverses admis ;
- pressions toujours « légalisées » ;
- progression synergique de la négociation (développement du jeu commun).

Il n'y a pas de méthode absolue, mais un pari à faire en fonction du type de comportement, de tactique qui correspond le mieux :

- au problème ;
- à la situation ;
- à l'autre partie.

Selon les circonstances, on pourra utiliser les négociations mixtes qui ont toujours tendance à pencher d'un côté ou de l'autre en fonction des circonstances et des adversaires et on tiendra compte de l'idée que chacun se fait de la légitimité de la position de l'autre, le degré d'interdépendance, des intérêts et des objectifs des négociateurs. Le tempérament, l'âge, le sexe, le contexte et la volonté d'arrangement de chacun influeront sur la stratégie utilisée.

La stratégie retenue sera mise en œuvre à travers les principes stratégiques que le négociateur sera amené à choisir et à combiner :

– être offensif ou défensif (prendre l'initiative ou laisser venir) ;
– être « frontal » ou contournant (action directe ou indirecte) ;
– coopérer ou se montrer intransigeant, conflictuel ;
– jouer la flexibilité et l'ouverture ou la rigidité et la fermeture ;
– répondre systématiquement ou non aux stratégies ou aux coups de l'adversaire ;
– rechercher un accord complet ou partiel.

### 4.2. Stratégie opérationnelle

Avec tel client en particulier, quel projet peut-on espérer construire à moyen ou long terme et pour obtenir quels résultats ?

Comment devons-nous nous y prendre avec lui pour y parvenir ? Quelle manœuvre générale en matière de négociation ?

La stratégie opérationnelle auprès d'un client sera définie à partir de trois dimensions :

– une vue d'ensemble orientée vers l'avenir des relations entre les deux parties ;
– la volonté d'atteindre des objectifs prioritaires pour chacune des deux parties ;
– la combinaison d'actions, les séquences de négociation avec des acteurs majeurs et les représentants des deux parties.

**Faire partager l'objectif pour obtenir une bonne négociation**

© Éditions d'Organisation

Les orientations stratégiques sont de cinq types :

**La manière globale de négocier**

– C'est-à-dire l'orientation vers une négociation COOPÉRATIVE ou CONFLICTUELLE.

**Le type d'issue souhaitée**

– Plusieurs sortes d'accord peuvent être recherchées :
- accord global ou partiel ?
- accord de principe ou sur des clauses détaillées ?
- accord immédiat ou une déclaration d'intention ?

Ces trois dimensions se combinent évidemment entre elles et il est important pour le négociateur de comprendre quelle est l'issue de la négociation souhaitée par son interlocuteur.

**La nature de l'arrangement recherché**

Il dépendra en partie de l'objet et pour beaucoup du climat relationnel instauré :

*Négocier c'est travailler sur des faits et non sur les opinions*

– le compromis ;
– les concessions mutuelles ;
– les compensations ;
– la transformation de l'objet de la négociation.

**Le cadre de la négociation**

D'abord délimité par la plage de négociation et la définition du point de rupture et de la position affichée.

La connaissance mutuelle de l'importance de l'objet.

**L'utilisation des atouts**

Consiste en la mise en œuvre judicieuse des différentes sources et zones de pouvoir dont on peut se prévaloir :

– la référence à des normes ;
– l'intervention de l'environnement ;
– la recherche d'un ascendant personnel et plus largement le recours à tout ce qui peut constituer un avantage :
- la possession d'une information ;
- la capacité de résistance ;

- l'appel à d'autres partenaires ;
- la possibilité de satisfaire immédiatement une revendication mineure.

## 4.3. La tactique

Nous pouvons dégager cinq idées intéressantes pour la négociation :

– changer la façon de combattre ;
– la négociation interne ;
– la maîtrise de l'information ;
– la connaissance du terrain, de l'adversaire ;
– la maîtrise du temps.

C'est-à-dire quitter le jeu d'échecs auquel s'apparente beaucoup notre façon de négocier pour aller vers le GO-BAN, c'est-à-dire :

– élargir le damier, le terrain des négociations ;
– changer la vision de la négociation comme un choc frontal ;
– imaginer, prendre conscience des autres damiers, autres dimensions possibles de la négociation que le seul objet déclaré ;
– l'importance d'identifier les objectifs du client (internes ou externes) pour ne pas se tromper de damier.

Compte tenu des évolutions que l'on constate chez les clients nationaux ou internationaux, les coups vont devenir de plus en plus durs et les chocs dévastateurs. Le négociateur va devoir apprendre à éviter les affrontements.

*Exister plus que l'autre et non abattre l'adversaire*

Voir comment amener le fournisseur à jouer autrement que par l'affrontement du jeu d'échecs (par la recherche d'objets d'alliance, de collaboration, de travail en commun...) d'où la nécessité de prendre en compte de manière plus importante certaines dimensions :

– la constitution de dossiers complets, objectifs qui permettent de proposer une collaboration ;

- la préparation, le travail d'information, d'analyse et de compréhension des problèmes ;
- l'anticipation et la maîtrise du dossier à travers son évolution dans le temps.

La négociation interne est un acte permanent dans les organisations polycellulaires (interactivité et régulation permanente). Le négociateur a un rôle pédagogique important pour faire comprendre et accepter par sa structure :

- la culture et le fonctionnement des interlocuteurs externes et des clients qu'il a en charge ;
- le décalage entre le découpage mécanique du temps en interne et le temps du processus de négociation en externe.

**Tenir compte de la culture de l'autre pour négocier**

Il est indispensable de bien comprendre les processus décisionnels en interne autant qu'en externe.

Pour mettre en place sa stratégie de négociation, le tacticien doit avoir une connaissance du terrain et de l'adversaire et la maîtrise du temps.

### 4.4. L'occupation du terrain

- Savoir choisir les damiers sur lesquels jouer la négociation. En tout cas, ne pas se tromper de damier.
- Savoir relier les informations entre elles pour en comprendre tout le sens.
- Savoir se créer des alliances y compris chez l'adversaire. Les rechercher de façon systématique.
- C'est celui qui a la vision la plus claire et la plus large du terrain, du projet et du but qui, dès le départ, va prendre l'avantage.
- Réactualiser en permanence l'analyse du camp adverse.
- Chaque point de la négociation doit être préparé avec davantage de minutie et donc davantage d'information que ne peut le faire l'adversaire.

– Il est capital pour le négociateur de repérer dans la partie adverse :

- le point de blocage ;
- le processus de décision.

La connaissance de ces deux points constitue pour le négociateur l'aire de la négociation.

### 4.5. La connaissance de l'adversaire

– Lorsque le négociateur peut donner le sentiment qu'il se désolidarise de son propre camp pour épouser la cause de l'adversaire, ce n'est qu'apparence pour contourner la difficulté de compréhension de la position et de la dynamique de l'adversaire. Il se met momentanément en position d'arbitre pour mieux comprendre le débat.
– Vouloir obtenir trop souvent satisfaction, trop souvent gain de cause peut représenter un danger, en créant un trop grand déséquilibre et en provoquant une réaction de rejet ou de violence. Il est capital pour le négociateur de ne jamais blesser la dignité de l'autre.
– La capacité à se mettre momentanément dans la peau de l'autre pour « le comprendre de l'intérieur » est un atout essentiel pour le négociateur. Savoir donner raison à la partie adverse pour mieux démonter les arguments.
– Savoir analyser les attitudes, la gestuelle et les réactions physiques de l'autre.

*Faire de l'empathie pour mieux négocier*

### 4.6. Maîtrise du temps

– Savoir, pouvoir anticiper et s'inscrire dans la durée.

La négociation et le temps de la négociation doivent s'inscrire dans un projet et, en même temps s'inscrire dans la durée, dans un processus.

– Maîtriser le temps, c'est aussi appréhender les différents rythmes :

- passer, comme la vie, de la réflexion, la maturation et la dilatation du temps, à l'intuition, la fulgurance et la concentration du temps.

### 4.7. Maîtrise de l'information

– L'information ou l'événement n'ont de sens que si on est capable de se projeter (notion de finalité) dans le bon damier (signification et sens).

*L'information comme atout du succès*

Une entreprise sans mémoire, sans histoire et sans « bibliothèque » ne peut assurer sa pérennité. L'entreprise doit connaître et raconter son histoire pour construire son futur.

– La maîtrise de l'information passe par :
- le repérage de l'information ;
- la précision des critères de sélection ;
- la clairvoyance par rapport à la désinformation :
  → d'où vient-elle ?
  → comment la contrer ?
- la formation des personnels à la notion de confidentialité.

– Quand on n'est pas capable de conceptualiser ses intuitions, on n'est pas capable de maîtriser sa pensée, donc son projet. (Quel est mon projet négociation et comment s'inscrit-il dans l'espace avec chaque client et dans le temps ? Pourquoi ce projet ?).

Si on n'a pas su donner un sens à son projet, on ne peut le faire partager à son équipe. Celle-ci ne peut donc pas se l'approprier et être active dans sa réalisation. De ce fait, aucune information utile ne sera décelée.

Il est indispensable de conceptualiser les projets et les stratégies pour :

– assurer la pérennité de la vision et des valeurs communes partagées,

– pouvoir expliquer, donner du sens afin de rendre pro-actif,
– ne pas déraper,
– repérer et décoder l'information utile.

## 5. Démarche stratégique et négociation

La réflexion stratégique est sans nul doute l'une des occupations principales du négociateur en amont et autour de l'acte de négociation, qu'il le fasse de façon intuitive ou instrumentée, de façon informelle ou normalisée par une méthode.

Le négociateur doit exercer cette réflexion à trois niveaux.

*Négocier implique une parfaite connaissance de l'entreprise et du monde*

### 5.1. L'analyse du contexte

Cette analyse de situation permanente va concerner le marché, la conjoncture, les concurrents, la distribution, les interlocuteurs, les évolutions internes. Ce type d'analyse n'est pas propre à la négociation et ne nécessite pas une démarche particulière.

### 5.2. L'analyse de situation

Pour préparer une négociation en particulier : le négociateur s'attachera à analyser l'objet, les enjeux, le climat, les acteurs, les pouvoirs, le rapport de force.

### 5.3. La préparation d'une négociation

Qui consiste à définir une stratégie à partir de l'analyse de situation.

Le déroulement de la démarche stratégique se déroulera en cinq points :

## L'analyse du contexte

> **Négocier c'est se poser les bonnes questions**

– Le marché, les besoins, la concurrence, les clients, les fournisseurs, la conjoncture, les innovations, les interlocuteurs, etc. sont le point de départ de tout diagnostic qui permet de définir l'existence ou non d'une plage de négociation : ce qui pour chaque délégation est négociable ou non ; c'est aussi l'évaluation du rapport de forces et du degré de tension entre les interlocuteurs et l'évaluation de la nature et de l'interdépendance des enjeux.

## L'analyse de la situation

– Qu'allons-nous négocier ?
– Quels éléments, leur importance pour eux, pour nous ?
– L'objet de la négociation.
– Le contexte et les antécédents.
– Les enjeux.
– Pourquoi cette négociation et pourquoi cet objet ?
– Quelles conséquences positives, négatives, pour eux, pour nous, en cas de succès, d'échec ?
– Au service de quel projet se fait cette négociation ?
– Dans quel climat pour les acteurs et l'histoire de leurs relations ?
- leur personnalité, statut, rôle organisationnel ;
- leurs enjeux, objectifs ;
- leurs zones de pouvoir ;
- les comportements anticipés.
– Qui sont les négociateurs ?
– Quels sont leurs enjeux personnels ?
– Quelles sont leurs intentions respectives ?
– Quel est le climat actuel et le style de rencontres ?
– Avec quel pouvoir ?
- ressources et leviers :
  → internes, externes ;
  → alliés déclarés et potentiels.
- les influences possibles ;
- nature et forme du rapport de forces.

© Éditions d'Organisation

## L'élaboration d'une stratégie

- Une vue d'ensemble orientée vers l'avenir.
- La volonté d'atteindre des objectifs prioritaires.
- La combinaison d'actions majeures (synergie).
- La manière globale de négocier (distributive - intégrative).
- Type d'issue souhaitée (3 actions).
- Nature de l'arrangement recherché.
- Le cadre de la négociation (plage de négociation-définition-points de rupture).
- L'utilisation des atouts.

## La préparation de la négociation

Elle va permettre de définir :

- les objectifs que l'on peut se fixer ;
- l'itinéraire pour y parvenir malgré les obstacles ;
- l'orientation à donner et à s'efforcer d'obtenir.

Les objectifs de la négociation n'ayant pas la même valeur pour les différentes parties prenantes, il va falloir établir des priorités pour soi et les supputer pour la partie adverse. Plusieurs techniques peuvent être utilisées par la négociation pour y parvenir dont notamment celles des échelles d'utilité.

*Toute négociation commence par une préparation*

L'orientation à donner et à s'efforcer d'obtenir dans la négociation, compte tenu des sacrifices à consentir potentiellement pour soi ou pour la partie adverse. Quels dosages obtenir et comment (établissement du climat, de l'ambiance, manière de mener les échanges, forme et contenu des messages, techniques à privilégier).

Il s'agit de :

- dresser des scénarii et en imaginer le déroulement ;
- dresser l'inventaire des ressources et actions (actions auprès de tiers, alliances, recueil d'informations) ;
- dresser un itinéraire stratégique « daté » ;
- choisir le cadre (lieu de rencontre, procédures, rituels, prétextes de rencontre) ou trouver les moyens d'influencer le choix ;

– rechercher la meilleure alternative :
- à l'accord négocié ;
- en cas de non-accord.

**Les tactiques**

Prévoir et anticiper à partir de trois types de négociations :

– conflictuelles ;
– coopératives ;
– mixtes.

## 6. Les acteurs de la négociation

Pour négocier, il faut être au moins deux. Dans un partage de temps, ou de surface, ou de moyens, à l'occasion de la négociation dans le cadre de la conduite de projet, il peut y avoir un nombre d'intérêts importants représentés où chacun n'agit que pour lui-même et s'oppose à tous les autres sans distinction.

Lorsqu'il y a plus de deux partenaires, le schéma de fonctionnement se complique ; le temps nécessaire pour aboutir à un accord devient plus important. Néanmoins, le problème de base demeure le même. La recherche des alliances devient un des éléments clé de ce type de négociation.

*Le chef de projet est l'interface de tous les systèmes de négociation*

Dans le pilotage d'un projet, le principal acteur de la négociation est le chef de projet. Il est le lien entre le client, le marché, l'objectif à atteindre, le groupe projet et l'ensemble des partenaires de l'entreprise aux fournisseurs et le représentant des directions.

Pourquoi doit-on négocier ?

Lors d'un projet, la négociation est nécessaire pour mettre en phase les acteurs de l'entreprise concernés par le projet pour établir un référentiel commun sur lequel on pourra défendre ce projet. Plus le projet est important, plus le nombre d'acteurs avec lesquels il faut négocier est important : partenaires sociaux, alliés locaux régionaux, nationaux ou internationaux, instances juridiques sociales ou administratives, voire media en fonction de la nature du projet, sans oublier le personnel de l'entreprise, pour assurer la mise en place du projet.

## 7. Conclusion

La négociation a une place centrale dans l'exercice des responsabilités du chef de projet ; le négociateur ayant à mener pendant la durée du projet plusieurs groupes de négociation, peut-être amené, à fonctionner en stratège qui doit préparer et livrer des batailles.

Toutefois, dans la situation du négociateur, la stratégie de combat comporte ses limites.

En effet, les différents acteurs du projet sont censés être non pas des ennemis mais des alliés dans une opération conjointe, pour mieux satisfaire l'entreprise et le consommateur. Dans ce contexte, une stratégie de coopération sera souvent plus efficace qu'une stratégie de combat. Il s'agit de réaliser un projet et non pas de détruire un adversaire.

*Le chef de projet doit savoir négocier en permanence*

La conduite d'une négociation dans le cadre d'un projet ressemble au fonctionnement d'une machine dont les rouages seraient complexes et les forces de friction considérables, si bien que des combinaisons facilement réalisables sur le papier ne pourront être exécutées qu'au prix d'efforts considérables, d'où l'importance de l'économie des forces en toutes négociations. La concentration des efforts doit être mesurée en fonction de l'objectif à atteindre.

# Chapitre 3
# Marketing de projet

## 1. Approche marketing

### 1.1. Introduction

Le marketing est l'ensemble des liens qui relient le client, le produit et l'entreprise, quel que soit le client et le produit.

Le client peut être interne ou externe et le produit peut être un matériel, un service, une organisation, ou un projet de n'importe quelle nature. Cela suppose que l'entreprise connaisse les mécanismes d'« achat du client » pour être capable de présenter un « produit » conforme aux attentes du client.

*Tout projet commence par un client et l'étude de ses besoins*

Aujourd'hui, le marketing est la pierre angulaire de tout projet. Que celui-ci soit d'ordre politique, stratégique ou opérationnel pour l'interne ou l'externe de l'entreprise, le marketing du projet est la première phase à aborder pour que le « produit » soit le plus conforme au marché.

La démarche marketing fonctionne en deux temps :

- une réflexion orientée vers le client, le marché, les concurrents directs et indirects. Elle intervient au niveau de la phase d'analyse de la démarche projet et comportera en particulier une étape de veille technologique, stratégique, économique et concurrentielle ;
- une action focalisée sur la gestion des ressources spécifiques à mettre en place, c'est l'aspect opérationnel qui intervient dans le lancement et le suivi de la démarche, en particulier avec les aspects de stratégie, plan, communication et gestion financière du projet.

## 2. Analyse des forces et faiblesses de l'entreprise

*Connaître son entreprise est indispensable avant le début d'un projet*

Tout projet s'inscrit dans le cadre d'une entreprise. Celle-ci doit pouvoir apprécier sa position face à son environnement, ses concurrents et tenir compte de ses ressources en fond propre ou en potentiel de financement, avant de démarrer tout projet.

### 2.1. Analyse interne

L'entreprise dispose de trois sortes de ressources internes : son savoir-faire, son potentiel humain, ses moyens financiers. Avant d'entamer un combat, il faut dresser l'état des lieux, pour chaque type de ressources. C'est l'objectif de l'analyse interne qui cherche, d'une part, à détecter les éventuelles faiblesses et à dégager les points forts de l'entreprise, d'autre part.

**Le savoir-faire**

C'est la technologie que maîtrise l'entreprise. Il peut s'agir d'une opération de fabrication (moulage d'une pièce plastique) ou d'un enchaînement complexe d'opérations. Pour un service, le savoir-faire résulte plus d'un « tour de main » ou d'une compétence intellectuelle particulière. Le savoir-faire s'acquiert et se transmet par la formation. Il se protège par le dépôt d'un brevet, dans le cas d'un produit.

L'accumulation des connaissances techniques de l'entreprise définit son métier. L'identification des composantes de ce métier est une phase majeure de la réflexion stratégique, car c'est souvent ce qui permet de dégager des points de supériorité (ou des faiblesses), face aux concurrents. La question clé est : « Qu'est-ce que l'entreprise sait faire de mieux que les concurrents ? ».

*La faisabilité technique, humaine et financière engendre le succès d'un projet*

### Le potentiel humain

Les hommes sont à l'origine du savoir-faire de l'entreprise. Ils forment une organisation qu'il convient de motiver, de commander et de coordonner. C'est un des objectifs de la gestion des ressources humaines. Cet art de faire travailler harmonieusement quelques hommes, ou des milliers, constitue la deuxième ressource interne de l'entreprise. Le climat interne de l'entreprise est-il bon ? Les salariés sont-ils fiers d'appartenir à l'entreprise ? Quelles sont les relations avec les syndicats : partenaires ou adversaires ?

La réponse à une batterie de questions du type précédent permet de comparer la situation de l'entreprise par rapport à celle des concurrents.

### La capacité financière

Chaque entreprise dispose de capitaux propres (capital social apporté par les actionnaires, bénéfices non distribués) et d'une possibilité d'emprunt bancaire. Ce volume détermine sa surface financière. Le lancement d'un nouveau produit impose de construire un plan de financement : ressources disponibles et emplois prévus. Si le solde du plan fait apparaître un besoin de financement, ce besoin ne peut être satisfait qu'avec une santé financière de l'entreprise jugée saine par les offreurs de capitaux. Les banques ont établi des listes de ratio, variables selon le type d'activité de l'entreprise, pour évaluer cette santé.

Il est important de ne pas perdre de vue ces contraintes financières avant de décider un investissement pour le lancement d'un projet. Les possibilités d'appel à des capitaux extérieurs (nouveaux actionnaires, emprunt bancaire) varient considérablement selon la taille de l'entreprise, le secteur d'activité et la situation financière. De nombreux projets ne voient pas le jour par l'impossibilité de l'entreprise à les financer. En particulier, pour des projets trop ambitieux par rapport à la taille de l'entreprise, ou une fuite en avant de l'entreprise, ce qui effraiera les banquiers ou les actionnaires.

C'est un objectif de l'analyse interne de déterminer si la surface financière de l'entreprise est compatible avec le projet.

### 2.2. Analyse externe

*La capitalisation du savoir pour analyser l'environnement de son entreprise*

L'analyse externe a pour objectif d'identifier les menaces et opportunités qui résident dans chaque composante de l'environnement externe.

**L'environnement technique**

En confrontant le savoir-faire actuel de l'entreprise et les choix technologiques des concurrents, on apprécie l'avance ou le retard de l'entreprise. La surveillance systématique de cet environnement prend la forme d'une veille technologique.

Au lendemain de la Seconde Guerre mondiale et jusqu'en 1985, le système de financement des projets industriels en France s'insérait dans une situation économique et financière très favorable (taux d'inflation élevé, fort taux de croissance, concurrence peu féroce, marchés publics acquis aux entreprises françaises, etc). La montée en puissance de la technologie s'effectuait donc dans un contexte où l'incertitude sur le résultat était atténuée, les erreurs d'appréciation du risque gommées. Les parts de marché étaient faciles à acquérir, les débouchés « assurés ». Le niveau d'information associé au montage de projets industriels pouvait alors se contenter de rester très grossier.

L'année 1985 voit une réforme bancaire et un premier choc financier. L'État français limite ses interventions financières et le système bancaire devient l'unique source de financement des entreprises.

La maîtrise de l'inflation augmente le taux réel de la dette et le taux de croissance commence à ralentir. Cette situation conduit à une sélection plus dure des projets industriels et la concurrence entre les entreprises devient plus vive. Pour l'entreprise en phase de croissance et l'entreprise de technologie, les fonds propres apparaissent comme la source de financement la plus appropriée, d'où une floraison de sociétés de capital-risque. Dans ce contexte, le droit à l'erreur est réduit et la nécessité de disposer d'études de marché très éclairantes est nettement ressentie. Le rôle stratégique de l'information est clair : elle devient la matière première de l'économie.

En 1993 a lieu un second choc financier, lié à l'évolution de la situation du système bancaire. Les banques constatent que la rentabilité des fonds propres est très faible. Pour le capital-risque, le taux de résultat s'avère peu attractif, n'importe quel placement sur le marché monétaire ayant une rentabilité supérieure. Le retour sur les investissements doit se faire sur le long terme, or les banques ont des contraintes de court terme. Les banques commerciales démantèlent alors leur activité de banque d'affaires et se recentrent sur leurs métiers de base.

Pour les petites et moyennes entreprises, la difficulté de financer leurs projets augmente, à un moment où la nécessité d'intégrer davantage de technologie coûte de plus en plus cher. Le droit à l'erreur n'est donc plus permis dans la sélection des projets et dans l'élaboration de la stratégie. Le système décisionnel doit être efficace et minutieux. Cela implique une parfaite maîtrise de la collecte et du traitement de l'information non seulement technologique, mais aussi économique, concurrentielle, financière, etc, et de son suivi

**L'étude des ressources financières comme vecteur de réussite**

précis. La veille devient une démarche évidente et impérieuse, au contenu beaucoup plus vaste que celui qui était le sien par le passé.

Au-delà d'une surveillance de l'évolution des sciences et des techniques, la « veille technologique » est pour l'entreprise le moyen de résoudre des problèmes quotidiens, grâce à une prise en compte de l'ensemble des facteurs susceptibles d'influer sur son activité. Les menaces qui pèsent sur une entreprise, comme les occasions qui peuvent lui ouvrir de nouveaux marchés, viennent en effet du monde de la technologie aussi bien que du monde économique, financier, juridique, politique, etc. C'est pourquoi, de plus en plus, le concept d'« intelligence économique » tend à supplanter celui, plus restrictif de veille technologique. L'intelligence économique se définit comme l'ensemble des actions coordonnées de recherche, de traitement, de distribution et de protection de l'information utile aux acteurs économiques.

Ce suivi technologique est fondamental, car il impose parfois à l'entreprise d'apprendre un nouveau métier pour rester compétitif.

*On ne peut prendre des décisions qu'en connaissance de cause*

Ce suivi technologique, économique et juridique va permettre à l'entreprise de prendre la bonne décision par rapport à son projet sur une analyse externe la plus complète possible.

## 3. Diagnostic marketing

Le diagnostic indique l'état de santé de l'entreprise et les raisons majeures qui ont conduit à l'état présent. Il s'apparente à un verdict fondé sur une série d'analyses préalables.

Plusieurs sortes de diagnostic existent :

– le diagnostic stratégique global qui s'appuie sur l'analyse interne et externe ;

– le diagnostic spécifique, diagnostic propre à une fonction de l'entreprise finance, production, marketing, commerciale.

L'établissement d'un diagnostic global relève de la compétence de l'état-major de l'entreprise, les diagnostics fonctionnels étant plutôt établis par les directeurs de la fonction concernée.

Un bon diagnostic est bref et précis. Il n'est pas un résumé des forces et des faiblesses de l'entreprise. C'est tout d'abord une appréciation globale de « l'état de santé marketing » de l'entreprise, un constat lucide. Après avoir effectué toutes les analyses jugées nécessaires, il s'agit de dire si la situation marketing actuelle est : excellente, favorable, correcte, défavorable ou catastrophique. Le deuxième temps du diagnostic précise les causes majeures du jugement précédent : qu'est-ce qui fait que l'entreprise en est arrivée à cette situation ? En d'autres termes, il s'agit d'extraire d'un ensemble de points forts ou faibles (et non pas de résumer) les deux ou trois éléments considérés comme les plus attractifs.

## 4. Choix stratégiques

La stratégie marketing du projet est un mouvement d'ensemble opéré par une entreprise en vue d'atteindre un objectif fixé à l'avance. Elle repose sur un engagement des forces disponibles (technologie, investissements, hommes), selon un plan : le plan stratégique.

*L'objectif du projet doit être en accord avec la stratégie marketing*

Le choix d'une stratégie s'effectue après deux étapes : l'analyse des forces et faiblesses de l'entreprise, et le diagnostic.

Ce choix est risqué car il engage l'entreprise pour une longue période ; l'échéance est souvent comprise entre trois et cinq ans. Le marché est le point de rencontre des différentes manœuvres stratégiques effectuées par les concurrents :

chaque entreprise cherche à modifier à son avantage, ou à stabiliser sa position du moment.

De même qu'il existe plusieurs niveaux de diagnostic, on répertorie plusieurs niveaux stratégiques : le niveau d'ensemble (plan stratégique général) et le niveau fonctionnel (stratégie marketing, financière, production) qui adapte pour chaque fonction de l'entreprise le plan global. Mais, dans la réalité, ces niveaux se chevauchent fréquemment et de toutes façons, la politique stratégique doit tendre vers le même objectif.

*La stratégie marketing doit s'inscrire dans la stratégie globale de l'entreprise*

Toute stratégie de projet s'inscrit sur le positionnement de l'entreprise et son image de marque. De plus, tout projet a pour vocation d'atteindre une cible et la stratégie la plus souvent utilisée pour ce faire est la segmentation.

Nous allons essayer de comprendre la destination entre segment et cible d'une part, la relation entre positionnement et image de marque d'autre part.

**Segment** : c'est une partie d'un marché composée de consommateurs « homogènes ». En d'autres termes, deux consommateurs appartenant à un même segment présentent des profils très voisins : ils pourront avoir la même taille, ou habiter la même région, ou encore pratiquer un sport identique, etc. Segmenter un marché, c'est donc fractionner un marché global en segments homogènes, par rapport à un critère de sélection donné. Ces critères de sélection sont appelés critères de segmentation.

**Cible** : c'est le segment que l'entreprise décide de satisfaire en priorité. Ce choix détermine la construction du marketing-mix et oriente l'action de la force de vente.

**Positionnement et image de marque** : il s'agit d'une stratégie marketing visant à agir sur les croyances du consommateur pour que celui-ci différencie clairement une marque de celles des concurrents. On cherche à ce que la marque occupe une place claire et unique dans l'esprit du consommateur.

Il est important de bien comprendre les liens existants entre positionnement et image de marque. Dans le cas d'un bon marketing, le positionnement choisi par l'entreprise pour son produit et l'image de marque effectivement obtenue sont équivalents. Mais si le positionnement est directement contrôlable par la volonté stratégique de l'entreprise, l'image de marque ne l'est pas. Elle est le résultat d'un décodage opéré par le consommateur : les signaux émis par l'entreprise sont filtrés, analysés puis stockés dans la mémoire sous forme de croyances. Les résultats des études d'image de marque faites sur un échantillon de consommateurs, permettent de vérifier si l'image obtenue est bien en adéquation avec le positionnement déterminé au départ.

> Il est important de soigner l'image de son entreprise pour le succès des projets

## 5. Intérêt stratégique

Une raison fréquemment évoquée pour justifier le choix d'une stratégie de segmentation consiste à dire : « il vaut mieux bien satisfaire une partie d'un marché que mal l'ensemble ».

En effet, un produit jugé « moyen » sur toutes ses caractéristiques a finalement peu de chances d'être recherché par le consommateur. Parallèlement, le choix d'un segment permet d'ajuster le produit aux attentes spécifiques de celui-ci, en ignorant délibérément les attentes des autres segments.

Avec un même marché, on peut obtenir plusieurs découpages possibles : il suffit de changer de critères de segmentation pour voir apparaître une nouvelle répartition des consommateurs. Une bonne créativité marketing permet ainsi de découvrir de nouvelles perspectives de création de produits. La stratégie de recherche de créneaux en est une illustration : c'est la découverte de segments de clientèle inexploités par la concurrence, généralement obtenue grâce à la prise en compte d'un nouveau critère de segmentation.

© Éditions d'Organisation

## 6. Les étapes de la segmentation d'un marché

La conduite d'une stratégie de segmentation suit une progression par étapes. Elle suppose qu'une double condition préalable a été remplie : l'analyse de l'environnement de l'entreprise et l'établissement d'un diagnostic.

En effet, la stratégie de segmentation n'est qu'une solution stratégique parmi d'autres ; son choix doit pouvoir être justifié par l'analyse préalable des informations. Une fois ces réflexions stratégiques achevées, le déroulement d'une stratégie de segmentation comporte plusieurs étapes.

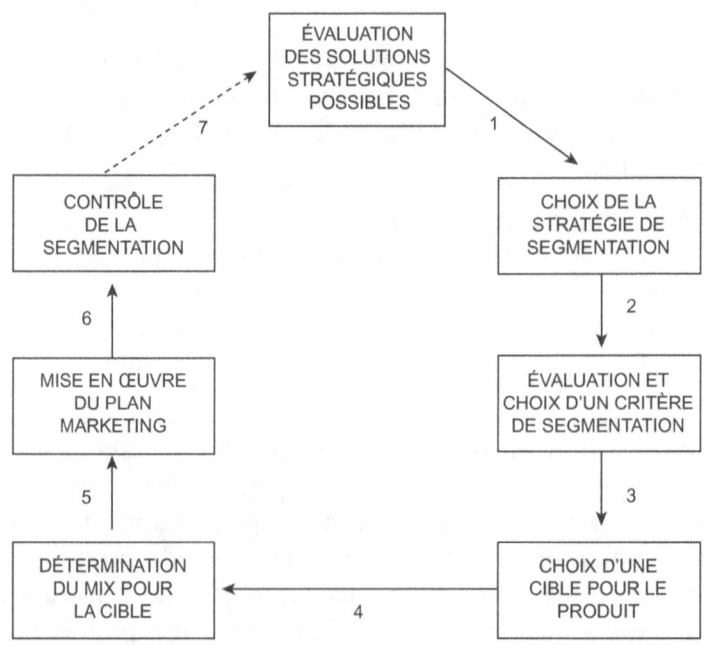

## 7. Choix d'un critère de segmentation

La représentation du marché de l'entreprise dépend de la nature du critère de découpage utilisé : les contours du marché obtenu sont différents selon le critère de segmentation choisi pour le découpage.

En conséquence, ce choix est une décision importante que l'on doit pouvoir justifier. Les informations recueillies lors des études de marché sont analysées par des techniques statistiques appropriées, afin de justifier ce choix.

Il existe un grand nombre de critères de segmentation dont les plus courants sont :

– socio-démographiques ;
– styles de vie ;
– usage du produit ;
– bénéfices recherchés.

Parmi le grand nombre de critères mis à notre disposition pour segmenter un marché, il est important qu'ils soient en adéquation avec la stratégie de l'entreprise et la culture de l'entreprise.

Trois éléments apparaissent significatifs et importants pour le choix des critères :

– la pertinence, capacité du critère à bien « séparer » les segments ; d'un point de vue graphique, cela se traduit par des nuages de points concentrés ;
– la capacité à la prédiction, aptitude statistique du critère à prédire le choix d'une marque. Connaissant le segment auquel appartient un consommateur, peut-on prédire la marque achetée ?
– la facilité de mise en œuvre qui représente la durée, la facilité des analyses et le coût global de l'étude nécessaire pour obtenir les segments.

**Tout projet doit correspondre à l'image de l'entreprise**

La démarche méthodologique précédente permet à l'entreprise d'avoir en mains les exigences spécifiques de chaque segment. En confrontant les avantages procurés par une marque et ceux attendus par les différents segments, on est en mesure de choisir aisément la cible la plus conforme pour la marque.

## 8. Choix d'une cible

**Choisir sa cible nécessite une étude préalable**

Le choix de la cible et plus particulièrement du cœur de cible est très important à ce niveau de la démarche, car une erreur de ciblage en fonction du « produit » à mettre sur le marché peut conduire à un échec du projet. La cible devra tenir compte de trois points :

– forces et faiblesses de l'entreprise face aux exigences de la cible :

- dispose-t-on du savoir-faire technique nécessaire pour réaliser un produit conforme aux attentes de la cible ?
- la réputation préalable de la marque (ou de l'entreprise) est-elle cohérente avec l'image exigée par la cible ?
- sait-on gérer les ressources humaines exigées pour réaliser le produit attendu par la cible ?

– intensité de la concurrence sur la cible :

- nombre de concurrents présents (part de marché, réaction) ;
- l'entreprise a-t-elle d'autres produits ou marques sur cette cible ? (risque de cannibalisme).

– risque financier :

- potentiel de vente (surface du segment) ;
- niveau du seuil de rentabilité à atteindre.

© Éditions d'Organisation

## 9. Positionnement d'un produit

Lorsque le marché est encombré, de nombreuses marques offrent au consommateur des produits parfois très voisins. Le principe fondamental d'une stratégie de positionnement est de faire en sorte que le consommateur considère que seule notre marque est en mesure de satisfaire ses attentes prioritaires. Cette marque se « démarque » des concurrents, parce qu'elle est reconnue comme étant capable d'offrir « quelque chose de plus » que les autres. Un bon positionnement favorise la fidélité du consommateur.

## 10. Stratégies concurrentielles

L'action marketing d'un projet s'inscrit dans un cadre plus large fourni par la réflexion stratégique de l'entreprise. Elle s'oriente autour de six axes :

- évaluation des concurrents présents sur le marché de l'entreprise ;
- diagnostic sur la position de l'entreprise et ses activités ;
- le système organisationnel de l'entreprise ;
- la stratégie générale de l'entreprise ;
- la culture de l'entreprise ;
- l'environnement.

La réussite d'une telle stratégie suppose plusieurs conditions :

- connaître les croyances ou les attributs jugés déterminants par le consommateur lors du choix de la marque ;
- évaluer les positionnements retenus par les concurrents pour éviter de proposer quelque chose qui serait déjà offert ;
- communiquer clairement au consommateur le positionnement retenu : c'est le rôle de la création publicitaire ;

*La concurrence nécessite d'avoir une stratégie bien définie*

– comprendre et anticiper l'évolution de l'environnement :
- préférer les paramètres intangibles (qualité, avance technologique), plutôt que le prix ou les aspects techniques ;
- sélectionner une cible, et faire mieux que la concurrence ;
- expérimenter sans cesse de nouveaux types de produits.

– être crédible dans le choix effectué.

Le découpage d'un marché en différentes parties, appelées segments, conduit l'identification de groupes de consommateurs homogènes par rapport à des critères de segmentation. Lorsqu'une entreprise décide de concentrer ses efforts sur un segment, celui-ci devient sa cible.

La mise en œuvre de la segmentation impose quatre étapes : retenir un critère de segmentation, choisir une cible pour le produit, concevoir un marketing-mix adapté à cette cible, contrôler les résultats.

## 11. Étude du marché

*L'étude d'un marché définit le contour de tout projet*

La phase de lancement d'un projet débutera sur le plan marketing par l'étude du marché. Tout produit doit correspondre à un marché et en conduite de projet, on s'appuiera sur la conception intégrée du couple produit-marché.

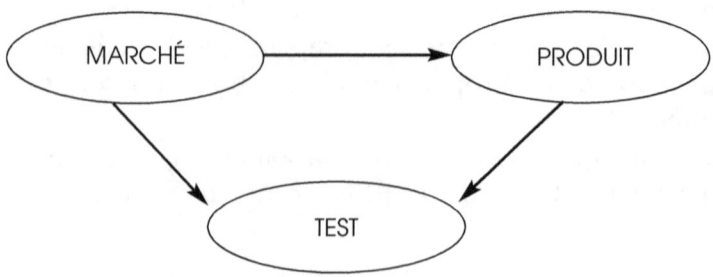

La conception du marketing intégré repose sur un système dynamique qui boucle en permanence sur lui-même. Il souligne qu'un marché n'est jamais figé, mais évolue constamment. Les exigences des clients varient. Il est important également de définir le marché par ses contours et comprendre quelle sera la stratégie de l'entreprise par rapport au marché. Les questions essentielles à se poser sont :

– quel est notre projet ? que fabrique-t-on ?
– qui achètera notre produit ?
– quand consommera-t-on notre produit ?
– pourquoi achètera-t-on notre produit ?

Après avoir défini les contours d'un marché, il est important de quantifier puis d'apprécier la position de l'entreprise par rapport aux concurrents, ce qui peut se traduire par trois chiffres :

– chiffre d'affaires ;
– part de marché ;
– taux de pénétration du marché, comparés aux mêmes chiffres des concurrents directs et indirects.

## 11.1. Qu'est-ce qu'une étude de marché ?

Une étude de marché est une mise en œuvre de techniques de collecte et d'analyse d'informations pour répondre à une question marketing. Par exemple : « pourquoi les ventes d'un produit stagnent-elles ? » ou « ce nouvel emballage est-il supérieur à l'ancien ? ».

Les professionnels distinguent deux grands types d'études :
– les études qualitatives, réalisées sur de petits échantillons (inférieurs à 50 personnes). Elles ne prétendent pas à la représentativité des résultats : elles cherchent surtout à identifier les composantes d'une question ;
– les études quantitatives, réalisées sur des grands échantillons de personnes (supérieurs à 200 personnes). La représentativité

*L'étude d'un marché nécessite la cueillette de l'information au quotidien*

des résultats est recherchée : on doit pouvoir généraliser au reste de la population, avec un risque d'erreur faible, ce que l'on a observé dans l'étude. Par abus de langage, elles sont souvent appelées « sondages » : cela n'est en fait qu'un procédé de constitution de l'échantillon.

Dans la réalité, ces deux approches sont souvent complémentaires : dans un premier temps, on identifie les grandes lignes d'un problème avec une étude qualitative, pondérées ensuite par une étude quantitative. De plus, certaines études se prêtent mal à cette distinction.

## 11.2. Le déroulement d'une étude de marché

*L'étude d'un marché est l'aboutissement d'une approche méthodologique*

**Étape 1 : délimiter le problème à résoudre.**

C'est l'étape la plus délicate à réaliser. Elle impose parfois de formuler un véritable diagnostic marketing, afin de pouvoir construire le projet d'étude. En effet, le choix des techniques d'étude dépend de la nature du problème marketing identifié.

**Étape 2 : collecter les informations.**

C'est la gestion du terrain de l'étude. Poux un terrain d'étude quantitative, cela signifie déterminer la taille de l'échantillon et son mode tirage, concevoir le questionnaire, recruter et contrôler les enquêteurs, etc.

**Étape 3 : analyser les informations.**

Le traitement des données quantitatives se fait à l'aide de logiciels statistiques, après leur saisie informatique.

**Étape 4 : recommander une solution.**

Il s'agit de répondre au problème posé au départ. Le chargé d'étude rédige un rapport, présenté ensuite au client. Logiquement, une bonne recommandation débouche sur une action marketing, afin de résoudre concrètement le problème identifié à l'étape 1.

## 11.3. Traitement des informations

### Données qualitatives

L'analyse des données qualitatives se fait la plupart du temps « à la main », l'utilisation de logiciels restant limitée. Le chargé d'étude part des données brutes, généralement des transcriptions d'interviews enregistrées (magnétophone, vidéo...) par les enquêteurs. Une technique souvent utilisée est l'analyse de contenu. Pour cela, les réponses aux questions ouvertes sont tout d'abord regroupées en grandes catégories (thèmes voisins, synonymes...), puis comptabilisées en terme de fréquences d'apparition : on calcule combien de fois un thème a été abordé par l'ensemble des enquêtés. Puis, le chargé d'étude élabore une synthèse générale des résultats qu'il présente à son client.

### Données quantitatives

Les données quantitatives sont traitées par l'intermédiaire de logiciels d'analyses statistiques, utilisables sur micro-ordinateur : CHADOC, SPHINX, SPSS, STATITCF, STATGRAPHICS, etc. L'exploitation de ces outils suppose de solides connaissances statistiques. L'objectif de ce paragraphe est de sensibiliser le lecteur aux analyses-clés ; la bibliographie donne quelques références pour aller plus loin.

*La gestion de l'information conduit à des prises de décisions efficaces*

L'utilisation des tests statistiques conduit à formuler des recommandations marketing plus élaborées. Un test statistique permet de savoir si une différence observée dans un échantillon est généralisable à l'ensemble de la population mère, ou si elle n'est que le fruit du hasard.

Un intérêt majeur de ces techniques statistiques pour le marketing est leur capacité à extraire des tendances lourdes d'une grande quantité d'informations. Ces grandes dimensions expliquent ou décrivent, le mieux possible, la masse des données initiales fournies par les questionnaires.

Dans le cadre d'un projet, les études de marché réalisées sont appelées « marché-test ».

C'est l'étude ponctuelle faite pour le compte d'un client, afin d'évaluer les chances de succès commercial d'un nouveau produit. Ce marché-test peut être simulé : on applique un modèle quantitatif aux données, recueillies par questionnaire, pour prévoir les ventes futures. Il peut être réel, c'est-à-dire que l'on enregistre des achats effectifs pendant quelques semaines, dans une zone-test. On prévoit, à partir de ces ventes partielles, les futures ventes au niveau national.

**Conclusion**

Les études qualitatives sont réalisées sur de petits échantillons, alors que les études quantitatives sont effectuées sur des échantillons de grande taille. Une étude de marché se déroule en quatre temps : définition du problème à résoudre, recueil des informations, analyse des données, rédaction du rapport d'étude. La collecte d'informations quantitatives implique de gérer un terrain d'étude : définition de la base de sondage et des caractéristiques de l'échantillon, rédaction et administration d'un questionnaire.

## 12. Plan marketing et gestion prévisionnelle

*La planification est un outil de gestion essentiel en mode projet*

Le processus de planification s'inscrit dans le cadre de la gestion prévisionnelle. Cela se traduit par la prise en compte de l'avenir, par nature incertain, dans des décisions immédiates. Le fait d'imaginer les états possibles de l'avenir permet d'anticiper, et donc de mieux gérer le présent. La planification se différencie de la prévision, parce qu'elle est un instrument d'action qui donne à l'entreprise les moyens de modeler le futur à son avantage. La conduite de la planification se fait par étapes successives. En simplifiant, on distingue l'analyse des informations, le diagnostic, le plan.

Le problème de base de la gestion, au départ d'un projet, est d'élaborer un plan d'action complet et cohérent, que ce soit au niveau général du scénario ou sous la forme détaillée d'une planification.

En pratique, c'est seulement dans les cas simples qu'on parvient à construire directement un schéma rationnel d'enchaînement des travaux nécessaires à la réalisation du projet. Le plus souvent, il faut d'abord constituer un inventaire des tâches à accomplir, en essayant de n'en oublier aucune : c'est à cette occasion qu'on se sert de l'organigramme des tâches.

Pour obtenir un tel schéma, on partage d'abord le projet en deux catégories de tâches :

– des sous-projets homogènes (parties constituant des sous-ensembles bien identifiés de l'opération globale) ;

– des activités d'encadrement (logistique, achats, secrétariat, etc.), parmi lesquelles il ne faut évidemment pas oublier les fonctions de gestion.

On décompose ensuite chaque catégorie en parties homogènes de plus en plus fines, avec pour objectif de parvenir aux lots de travaux, représentant autant de « briques » élémentaires d'activité.

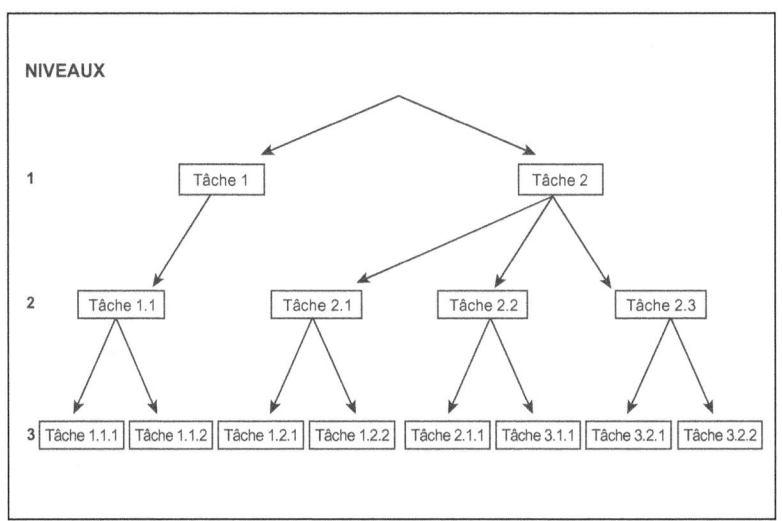

À ce stade, on aboutit à un inventaire structuré des tâches à accomplir et des produits à livrer dans le projet, support complet pour organiser le travail sans craindre des oublis ou des incohérences.

À propos de l'organigramme des tâches, il faut noter principalement :

- qu'on doit penser constamment aux lots « physiques » de travail, faute de quoi on risquerait de réaliser un découpage qui ne permettrait pas de partager facilement les tâches entre les intervenants ;
- que le schéma obtenu doit être rapproché de l'organigramme fonctionnel de l'entreprise, de manière à désigner un responsable, et un seul, pour l'exécution de chaque lot, parmi ceux des services qui participent au projet ;
- que chaque lot de travaux doit faire l'objet d'une fiche descriptive détaillée, représentant le « contrat » entre son responsable et le projet (nature des tâches à accomplir, bases de départ, produits à fournir, délai alloué, etc.) ;
- que le schéma d'ensemble doit évoluer en même temps que le projet, et donc se prêter facilement à des adaptations à mesure que le travail avance, sans perdre pour autant son caractère de description complète et cohérente de l'opération.

*L'organigramme des tâches est la base de toute planification*

Planifier, c'est d'abord chercher les enchaînements les plus rationnels entre les tâches, de manière à transformer le scénario général en un véritable guide détaillé permettant d'harmoniser les interventions de tous les acteurs du projet.

Le planing d'un projet se présente sous deux formes principales :

- un réseau d'ordonnancement, qui figure par des flèches les enchaînements entre les tâches successives et permet de faire ressortir le « chemin critique » (trajet qui va conditionner le délai final), par rapport auquel on s'efforce de faire cadrer le projet avec ses contraintes de délai ;
- un tableau de charges, qui représente le temps d'occupation de chaque ressource (humaine ou matérielle) par une barre

positionnée sur une échelle de temps, ce qui permet de prévoir la disponibilité de ces moyens au moment voulu.

Il est bien évident qu'il y a différentes manières de planifier un projet, dans la mesure où l'on peut jouer sur les ressources mises en œuvre pour modifier les délais et les coûts d'exécution. Aussi la première expression du planning doit-elle être presque toujours remaniée par itérations successives, en calculant la durée et le coût de chaque version du projet, jusqu'à trouver le meilleur compromis entre ces deux critères.

**Les outils informatiques permettent de gagner du temps sur la planification**

On constate alors que de tels calculs se révèlent très lourds et qu'on est tenu d'utiliser un ordinateur dès qu'on attaque un projet d'une certaine ampleur (à partir d'une cinquantaine de tâches en général). On trouve sur le marché de nombreux logiciels « projet » aptes à traiter ce problème.

L'informatique permet seulement de gérer rapidement les différentes versions possibles du planning, d'optimiser celui-ci par une actualisation régulière et de faire glisser les échéances en fonction de l'état d'avancement du projet.

# Chapitre 4
# Gestion prévisionnelle de projet

## 1. Gestion d'un projet

La gestion d'un produit comporte deux séquences consécutives : la création et la commercialisation. La séquence de création d'un produit est un processus généralement long qui se subdivise à son tour en deux étapes : le filtrage des idées de nouveaux produits et la mise au point du produit. Durant cette mise au point, le marketing et la production sont amenés à réaliser une série de tests sur le produit, afin de passer progressivement du prototype à la version finale.

*Tout lancement d'un projet engendre un suivi*

Le marché-test est une étape facultative dont le résultat favorable déclenche la commercialisation du produit. Une fois mis sur le marché, le produit décrit son propre cycle de vie : lancement, croissance, maturité et déclin. Une bonne gestion de la gamme permet d'accroître la durée de vie du produit.

## Cycle de vie d'un produit

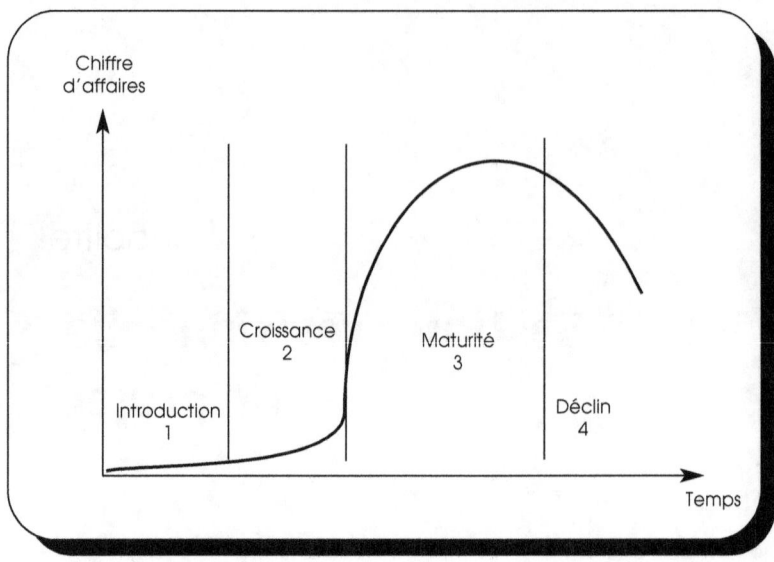

Le produit, au sens strict, se définit simplement à partir de ses composants techniques : c'est le produit intrinsèque. En marketing, on montre que ce premier niveau n'est pas suffisant, parce que le consommateur achète autre chose que des caractéristiques techniques. La figure ci-dessus montre qu'il existe encore deux autres niveaux : le produit standard correspond au produit visible au point de vente, et le produit global intègre des services complémentaires. Ces services périphériques peuvent être compris dans le prix facturé, ou optionnels moyennant un supplément.

**Le suivi d'un projet permet d'évaluer sa performance**

Il est nécessaire de fixer clairement au départ d'un projet les différentes règles de calcul et d'imputation des charges qu'on appliquera, aussi bien pour élaborer le budget que pour enregistrer les coûts réels par un contrôle de gestion rigoureux.

Le contrôle de gestion aide les opérationnels :

– à faire de la gestion prévisionnelle ;
– à suivre leurs réalisations ;

et assure la coordination que nécessite l'adoption d'un ensemble d'objectifs et de plans d'actions compatibles grâce à l'outil spécifique qu'il est amené à créer : le « Système de contrôle de gestion ». Ce système se rattache à la définition des options stratégiques de l'entreprise elle-même dépendant des finalités de l'entreprise.

*Gérer un projet c'est connaître à tout moment son état d'avancement*

On obtient ainsi le schéma ci-dessous qui dégage les notions de gestion prévisionnelle et de contrôle de gestion.

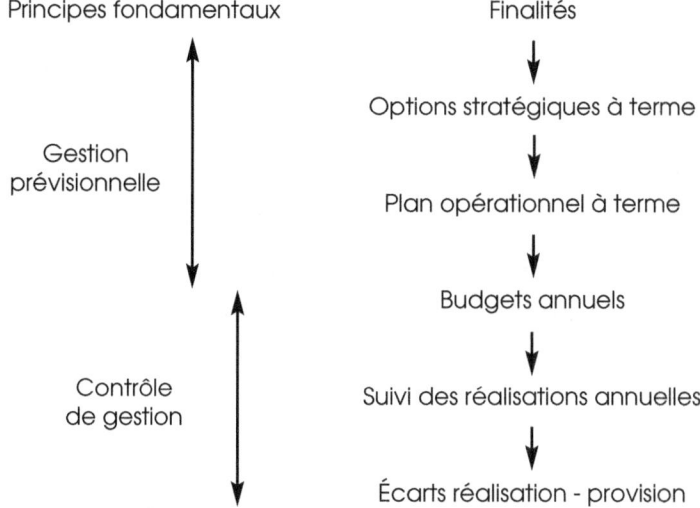

## 2. Contrôle budgétaire d'un projet

Pour faire en sorte que les ressources permettant d'atteindre les objectifs soient obtenues ou allouées avec efficience, le système de contrôle de gestion utilisera :

– les programmes d'actions prévus dans le système de planifications qui seront découpés par centre de responsabilité et à intervalles annuels : les budgets ;
– à partir des budgets, constitution d'un système d'alerte permanent : processus de contrôle budgétaire.

Le contrôle budgétaire se définit comme une comparaison permanente résultats/prévisions afin de :

– rechercher les causes d'écart ;
– informer les niveaux hiérarchiques ;
– prendre les mesures correctives ;
– apprécier l'activité des responsables budgétaires.

*Le suivi financier d'un projet permet d'en connaître sa rentabilité*

L'ensemble budgets + contrôle budgétaire s'appelle le système budgétaire.

Ce système atteindra son but s'il respecte les quatre grands principes suivants :

– le système doit couvrir la totalité des activités de l'entreprise ;
– le découpage des budgets doit se calquer sur le système d'autorité de l'entreprise ;
– le système doit s'inscrire dans le cadre de la politique générale de l'entreprise ;
– les prévisions budgétaires doivent pouvoir être révisées lorsqu'apparaissent de nouvelles informations.

## 2.1. Procédure d'élaboration des budgets d'un projet

Le cycle budgétaire pourra se décomposer en quatre phases :

– études préalables ;
– élaboration de variantes budgétaires et choix de l'une d'entre elles ;
– élaboration et discussion des budgets détaillés ;
– choix des prévisions définitives.

### 2.1.1. Études préparatoires

– Analyse de la conjoncture globale.
– Études de marché approfondies pour les produits, les régions qui font problème.
– Prévision de vente en fonction des études de marché, des objectifs, de la politique commerciale que l'entreprise compte suivre, de l'étude du passé et de l'environnement futur.

– Prévision des normes commerciales qui en découlent (frais de ventes, etc.) et des normes techniques (cadences horaires, etc.).
– Examen des investissements tactiques à réaliser.
– Analyse des décisions envisagées qui pourraient modifier la répartition des tâches ou les structures (exemple : appel à la sous-traitance, etc.).
– Prévision des conditions sociales (implantation, augmentation, etc.).

### 2.1.2. Élaboration des projets de budgets d'ensemble

Cette élaboration se fera en trois étapes.

– Calcul des quantités (d'abord les quantités vendues puis les quantités à produire aux différents stades de la production) :

- valorisation des données à l'aide de prix standard ;
- calcul des résultats.

En fin de compte, la Direction Générale de l'entreprise procède au choix définitif du projet.

### 2.1.3. Élaboration et discussion des budgets détaillés

Le projet adopté est éclaté en budgets détaillés qui font l'objet de discussion entre fonctionnels budgétaires et responsables opérationnels.

### 2.1.4. Élaboration des prévisions définitives

Les budgets éventuellement réajustés sont consolidés au niveau global.

*L'élaboration prévisionnelle d'un projet assure le coût optimum*

## 3. Les budgets d'un projet

### 3.1. Définition des budgets

On distingue quatre budgets dits fonctionnels :

– budget des ventes ;
– budget de la production ;
– budget des frais généraux ;
– budget des approvisionnements.

Des budgets dits de synthèse :

– budget des investissements ;
– budget de trésorerie.

### 3.2. Le budget commercial

Le budget commercial a pour objet de présenter mois par mois, par centre de recette ou de profit :

– la prévision du chiffre d'affaires H.T. ;
– la prévision des dépenses liées à la fonction commerciale ;
– la prévision des stocks de produits finis.

On distingue essentiellement trois phases dans l'élaboration de ce budget :

– la prévision du chiffre d'affaires ;
– la prévision des dépenses ;
– la budgétisation.

**La prévision en quantité**

Il faut distinguer :

– les produits pour lesquels on dispose d'un historique des ventes ;
– les produits nouveaux.

Dans un projet, il s'agit généralement d'un produit nouveau.

À ce niveau, on dispose de deux approches distinctes :

– l'étude de marché ;
– l'approche probabiliste.

## Relation entre le budget de synthèse, le bilan et le compte de résultat prévisionnel

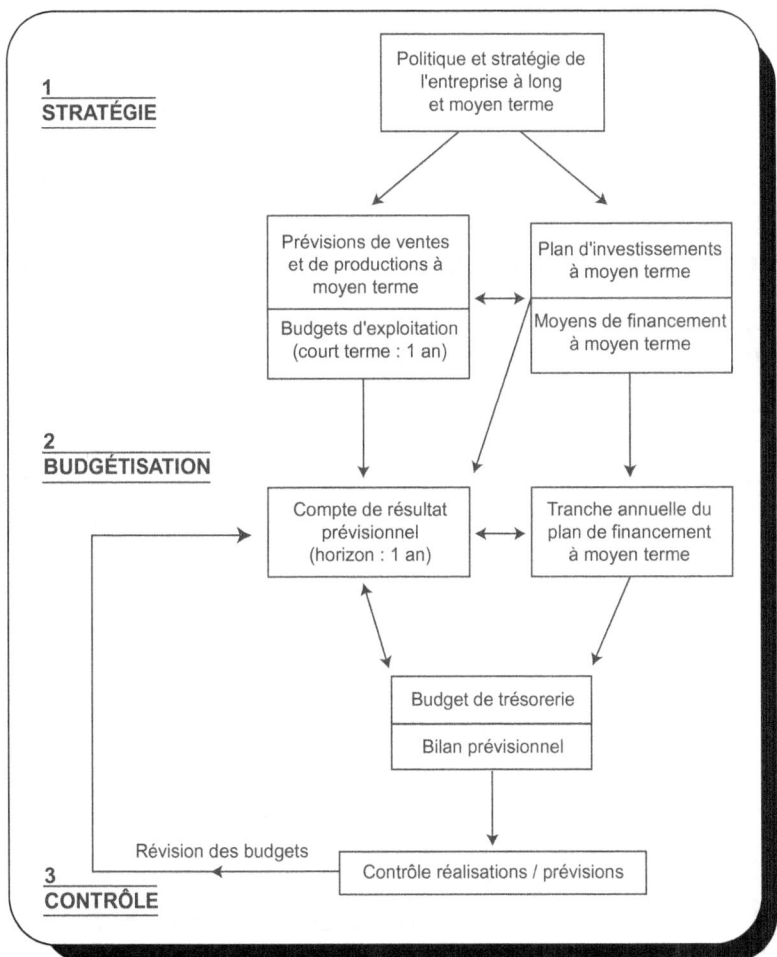

## L'étude de marché

Elle se décompose selon le processus ci-dessous :

- diagnostic préalable ;
- première approche par entretien avec un mini-échantillon de clients potentiels ;

- rédaction d'un questionnaire ayant pour objet :
    - de quantifier les hypothèses mises en avant en première approche ;
    - de chiffrer les tendances futures en fonction des hypothèses.
- réalisation d'un questionnaire sur un échantillon représentatif ;
- dépouillement – exposé des conclusions – établissement de prévisions.

**L'approche probabiliste**

Elle consiste à sélectionner un échantillon d'individus en contact avec la clientèle potentielle en vue d'obtenir :

- une situation, par produit, des probabilités de ventes par quantité ;
- une distribution de probabilité avec, comme variable, les différentes quantités du produit susceptibles d'être vendues.

À partir de cette distribution, on dispose :

- d'une estimation de la quantité prévisible la plus probable ;
- d'un intervalle de confiance assorti à l'estimation précédente.

### 3.3. Le budget de production

*Le coût prévisionnel ou coutenance du projet favorise sa rentabilité*

Il s'agit d'élaborer un plan de production à court terme, puis de le valoriser et de le ventiler par unité d'exploitation afin d'en faciliter le contrôle.

Le programme de ventes est en principe, le meilleur possible. Il va falloir, dans la plupart des cas, procéder à l'ajustement de l'appareil productif afin de rendre compatibles optimum de ventes et optimum de production.

L'élaboration du plan de production à court terme demande :

- de calculer le programme de production correspondant à l'optimum des ventes ;

# Gestion de projet, approche et méthodologie

- de déterminer l'optimum de production autorisé par les capacités de production existantes ;
- de proposer les ajustements permettant de concilier ces deux optima.

## 3.4. Le budget des approvisionnements

Le budget des approvisionnements comporte mois par mois l'estimation du montant des achats facturés hors taxes, le montant du coût d'approvisionnement, ainsi que le montant de stock de matières premières en fin de période.

Le problème essentiel consiste à déterminer la cadence ou le montant des réapprovisionnements.

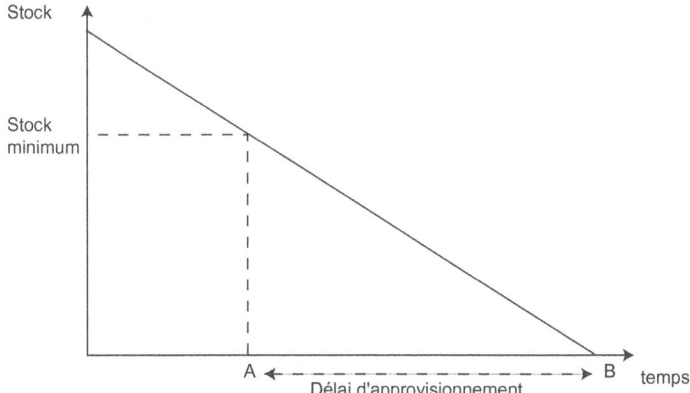

On définit aussi :
- le stock de « sécurité » : marge couvrant les aléas de la demande et du délai d'approvisionnement.

## 3.5. Le budget des frais généraux

Par frais généraux, on entend les charges liées au fonctionnement des services fonctionnels qui ne concernent qu'indirectement l'exploitation :

– services administratifs ;
– services comptables et financiers ;
– direction du personnel ;
– direction générale ;
– service informatique ;
– contrôle de gestion et planification ;
– services de recherche ;
– service de gestion de brevets.

Il s'agit donc de contrôler l'évolution de ces charges, de les budgéter, en connaissance de cause de leur utilité et de leur importance.

Deux méthodes sont utilisées :

– analyse de la valeur des frais généraux ;
– système de budgétisation à base zéro.

### Analyse de la valeur des frais généraux

*Savoir mesurer les charges de son entreprise*

Il s'agit de déterminer le coût et la valeur des différentes fonctions assumées par un service, puis de faire évoluer ce coût de façon à assurer un meilleur équilibre coût/qualité. Ceci permet :

– de définir l'ensemble des tâches à assumer ;
– puis de déterminer les améliorations qui peuvent être envisagées au regard du critère coût/qualité.

### Budgets à Base Zéro (B.B.Z)

Il s'agit d'une procédure destinée à envisager la reconstruction de l'appareil fonctionnel à partir de zéro en commençant par les modules les plus utiles.

Les principales étapes sont les suivantes :

– faire correspondre un « ensemble budgétaire » à chaque activité de base du service ;

- quantifier cet ensemble budgétaire en investissement et fonctionnement, avec éventuellement plusieurs variantes selon les différentes modalités possibles de réalisation de ladite activité ;
- hiérarchiser les différents ensembles au regard d'un ou plusieurs critères, en général la rentabilité (investissements, économie de coûts…).

Cette procédure implique, et ceci constitue un de ses intérêts, d'énoncer pour chaque activité, les finalités et objectifs la concernant, ainsi qu'une analyse coût/rentabilité des programmes retenus.

### 3.6. Le budget d'investissements

**Les grands types d'investissement**

- remplacement ou renouvellement ;
- modernisation ou productivité ;
- expansion.

La démarche précédant la décision d'investissement sera différente pour ces trois types d'investissement.

Les deux premiers, dans la mesure où ils répondent à une contrainte d'exploitation, ne peuvent pas toujours être soumis à des critères de rentabilité économique lorsque la continuité de l'exploitation est en jeu.

Il doit être vérifié que le financement de l'investissement est compatible avec la structure financière de l'entreprise.

**Durée de vie économique de l'investissement**

Paramètre important qui permet d'évaluer la durée de sécrétion des cash-flows.

Cette durée de vie pourra être assimilée :

- soit à la durée de vie comptable ;
- soit à la durée de vie commerciale, liée à la courbe de vie du nouveau produit sur le marché.

*Identifier et mesurer toutes les tâches d'un projet*

**Flux prévisionnels engendrés par un investissement**

Les éléments constitutifs de flux sont :

– l'augmentation ou la diminution de charges décaissables d'exploitation strictement liées à l'utilisation de l'investissement ;
– les charges d'exploitation calculées, essentiellement les dotations aux amortissements ;
– la part de chiffre d'affaires supplémentaire liée à l'investissement,

L'étude de rentabilité d'un investissement met en regard la dépense initiale avec les recettes futures que l'investissement engendre.

Il est admis que la meilleure mesure possible est celle des flux de trésorerie, nets d'impôts, appelés cash-flow.

*Mesurer le coût d'un projet permet d'évaluer les risques*

Bien que sa détermination soit indépendante du choix d'un investissement, il est courant, dans la pratique, que les conditions de paiement soient liées aux propositions des fournisseurs. L'étude du financement interviendra toutefois après l'étude de rentabilité.

## 3.7. Le budget de trésorerie

Le budget de trésorerie a pour objet d'assurer l'équilibre permanent entre les encaissements et les décaissements de l'entreprise.

Ces encaissements et décaissements correspondent, avec ou sans un décalage dans le temps, aux opérations du compte d'exploitation (hors amortissements et provisions), aux opérations financières, aux opérations d'investissements.

Il faut donc calculer pour chaque période :

– le fonds de roulement :
= capitaux permanents – actif immobilisé.

- le besoin en fonds de roulement :
    - = actif circulant non financier − passif circulant non financier ;
    - = stocks et en-cours + acomptes versés + clients + effets à recevoir + autres créances d'exploitation y compris les charges constatées d'avance + perte dégagée depuis le début de l'exercice.
- acomptes clients + fournisseurs et effets à payer + autres dettes d'exploitation, y compris les produits d'exploitation constatés d'avance + bénéfice dégagé depuis le début de l'exercice.

Ce qui implique d'établir chaque mois un compte d'exploitation prévisionnel.

## 4. Conclusion

Lors de la réalisation d'un projet, des événements plus ou moins surprenants vont surgir chaque jour, produisant des effets perturbateurs qui imposent de réagir avec pertinence, conformément aux principes méthodologiques présentés plus haut, pour mener l'opération à la réussite malgré ces dérangements.

Toutefois, ce serait à la fois une perte de temps et un risque de fausse manœuvre que de vouloir traiter isolément chaque incident, aussitôt qu'il se manifeste, car on se lancerait ainsi dans des modifications nombreuses et désordonnées, sans prendre un recul suffisant pour cerner l'ensemble des facteurs concernés. On retrouve ici le problème classique du « temps de réponse » d'un régulateur, qui ne doit pas être trop bref sous peine de voir les différentes actions correctives aboutir à créer une situation instable au lieu d'atténuer les déséquilibres.

**Tout projet a un coût qui doit être déterminé avant le lancement du projet**

C'est la raison pour laquelle, mis à part les accidents majeurs qu'il faut étudier de toute urgence, on a intérêt à organiser les interventions de gestion selon un calendrier périodique permettant de les regrouper, d'où l'émergence d'un cycle de gestion.

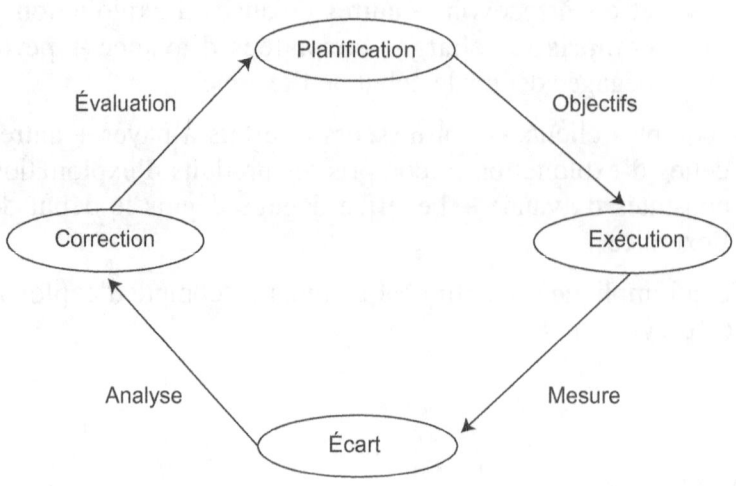

Le cycle de gestion, illustration évidente du mécanisme fondamental du pilotage, doit être appliqué avec rigueur mais aussi avec discernement, c'est-à-dire que la fréquence des contrôles, tout comme le degré d'implication des différents partenaires concernés (hiérarchie, services de l'entreprise, fournisseurs et sous-traitants), sont à moduler selon la nature des tâches en cours et non à arrêter à l'avance de manière immuable.

**Le chef de projet est le garant du suivi financier du projet**

Son efficacité dépend donc assez largement du dosage que saura réaliser le chef de projet, d'autant que les mesures et les prises de décision exigent un effort non négligeable, et qu'il ne faut pas les multiplier inconsidérément sous peine de ralentir le travail, sans parler du climat de suspicion qui risquerait de s'instaurer si, de plus, la surveillance ainsi exercée était ressentie comme trop coercitive.

La gestion du projet, c'est la maîtrise du projet qui peut être résumée selon le schéma suivant :

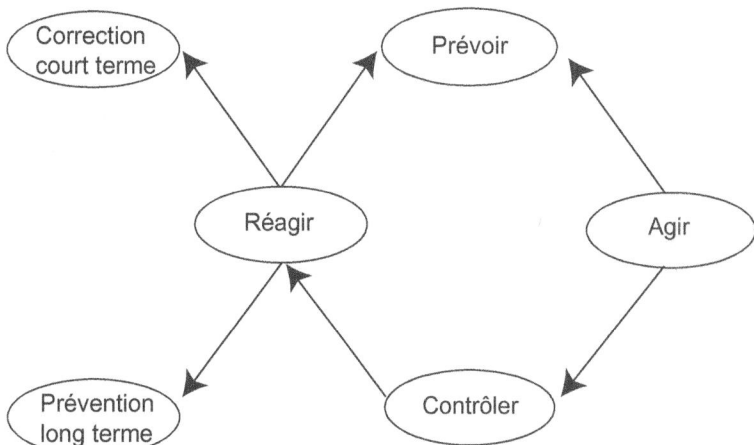

# Chapitre 5
# Communication en management de projet

## 1. Introduction

Les entreprises d'une certaine taille, surtout si elles ont plusieurs métiers et plusieurs produits, doivent gérer désormais la complexité de leurs mouvements boursiers, industriels, humains, politiques ou sociaux. Il s'établit une relation directe entre le management stratégique des firmes et la confiance de leur environnement au sens large.

Ce savoir-faire de gestion, pour tout ce qui touche à la confiance et à l'attractivité de l'entreprise, intégré au management au plus haut niveau, c'est la communication.

Il doit y avoir une articulation constante entre la stratégie à un moment donné et la formulation du message entrepreneurial au même moment. C'est la condition d'une orchestration cohérente de tous les modes d'expression de l'entreprise.

*La cohérence d'une bonne communication est un atout indispensable*

On passe en effet d'une période où l'on voulait savoir « ce que fait cette société » à une période où l'on demande d'abord « quelle est cette société ? ». La signature tend à devancer la marque et à lui conférer une crédibilité qui profite à un produit financier comme à un produit de consommation courante.

Le marché veut savoir qui garantit ce produit autant que ce qu'est ce produit.

L'entreprise et sa signature sont devenues des réalités de communication, sujets ou objets, ayant leur existence propre, prises dans le jeu des medias et des opinions.

Cet être nouveau qu'est l'entreprise, au sens corporate, c'est-à-dire « le groupe » ou l'entreprise, n'appartient pas à l'univers du spectacle, comme ce peut être le cas pour le produit. Il comporte une complexité, une humanité et une véracité qui le situent, au contraire, dans l'univers de la société au sens politique du terme.

*Aujourd'hui il ne suffit pas de savoir faire, il faut savoir vendre*

L'entreprise est un organisme vivant, faite d'hommes et entourée de contraintes, mais aussi d'espérance. Elle est le moteur économique et productif d'un pays.

Le rôle de l'entreprise est triple. Vendre profitablement est la première tâche, fabriquer convenablement est un élément de fidélisation et gérer minutieusement les biens comme les personnels est une nécessité.

Le marketing permet de répondre aux attentes réelles ou latentes des individus. C'est le rôle de l'entreprise.

La réussite dépendra de plus en plus de la faculté d'adaptation aux changements. L'entreprise insérée dans des systèmes ne peut être isolée. Elle doit être interactive avec tous les éléments de son environnement. L'entreprise est un climat.

La politique de communication doit être écrite de façon « précise et claire ». Sa consistance et les raisons des choix qui ont été faits doivent être « connus de tous les personnels » de l'entreprise.

© Éditions d'Organisation

« La volonté de la mener à bien » doit être perçue comme émanant de la Direction elle-même de l'entreprise.

« La consistance » dans l'effort entrepris doit être appuyée sur une parfaite « cohérence » entre les divers éléments de :

- communication externe (relations extérieures, publi-promotion),
- communication interne (information, animation, motivation, voire formation).

C'est ainsi qu'il est possible de capitaliser sur la communication et d'améliorer les résultats de l'investissement qu'elle représente.

Mais, ce n'est pas suffisant.

Encore faut-il s'assurer « que ça marche » en procédant à des contrôles qualitatifs et quantitatifs.

Il faut savoir modifier, améliorer ses actions de communication.

Les medias et supports existants évoluent, de nouveaux se créent. Il s'agira donc d'être attentif à la variété des moyens pouvant être créativement utilisés.

**Dans un monde concurrentiel la communication est un vecteur de réussite**

Partant des analyses précédentes, nous pouvons classer les occasions de communiquer de la façon suivante :

- communication d'une activité non-programmée – ceci est une catégorie passe-partout qui nécessitera d'être analysée plus en détail par la suite ;
- communication pour déclencher ou pour établir des programmes, y compris les ajustements quotidiens ou « coordination » de programmes ;
- communication pour fournir les données permettant d'appliquer des stratégies (exigées par l'exécution des programmes) ;
- communication pour l'évocation des schémas (communications qui servent de « stimuli ») ;
- communication pour fournir des informations sur les résultats des activités.

## 2. Communication de projet

La situation de compétition accélérée commande aux entreprises d'adopter une approche nouvelle, volontariste et ambitieuse qui forge une culture d'entreprise. Ceci implique une forme de management qui consiste à faire adhérer le plus grand nombre aux projets de l'entreprise.

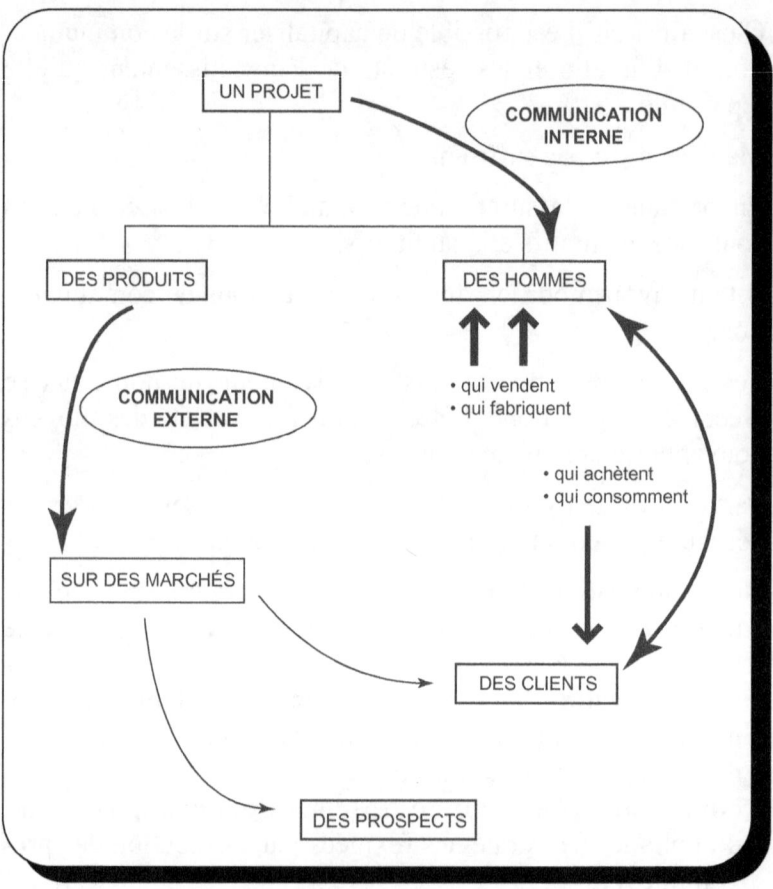

Aujourd'hui, la communication est le lien qui relie Projet-Produit-Marché-Clients.

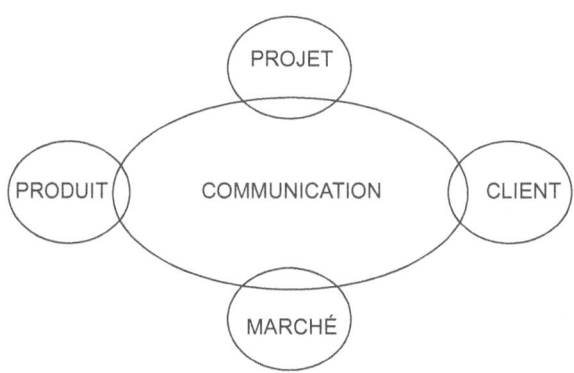

## 3. Les enjeux de la communication de projet

Il s'agit de préparer et d'accompagner le changement.

**Communication interne :**

– mobiliser le corps social autour d'objectifs nouveaux ;
– déclencher une dynamique ;
– transformer les valeurs ;
– communication de proximité.

**Communication externe :**

– exprimer le changement de positionnement ;
– travailler à l'innovation de l'institution ;
– appuyer la communication produit ;
– définir de nouvelles relations avec les partenaires.

Ceci nécessite souplesse, adaptabilité, précision dans la gestion des actions de communication lors d'un projet qui peut se traduire par les six règles de gestion de la communication d'un projet.

> La communication est le premier outil dans un changement

- Gérer information et communication en complémentarité.
- Considérer la communication comme un processus dynamique.
- Cibler sa communication.
- Impliquer la hiérarchie.
- Construire ses messages.
- Planifier les communications.

La communication de projet est un processus dynamique qui comprend trois phases :

- savoir démarrer ;
- savoir entretenir ;
- savoir conclure.

Communiquer un projet, c'est d'abord être informé.

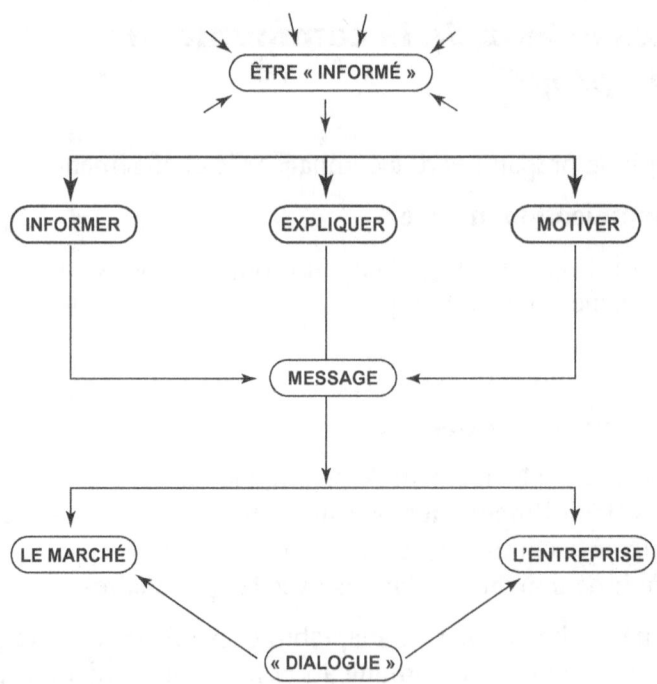

Mais informer n'est pas communiquer.

Dans une démarche projet, la circulation de l'information s'effectuera dans les trois sens :

– l'information montante vers la hiérarchie ;
– l'information descendante vers le personnel ;
– l'information latérale ou transversale vis-à-vis du groupe de travail et des services dont sont issus les participants du groupe projet.

L'information est un élément politique par rapport au projet qui accompagne les décisions qui n'impliquent que l'émetteur. La nature de l'information se présente sous trois formes :

**Dans un projet on communique avant, pendant et après**

– l'information opératoire qui correspond à l'information sur les outils à utiliser pour réaliser le projet ;
– l'information organique qui sert à mieux comprendre le travail qui est réalisé par rapport au projet. Il est nécessaire de savoir à quoi sert son travail dans le cadre du projet ;
– l'information générale pour comprendre l'entreprise et connaître sa place évolutive sur le marché.

La communication, c'est entrer en relation avec une ou plusieurs personnes : il n'y a pas seulement information mais dialogue, réciprocité, échange et compréhension réciproque.

Dans le projet, le but est de faire comprendre les valeurs et les buts individuels dans le travail avec ceux de l'entreprise. C'est également faire converger les efforts de chacun dans la direction la meilleure pour la réussite du projet et éviter les pertes d'énergie individuelles.

La communication est l'élément stratégique du projet qui révèle les problèmes, relie les hommes et implique les actions du projet.

Les objectifs de la communication projet sont :

Annoncer
Informer

Séduire

Convaincre
Expliquer

Persuader
Faire adhérer

Impliquer

ce qui aura comme effet :

Perception

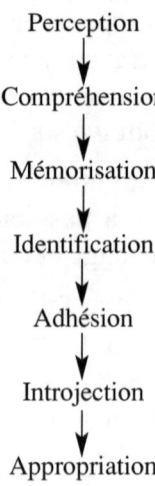

Compréhension

Mémorisation

Identification

Adhésion

Introjection

Appropriation

## 4. Cibler la communication de projet

Les cibles, dans une démarche projet, sont les parties prenantes de l'entreprise ou groupe de personnes dont la relation à l'entreprise est déterminante et stratégique.

Cette démarche peut être représentée en trois points :

- identifier en interne et en externe des parties prenantes ;
- les hiérarchiser par ordre d'intensité dans leur relation au projet ;
- les analyser en fonction :
    - de la nature de la relation ;
    - des sources d'influence sur la diffusion du projet (réglementaire, technique, commerciale, financière, sociale) ;
    - des sources d'information sur l'entreprise ;
    - de l'identification des freins et leviers d'action à l'acceptation du projet.

**LES CIBLES DE LA COMMUNICATION DE PROJET**

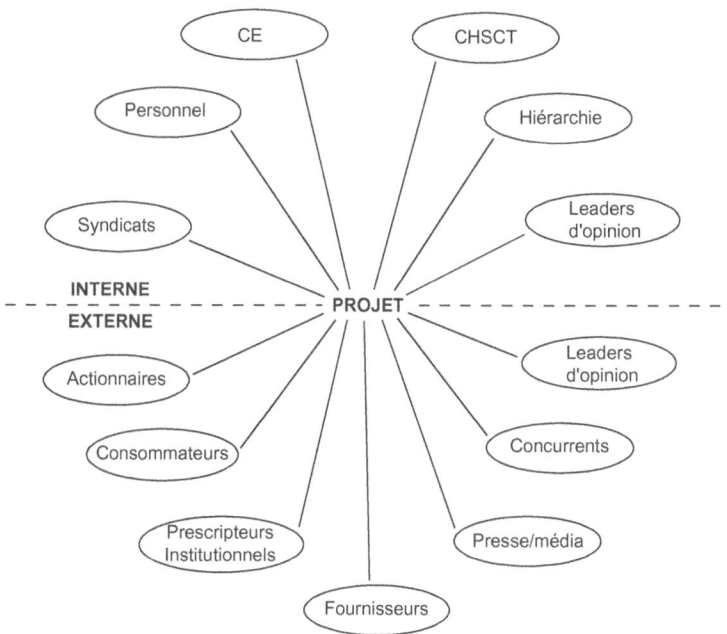

Fournir le plus d'informations possible n'accroît pas le moral et l'intégration en proportion, car la capacité d'assimilation est limitée. S'il y a saturation, il y a rejet. S'il y a insuffisance d'informations, il y a frustration.

Il faut organiser l'assimilation des informations, c'est-à-dire les adapter au cadre de référence et au langage des destinataires.

## 5. Planifier la communication d'un projet

La planification de la communication se fera en quatre étapes :

- le diagnostic qui comprendra l'évaluation du projet, la définition et l'analyse des parties prenantes et enfin l'établissement des problèmes spécifiques de communication en fonction du type de projet ;

*Dans un projet la communication est un projet qui doit être planifié*

- la détermination de l'enjeu d'une communication, ce qui justifie l'acte de communication entre les parties prenantes et l'entreprise autour du projet ;
- la fixation des objectifs en fonction des cibles. La formulation d'objectifs doit être à caractère opérationnel. Ils doivent être précis, hiérarchisés, évoluables. Il y a plusieurs niveaux d'objectifs : stratégiques, opérationnels, sociaux, marchés... ;
- enfin, la construction d'un plan de communication qui se traduira par un dispositif de campagne qui vise à provoquer l'attention et l'implication des personnels en interne et des clients en externe autour des objectifs. Dans le contenu de ce dispositif de campagne, on trouvera plus particulièrement :
  - rappel du problème à résoudre ;
  - cibles concernées ;
  - objectifs de communication ;
  - messages ;

> - inventaire détaillé des actions structurées en séquences avec les plannings ;
> - répartition des tâches et planning.

Le plan de campagne d'une communication de projet se divise en trois phases :

– préparer ;
– accompagner ;
– quitter.

La phase de préparation consiste à s'assurer de la position des cibles vis-à-vis des projets. Les types d'action possibles sont :

– capter des informations sur le degré d'acceptabilité dans les réseaux informels ;
– analyser le contenu des rumeurs, de la presse… ;
– préinformer les médias ;
– informer l'interne.

Le lancement du projet nécessite une attaque importante de la communication. Il s'agit d'annoncer, d'accrocher, de séduire et de convaincre. Il nécessite une communication centrée sur les leaders d'opinion et des supports à forte valeur d'attention.

Il sera nécessaire de trouver le bon angle d'attaque, d'anticiper sur les résistances, de faire jouer des sources alliées qui crédibilisent, dimensionner l'attaque à la hauteur de l'enjeu du projet, en rythme, en intensité, au niveau des promesses. Il est important de ne pas dévoiler la totalité du message, car en cas de problème, il sera toujours possible d'utiliser une tactique de contournement.

**Choisir les messages et les supports selon les phases du projet**

Dans cette deuxième phase d'accompagnement après le lancement du projet par une attaque importante de la communication, il sera nécessaire d'entretenir d'une façon constante la communication du projet pour convaincre, expliquer et impliquer en privilégiant la didactique et le réflexif par des dossiers argumentaires, de l'animation des réunions et des rencontres. Il faut éviter les pertes d'attention et les décrochages par rapport au projet. La communication doit être la logistique de mobilisation permanente par rapport au projet.

*La fin d'un projet ce n'est pas la fin de sa communication*

Tout projet a une fin et il est important de savoir gérer, c'est-à-dire prévoir la conclusion en justifiant la fin du projet et donc la fin d'une campagne. Il est important à ce moment, de ne pas démobiliser l'interne et l'externe et d'annoncer les nouvelles perspectives de l'entreprise et les nouveaux projets.

**PLAN DE CAMPAGNE DE COMMUNICATION D'UN PROJET**

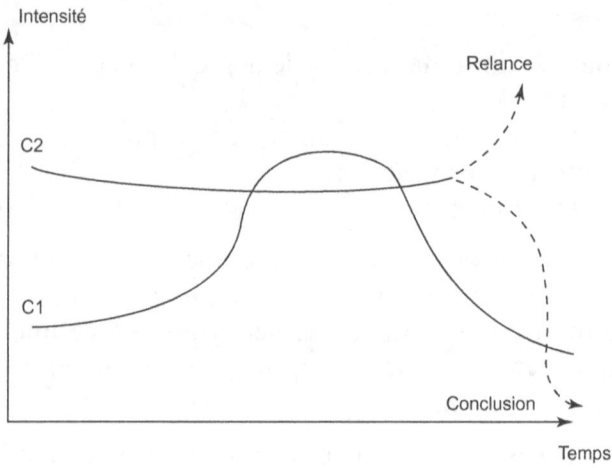

C1 : Cycle de diffusion du projet
C2 : Cycle de communication

## 6. Communication interne en conduite de projet

*La communication donne un sens à tout projet*

Le chef de projet n'a pas pour objectif de réaliser un climat idyllique dans l'entreprise. Son rôle est de donner un sens aux actes de tous les collaborateurs pour qu'ils convergent dans la direction conforme aux objectifs économiques et stratégiques.

Si l'on admet que toute entreprise, sur son marché, poursuit un objectif de conquête, l'art de la communication interne consiste à croiser la volonté de la Direction avec la perception qu'en ont les salariés. Il s'agit d'entretenir un aller-retour entre « le marché interne » qu'il faut faire s'exprimer et l'impulsion centrale qui doit clairement se manifester.

Ceci implique des procédures fondamentales.

– Formuler le discours de l'entreprise, c'est-à-dire énoncer précisément les valeurs spécifiques qui inspirent les comportements de chacun et l'image voulue. Ce corps de valeurs, qu'il soit ou non synthétisé dans un projet d'entreprise, doit être au cœur de tous les messages de l'entreprise, internes et externes.

– Dresser la carte des publics internes, c'est-à-dire inventorier les données socio-démographiques, culturelles de la population de l'entreprise. Cette segmentation est indispensable à l'élaboration d'actions ciblées.

– Déterminer l'image perçue, c'est-à-dire évaluer le niveau d'adhésion des populations internes aux critères précédemment formulés. On peut ainsi mesurer sur quels critères et sur quelles populations se trouvent les écarts et définir les priorités d'action.

**La communication d'un projet est rattachée à la stratégie de l'entreprise**

La formulation des valeurs de l'entreprise et la connaissance des attentes permettent d'établir, chaque année, un plan de communication interne par rapport à un niveau optimum d'adhésion recherché.

Ce plan définit les segments prioritaires à toucher, les outils à utiliser, les thèmes et les messages à transmettre.

La première préoccupation du chef de projet doit donc être d'organiser les circuits d'informations pour que les composantes de l'image voulue et celles de l'image perçue se rencontrent.

**Le chef de projet s'appuiera sur les valeurs de l'entreprise**

On mesure le degré de maturité d'une communication interne au niveau atteint par la remontée de l'information.

© Éditions d'Organisation

L'interne est la base de toute politique de communication. Le personnel est le premier diffuseur de messages concernant l'entreprise. C'est lui qui fait ou défait l'image. Aucun message ne s'installe durablement s'il n'est pas crédibilisé par les agents de l'entreprise. D'où la nécessité pour celle-ci d'avoir des messages volontaristes et véridiques. La communication interne devient le véritable socle de la fabrication de l'image de l'entreprise.

L'organisation des circuits d'informations descendante et ascendante sont des éléments essentiels de la communication interne. C'est le croisement permanent de ces deux éléments fondamentaux qui sous-tend l'adhésion de l'ensemble du personnel aux objectifs de l'entreprise et la prise en compte des attentes et besoins, des réactions du personnel à l'égard de la vie de l'entreprise.

Les objectifs de l'information descendante dans un projet sont les suivants :

*La communication sera descendante, ascendante et transversale*

– donner une information de qualité à l'ensemble du personnel sur les ambitions, valeurs et objectifs de l'entreprise. Faire vivre le Projet au quotidien, motiver autour de cette démarche pour que le personnel se l'approprie en intégrant les objectifs collectifs et individuels et le faire évoluer en fonction de nos objectifs à venir ;
– créer un sentiment de fierté et d'appartenance à l'entreprise ;
– renforcer l'information économique vers l'encadrement pour faciliter son rôle et favoriser ses initiatives ;
– développer chez le personnel d'encadrement une culture, un savoir-faire de communication pour en faire des relais d'information privilégiés et des vecteurs d'animation ;
– impliquer l'ensemble du personnel dans les actions qui engagent l'image de l'entreprise à l'extérieur et valoriser en interne les succès et initiatives exemplaires ;
– sensibiliser l'ensemble du personnel au problème de l'environnement et à la sécurité ;
– anticiper sur l'information parallèle.

© Éditions d'Organisation

L'information ascendante a deux objectifs principaux :

- faire remonter les informations sur les réalisations techniques, commerciales, Qualité, sécurité, environnement et économiques, dans le but de les valoriser en interne et en externe ;
- permettre au personnel d'exprimer les attentes et les besoins en mettant en place des dispositifs d'écoute régulière pour détecter les blocages et rechercher les moyens pour les supprimer.

L'information transversale a pour objectif principal que l'ensemble des acteurs du groupe projet ait en même temps les mêmes informations pour faciliter l'avance du groupe de travail et créer un axe de motivation important.

En outre, il faut être attentif au décloisonnement du personnel de leur propre service qui peut entraîner des ruptures difficiles à gérer.

La communication de projet ne doit pas imposer aux gens de communiquer par chef interposé. La relation clients/fournisseurs internes est une source d'efficacité.

Connaître l'amont et l'aval de son poste est essentiel.

Chaque service représente un groupe d'appartenance et un groupe de référence.

Il faut élargir le cadre de référence individuel ou de chaque service par une communication transversale permanente. Cela permet d'éviter les incompréhensions et les blocages entre services et individus.

*Écouter en interne pour mieux communiquer en externe*

## 7. Communication externe d'un projet

La communication externe d'un projet est l'une des quatre « Grandes composantes du Marketing-Mix » (produit, prix, commercialisation, communication).

Deux buts essentiels peuvent être assignés à cette communication externe.

Le premier est d'informer plus ou moins objectivement, qu'il s'agisse de créer, modifier, ou améliorer une image ou de vanter un « produit » dans le but de « convaincre ».

Le second est d'inciter plus ou moins directement à l'essai et à l'achat d'un produit issu du projet.

– Pour ce faire, la communication doit être « honnête », en préservant l'intérêt de l'entreprise, mais aussi en s'imposant de ne faire que des promesses vérifiables et crédibles pour les populations auxquelles elles s'adressent.

**Les messages doivent être ciblés en fonction des récepteurs**

Dans un projet, communiquer consiste à transmettre un message à un partenaire. On distingue traditionnellement un émetteur du message et un récepteur.

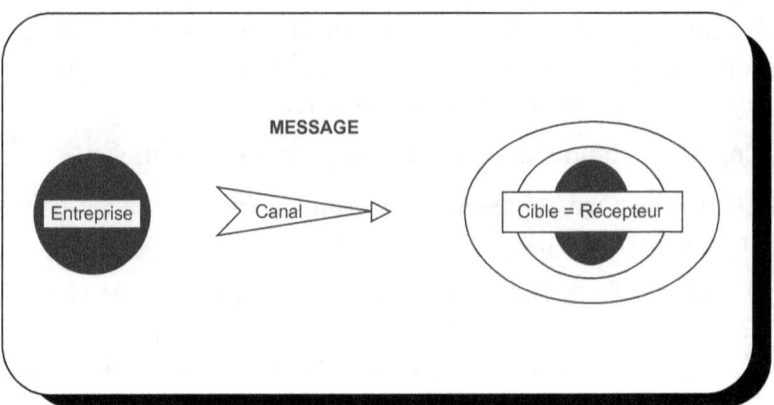

En marketing, c'est généralement l'entreprise qui est l'émetteur du message, et la cible qui en est le récepteur. Le message est véhiculé par un canal. Ce canal peut être matérialisé par une chaîne de télévision, une affiche, un vendeur ou encore une offre gratuite d'essai.

Pour établir une bonne communication, plusieurs difficultés doivent être résolues :

- sélectionner la bonne cible, c'est le rôle de la stratégie marketing ;
- choisir un support de communication performant, c'est l'objectif du média-planning ;
- transmettre le « bon » message, c'est le rôle de l'équipe projet.

## 7.1. Convaincre l'acheteur

L'acheteur est celui à qui s'adresse le projet. Il peut s'agir d'un service, d'un produit, d'une idée ou d'une image.

Il existe deux manières de convaincre le consommateur : en utilisant une démarche rationnelle, ou en déployant une capacité de séduction. Ce clivage théorique se retrouve dans la communication publicitaire.

La première approche fait l'hypothèse que l'acheteur suit un raisonnement logique pour choisir une marque. La communication se doit d'être pédagogique pour faciliter ce choix. Elle s'articule autour d'une argumentation du type : « parce que nous connaissons vos besoins, nous pouvons les satisfaire ». Il faut démontrer que le projet est supérieur à ses concurrents sur les critères de choix que l'acheteur considère. Dans ce cas, la communication sera efficace si la publicité faite autour du projet est informative et crédible.

La deuxième approche part du principe qu'une publicité ne convaincra l'acheteur que si elle cherche à le séduire. Une bonne communication publicitaire suggère, évoque, mais ne doit pas démontrer.

$$\text{COMMUNICATION EFFICACE} = \text{RETENIR L'ATTENTION} \times \text{FORCE DE PERSUASION}$$

### SAVOIR CE QUE L'ON VEND

Qu'est-ce que « le produit » ?

C'est ce qui fait vivre l'entreprise. Un produit peut être matériel ou immatériel si c'est un « service ».

Mais qu'est-ce qu'un produit si ce n'est finalement la réponse en terme de promesse conceptuelle à une attente purement humaine et psychologique.

Il ne sert donc à rien (si ce n'est à visualiser une esthétique mémorisable) dans de nombreux cas de montrer le produit.

## 7.2. Visualisation de la communication d'un projet

L'analyse dont nous venons de présenter brièvement les différentes articulations doit permettre l'établissement d'une architecture intégrant les paramètres fondamentaux de la communication ainsi mis à jour.

**ARCHITECTURE DE COMMUNICATION D'UN PROJET**

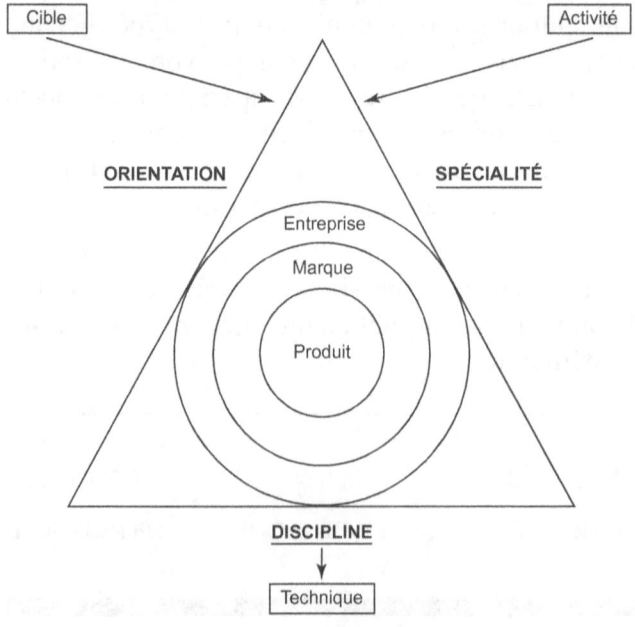

*Gestion de projet, approche et méthodologie*

La communication d'un projet s'articule autour de trois axes fondamentaux : le produit, la marque, l'entreprise.

Elle est structurée par pôles professionnels :

- la spécialité de communication, déterminée par le secteur d'activité de l'entreprise : grand public, business to business, publique, médicale, du luxe, etc. ;
- l'orientation de communication, introduite par la cible stratégique : commerciale, institutionnelle, relationnelle, financière, de recrutement, de crise, d'opinion, de management interne ;
- la discipline de communication, appuyée sur des techniques recourant elles-mêmes à des outils : publicité, relations publiques, marketing direct, animation, design.

> Si on ne sait pas vendre un projet, c'est comme s'il n'existait pas

Chacun des trois axes, indépendant par rapport aux deux autres, impose sa valeur spécifique vis-à-vis des trois pôles. Ces trois pôles, quant à eux, ne s'opposent pas les uns aux autres mais bien au contraire se conjuguent en fonction précisément de leur rapport à l'axe.

## 7.3. La stratégie de communication de projet

La stratégie de communication repose sur trois paramètres :

- la spécialité ;
- l'orientation ;
- la discipline.

Ces paramètres sont complémentaires. Autonomes les uns par rapport aux autres, ils sont liés précisément par la dynamique stratégique même. En effet, les choix qu'ils suscitent constituent le cœur de la stratégie, dont l'impulsion est donnée par l'axe.

Le choix de l'axe de communication s'établit dans le cadre de la stratégie, par la décision de mettre en scène l'un des éléments constitutifs de la structure : le produit, bien économique issu de l'activité de l'entreprise, qui peut donc être un service autant qu'un objet ; la marque, expression abstraite de cette activité ; ou l'entreprise, en tant que structure humaine de production économique.

### – Le produit

Concentré sur lui-même, pur de toute influence, et simultanément portant en lui l'empreinte de sa marque commerciale et de sa structure de production, le produit est le noyau dur des trois axes.

### – La marque

La marque relève d'une vision élargie qui replace le produit dans une perspective plus complexe. La marque se nourrit du produit et l'enrichit simultanément de son substrat.

La communication de marque tire précisément sa sève du produit-noyau, mais sa richesse réside dans la liberté qu'elle prend par le franchissement des limites liées au produit.

### – L'entreprise

L'entreprise est le dernier axe envisagé, et le plus vaste. L'entreprise en effet, en tant que structure qui crée et commercialise est le centre de confluence du produit et de la marque. Elle est aussi le lieu où s'expriment la richesse des hommes et la performance de l'organisation, et c'est cette dynamique fédérative qui donnera à la communication du projet tout son sens. Il serait réducteur de considérer l'entreprise en tant qu'entité abstraite coupée artificiellement des éléments de production économique qui prolongent et donnent un écho matériel à sa source humaine. La communication de projet doit refléter cette diversité de compétences et cette pluralité structurelle.

*Savoir communiquer en projet, c'est savoir vendre son entreprise*

Dans la communication de projet, la mise en scène du produit par la marque prend une nouvelle dimension en ce qu'elle s'insère dans une grille de lecture complexe. Cette grille permet une analyse de la structure sur plusieurs niveaux, puisqu'elle intègre produits et marques au cœur de l'entreprise et restitue en une seule vision cohérente l'équilibre de l'ensemble.

© Éditions d'Organisation

# – L'orientation de communication

Le choix stratégique n'est pas toujours aussi évident qu'il peut le paraître de prime abord. En effet, chacune des spécialités repose sur un type d'approche professionnel qui lui est propre. La sélection de cette approche constitue déjà en soi un critère déterminant, et ce, d'autant plus qu'elle s'accompagne pour le responsable du projet, d'un choix de partenaire spécialisé, qui imprimera aux étapes successives de la stratégie sa propre lecture.

L'orientation de communication relève d'une approche stratégique qui évalue les différents champs de communication et sélectionne le mieux adapté à la problématique considérée. Selon l'axe privilégié, diverses orientations peuvent en effet être retenues, et c'est sur la dimension tactique de chacune que s'établira le choix. Le principe directeur de l'orientation de communication repose sur sa capacité à toucher la cible stratégique dans une dynamique particulière en fonction de cette orientation.

*L'orientation de la communication dépendra de la nature de l'entreprise*

## 7.4. Le choix stratégique

Comment toucher l'acheteur du projet ? Faut-il communiquer sur l'entreprise en espérant que le capital image alors acquis aura un impact sur les ventes ? Faut-il à l'inverse faire connaître les qualités de son produit ou de ses marques ? Ces réflexions, qui pourraient être celles d'un Président, d'un responsable du marketing ou de la communication reflètent bien le dilemme que de nombreuses entreprises doivent gérer entre communication institutionnelle et communication produit ou de marque.

Dilemme ou non, la communication produit offre aujourd'hui toute une palette de nouvelles techniques d'approche du consommateur. Au-delà de la publicité et de la traditionnelle promotion des ventes, les entreprises ont fait appel aux méthodes du marketing pour mieux cerner le consommateur : son profil, son comportement, ses attentes…

© Éditions d'Organisation

Avec le design et le packaging, le produit attire, fait référence à un univers de codes qui tente de séduire l'acheteur du projet, quelle que soit la nature du produit : matériel, de service, de formation, de qualité...

## 7.5. Le design produit

La communication produit utilise les techniques de la publicité et de la promotion. La première met en avant les caractéristiques du produit qui le différencient de la concurrence, la deuxième stimule l'acte d'achat.

**Dans un monde d'image le produit doit être beau**

Aujourd'hui, sur des marchés de plus en plus concurrentiels, le couple produit-image prévaut et avec lui, la marque. Acheter un produit, c'est désormais s'approprier les valeurs qu'il véhicule, s'identifier à l'univers social et au style de vie dont il relève. Dès lors, aux côtés des études de marché et des actions marketing, des études qualitatives sont mises en place pour cibler très précisément le profil socio-psychologique des individus à qui s'adresse le produit donc le projet.

Le design fait partie de ces récentes « approches » de la communication produit fondées sur une préoccupation nouvelle : l'esthétisme.

C'est presque une vérité de La Palice : le produit est le premier vecteur de communication de l'entreprise. Mieux : à l'inverse des autres supports publicitaires utilisés l'espace d'une campagne, il est un véhicule d'image permanent. Sa forme, sa couleur, son ergonomie, les matériaux qui le composent sont loin d'être neutres. Ils adressent un message fait de valeurs et de références au consommateur.

Le rôle du designer industriel consiste précisément à rédiger ce message, à faire en sorte que la forme de l'objet communique sa fonction. L'esthétique et l'ergonomie, seules perçues par le client, cachent, en fait, l'analyse des besoins et de la valeur du produit que doit mener le designer en collaboration avec l'entreprise. Il ne s'agit pas de faire du look pour le

© Éditions d'Organisation

look, ni de considérer ce consultant comme une sorte d'artiste industriel qui viendrait donner un petit coup de peigne au prototype une fois celui-ci terminé. Pour être efficace, l'intervention du designer doit être programmée le plus tôt possible dans le processus de développement d'un produit et doit être incluse dans l'équipe projet dès sa conception.

Le design produit a pour mission de concevoir des objets attirants, fonctionnels et économiques pour l'entreprise, en respectant la politique de gamme et en garantissant une action sur le long terme. Les designers essaient d'influer à la fois sur la forme, l'encombrement et la commodité d'utilisation. C'est pourquoi ils revendiquent la nécessité d'être associés le plus tôt possible à l'élaboration du produit.

Le produit comme l'emballage se doivent d'être séduisants. Il ne suffit pas de faire un bon projet, il faut savoir le vendre.

Un nouveau projet doit répondre à un certain nombre de critères :

– compétence : il doit être identifiable ;
– performance : le produit exprime un univers de référence qui doit être cohérent avec sa promesse de base ;
– séduction : le produit doit séduire, faire rêver.

En intervenant sur l'esthétisme et le fonctionnel, le design produit apporte à la marque un bénéfice image déterminant sur le succès du projet.

*Communiquer sur le projet séduira le consommateur*

Bien qu'il puisse se révéler un remarquable levier de communication et de développement des ventes, le design ne doit pas être considéré comme une solution miracle pour entreprises en difficulté. Les sociétés qui ne maîtrisent pas leur marché seront beaucoup plus inspirées de se payer une bonne étude marketing plutôt que de faire appel à un designer. C'est une simple question de priorité que les chefs d'entreprise ne respectent pas toujours, et qui explique les listes de produits qui ont reçu des prix de design tout en demeurant des « flops » commerciaux.

La réussite d'un projet de design dépend en fait de son intégration dans la réalité de l'entreprise. Il faut avoir bien analysé les conséquences de la conception et du lancement d'un nouveau produit, tant du point de vue technique que du point de vue commercial. Un projet innovant fait souvent appel à des technologies que l'entreprise n'a pas toujours intégrées.

## 7.6. Publicité de projet

La publicité de projet, c'est l'utilisation de la technique publicitaire pour accompagner une communication destinée à affiner l'identité du projet et son message entrepreneurial. Elle informe à la fois sur l'activité et les performances du projet et du produit qui en découle, sur son projet humain, social et institutionnel.

*Bien identifier la cible pour bien communiquer*

Elle requiert une création adaptée à des cibles multipublics en fonction de la nature du projet avec un souci de vérité et de crédibilité. Elle s'oppose à une publicité spectacle pour laisser la place à une publicité de confiance, d'entraînement et d'adhésion. La rationalité est l'élément déterminant. Son importance est considérable dans la période d'affirmation de l'identité du projet. Elle doit mettre en avant la valeur de légitimité d'une entreprise et de son projet dans sa dimension citoyenne, c'est-à-dire son utilité et sa responsabilité sociale, son insertion dans l'environnement politique et économique, national ou international. Elle prend une forme informative et démonstrative qui vient à l'appui des positions d'actualité d'une entreprise.

La réalisation d'une campagne publicitaire comporte cinq étapes :

– le choix des médias ;
– les supports ;
– le brief agence ;
– la création du message ;
– le contrôle de l'efficacité.

## DÉROULEMENT D'UNE CAMPAGNE PUBLICITAIRE

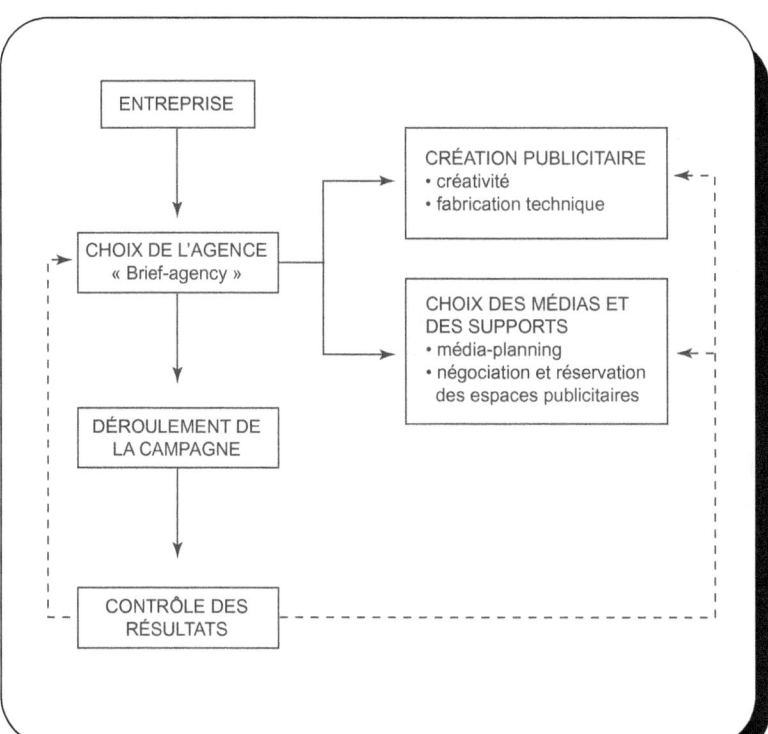

## 8. Conclusion

En conclusion de ce chapitre, il est possible d'affirmer que pour qu'il y ait « stratégie de communication de projet », il faut réunir un ensemble de conditions fondamentales, élaborées et planifiées dans un processus qui favorise :

– la prise en compte directe de la réalité – situation, acteurs, problème à résoudre ;
– la centralisation ascendante des informations ; la divulgation ouverte, généralisée et spécifique des informations ;

– la réception des micro-signaux indicatifs de réponses émises aux informations ;
– la détection des réactions et des signes de dysfonctionnements du processus ;
– la mise en place d'une séquence appropriée rétroactive agissant au double plan de l'échange d'information et d'affects positifs ;
– la pratique d'une méthode opérationnelle de communication interpersonnelle privilégiant le dialogue et l'écoute active ;
– une philosophie personnelle de l'action où l'éthique, la volonté et l'engagement sont ancrés dans une conception de la relation fondée sur le respect et l'authenticité.

D'autre part, il ne peut y avoir stratégie que s'il existe une prévision à chaque instant en fonction d'un stimulus, des possibilités réactionnelles et une planification associée des stimuli réactionnels capable d'approcher au plus près l'objectif visé.

**La créativité et l'imagination sont indispensables sur un marché concurrentiel**

En outre, il s'agit d'intégrer des réactions à temps de réponse variable et savoir réagir en temps voulu, ni trop tôt, ni trop tard, afin d'éviter l'amplification des distorsions et écarts constatés, ce qui demande un minimum de connaissances de l'enjeu et du fonctionnement de la communication.

La stratégie de communication de projet est un concept qui fait référence à des actions qui conditionnent l'avenir de l'entreprise. Elles concernent des changements ou des innovations, des enjeux importants, des situations peu ou pas réversibles. L'action est dite « tactique » si une de ces trois conditions n'est pas remplie.

En conséquence, une stratégie de communication sociale ne peut être un acte isolé mais un processus global constitué par un ensemble de décisions concertées, d'actions communes, d'opérations échelonnées qui, chacune, cherche à orienter ou à contrôler certains facteurs internes ou externes à l'organisation : informationnels, intellectuels, psychologiques, affectifs... de manière que leurs effets combinés procurent les résultats et avantages attendus.

© Éditions d'Organisation

Une stratégie de communication de projet est donc une « psychologique » organisationnelle qui s'exprime par un ensemble de règles fixant un cadre et des contraintes pour les actions inscrites dans son processus présent et futur, de manière à prendre en compte les interactions entre elles et avec les divers éléments de l'environnement, ainsi que les effets dynamiques à incidences variables.

Enfin, il est réaliste d'envisager que toute stratégie de projet se fonde dans le processus d'une communication.

# Chapitre 6

# Le projet et son environnement

## 1. Introduction

Tout projet se situe, d'une part dans un environnement social et culturel interne à l'entreprise et dans un environnement économique et politique national ou international, et d'autre part, dans un espace et dans le temps entre la pression des forces qui tendent vers le succès ou l'échec.

Nous avons vu qu'il était nécessaire que tout projet s'inscrive dans une organisation et une pensée stratégique dans le cadre d'une démarche spécifique, pour répondre au mieux aux critères de succès du projet.

Cette « pensée-organisation », si claire dans certaines formations sociales, est souvent bien subtile et donc peu lisible dans le monde de l'entreprise.

Alors, comment appréhender cette « pensée-organisation » au contenu plutôt abstrait ?

*Tout projet se situe dans un environnement en perpétuel changement*

Le problème consiste à lire, à savoir lire, tous ces liens tissés entre l'entreprise et ses acteurs : personnel, clients, fournisseurs, actionnaires, concurrents, partenaires, État... bref, tous ceux, personnes ou groupes, qui interagissent avec elle et de ce fait la fondent. Chacun de ces liens a une logique, des lignes de forces, des modes d'expression qu'il faut savoir identifier, reconnaître et qui sous-tendent leur régularité, leur saveur, leur substance foncière.

La consolidation de ces logiques de fond et leur structure, forment par construction le substrat de la « pensée-organisation » : il ne s'agit pas d'un mot d'ordre, mais d'un raccourci d'univers ; pas d'une devise ni même d'un principe, mais d'un texte générateur, d'un récit originel.

L'important est de savoir lire l'entreprise pour mener un projet.

Tel est bien le constat simple, utilitaire, communément posé et qui règle notre rapport à l'univers en matière de sens et d'intelligibilité. Le bon contrôle d'un domaine donné passe toujours par la médiation des signes, et notre capacité à comprendre correctement ce domaine, donc à agir, réside dans la maîtrise des lois de structure qui lient ces signes entre eux ; les acteurs concernés étant l'entreprise, le groupe projet, les clients et les fournisseurs.

© Éditions d'Organisation

## L'ANALYSE DE L'ENVIRONNEMENT ET DE SES MUTATIONS

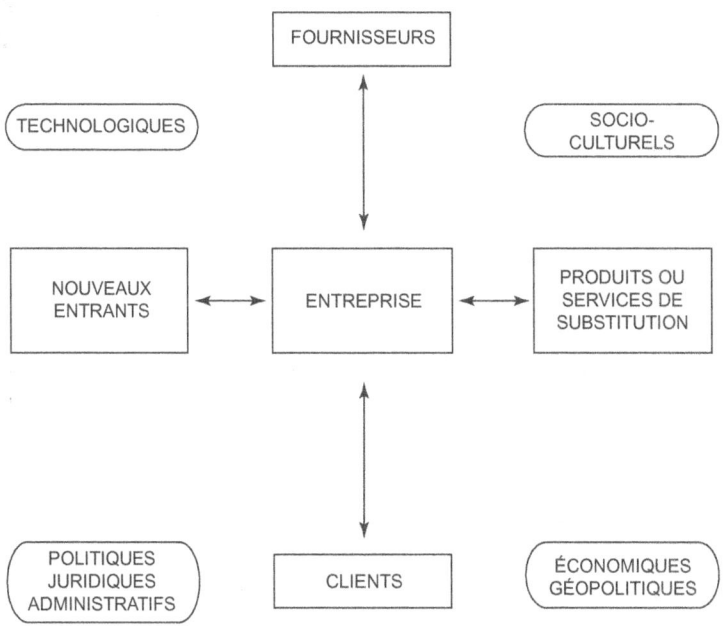

Il y a un autre pan de l'entreprise qui n'a pas la conscience en action des liens qui la lient à ses acteurs. Ce pan n'en est pas moins producteur de signes : des signes subtils, fortuits, involontaires, extrêmement nombreux, véritable parole irraisonnée, surgissante de l'entreprise.

**Une entreprise présente des signes qu'il faut savoir lire et comprendre**

Ce sont en général les signes d'ambiance, de mœurs qui frappent le visiteur ou le nouvel embauché et sont devenus largement invisibles aux personnels plus anciens. Ce sont les signes de l'institué, de la permanence, de la reproduction. Ce sont également les signes des relations informelles. Ils disent la façon dont les acteurs vivent ensemble, au sein du cadre institutionnel qui les lie ; ils racontent la convivialité, conflictuelle ou non, plus ou moins contrainte, qui caractérise l'entreprise ; ils parlent de « l'entreprise-cité ». Il peut y avoir diversité de ces signes, il y a beaucoup plus difficilement dissonance. Les grandes dissonances tracent les lignes de fracture dans le fonctionnement quotidien de l'entreprise, les lignes de conflit, d'antagonisme. Les signes, les discours de l'entreprise-cité et ceux de l'entreprise-projet forment, juxtaposés, un ensemble parfois détonant. Ceux-ci parlent de la volonté de changement, d'une projection dans un futur voulu ou annoncé : ceux-là, de l'instant présent, de la chaleur du foyer, de la permanence. Il y a nécessairement écart entre les deux, douleur, difficulté. Et la crédibilité de l'entreprise-projet est liée à sa compréhension, à sa bonne prise en compte de l'entreprise-cité. Gérer le changement, c'est gérer cet écart et la déformation de l'entreprise-cité, tirée, bousculée, happée par l'entreprise-projet. Écart, et parfois grand écart : il y a beaucoup d'exemples retentissants d'échecs de ces projets claironnants, de ces impossibles défis.

**Apprendre à relier la pensée organisationnelle et le projet d'entreprise**

Discours de l'entreprise-cité, discours de l'entreprise-projet : le champ des aventures sémantiques de l'entreprise est délimité par ce cadre.

Trois grandes questions demeurent, qu'une entreprise ne saurait éluder sans aller vers de sérieuses difficultés :

– comment mettre vigoureusement en évidence la « pensée-organisation » de l'entreprise ? Elle doit régir le rapport aux autres, au monde, mais aussi à soi. Plus elle sera générale, riche, plus sa maille sera fine, mais en même temps, plus ses lignes de force seront visibles, et plus pertinente sera la grille de lecture offerte au management quotidien pour maîtriser le monde ;
– comment créer un langage commun entre les différents acteurs du management qui permette les échanges, la compréhension et la coopération dans le traitement des situations concrètes, et qui soit le langage du management, donc l'outil de la « pensée-organisation » en action ?
– comment modifier (en prenant appui sur l'entreprise-projet) l'architecture et le contenu de la « pensée-organisation », sujet réservé du management central, avec

les quelques actes lourds qui dépassent les capacités automanagériales ?

Au-delà de la mise en œuvre de techniques de motivation, de techniques de projet d'entreprise, de techniques de communication globale, c'est l'extension du potentiel managérial qui est en jeu. Voilà probablement un nouveau champ d'action du management social des entreprises et son défi : la maîtrise partagée des signes et du sens, le défi de l'intelligence.

Pour ce faire, il est important de suivre une démarche en fonction de l'environnement du projet.

## 2. Environnement culturel et organisation

Toute organisation s'inscrit dans un système comportant des fonctions multiples :

- un système de valeurs, qui cimente les membres de l'organisation ;
- un idéal, c'est-à-dire une religion, qui donne à chacun et au groupe tout entier une aspiration transcendante ;
- un système de communication, un support, un réseau, qui diffuse l'information ;
- une structure qui, selon la complexité de l'organisation, répartit les rôles ;
- un système de créations ou de productions, qui réponde aux besoins matériels et immatériels de l'organisation et de ses membres ;
- un système éducatif, qui favorise la vie à long terme de l'organisation, compte tenu de la durée de vie limitée des hommes et de changements internes ou externes à l'organisation. Il a aussi une fonction de ritualisation et d'intégration des nouveaux membres. L'enseignement attribue un rôle spécifique à chacun des membres de l'organisation.

*Une organisation est la convergence de plusieurs systèmes complexes*

- un système d'échanges économiques, qui est un procédé de distribution des ressources à l'intérieur et à l'extérieur de l'organisation ;
- un système politique, qui assure lui aussi la pérennité de l'organisation. Il se charge en plus de son développement optimal et de la distribution du pouvoir entre les différents organes de l'organisation ;
- un système législatif, qui détermine les règles de fonctionnement et qui a autorité pour les faire appliquer.

Toutes les catégories que nous venons de répertorier représentent les fonctions nécessaires à la vie d'une organisation complexe dans laquelle s'inscrit tout projet qui correspond à la culture d'une entreprise.

<small>**Toute entreprise est attachée à des valeurs qui seront le ciment de tout projet**</small>

Chaque projet doit se positionner et être managé en fonction de la culture d'une entreprise et de la culture du client qui achètera le produit issu du projet. Le client peut être interne à l'entreprise, national ou international. C'est le rôle du chef de projet de savoir conduire son groupe dans la culture de l'entreprise, tout en adoptant la culture du client pour répondre à ses besoins. Aujourd'hui, les projets étant de plus en plus internationaux, ils correspondent à la demande d'un management interculturel.

Le management interculturel consiste à prendre en compte, dans les fonctions de l'entreprise et du management, les différences culturelles et à savoir en tirer parti.

Le problème n'est pas entre une approche globale ou nationale, mais entre une vision simpliste de l'entreprise qui limite son influence à des connaissances élémentaires du marché et une compréhension fine de la diversité des agents économiques, afin d'identifier ce qui les unit de ce qui les distingue et agir en conséquence pour garantir le succès du projet.

© Éditions d'Organisation

# 3. L'environnement économico-politique

Les entreprises contribuent à créer leur environnement, mais elles sont aussi très largement conditionnées par lui. Tout projet s'inscrit dans un environnement économique et politique.

On peut définir l'économie comme l'ensemble des activités d'une collectivité humaine, visant à la production et à la consommation de richesses. En fait, les notions d'activité et de « collectivité humaine », de « production et de consommation » sont largement déterminées par la culture. Les valeurs portées par les dogmes religieux peuvent influencer considérablement l'économie. Les valeurs de liberté, d'individualisme, de perfectionnement par le travail, de gain vécu comme une reconnaissance divine, la priorité accordée à l'éducation ont favorisé depuis le XVII$^e$ siècle le développement d'une économie de marché.

Sous des formes multiples, il existe dans toute organisation un pouvoir qui décide, règle et sanctionne. Nous entendons ici par « pouvoir », l'ensemble des processus et des rôles sociaux par lesquels sont prises et effectuées les décisions qui engagent et obligent tout le groupe.

*Le management par projets est un changement majeur dans les organisations*

La gestion de projets se situe aujourd'hui à la croisée des chemins entre l'entreprise d'hier et son organisation et l'entreprise de demain et ses espoirs.

Dans tous les pays occidentaux, deux forces puissantes sont en train de modifier la structure des activités :

– l'internationalisation ;
– le progrès technique.

Nous pouvons observer :

D'un côté, l'entreprise d'hier, avec une exportation importante, mais des produits conçus pour le marché national. Une entreprise aux effectifs nombreux et à la structure pyramidale. Une entreprise déchirée par des conflits dans lesquels interviennent de l'extérieur les états-majors syndicaux. Une entreprise dans laquelle d'année en année tendent à se multiplier les règles. Une entreprise sans beaucoup de fonds propres, lourdement endettée, aux profits étriqués. Une entreprise néanmoins dynamique, tournée vers la croissance, disposée à l'investissement, recherchant en permanence l'augmentation de productivité et acceptant de distribuer à son personnel l'essentiel des surplus économiques qu'elle engendre.

De l'autre, l'entreprise d'aujourd'hui. Avec des produits conçus d'emblée pour le marché international et une implantation dans plusieurs pays. Avec des effectifs plus restreints et composés pour l'essentiel de techniciens de niveaux variés ayant chacun leur compétence propre ; avec une gestion très décentralisée déléguant au maximum les responsabilités ; avec un projet qui tient compte de la culture de l'entreprise et sert de support à la stratégie élaborée par la direction générale : avec des structures souples et qui se modifient fréquemment ; avec des représentants du personnel privilégiant l'appartenance à l'entreprise ; avec un consensus beaucoup plus large sur la nécessité de profits abondants et de fonds propres suffisants. Une entreprise où les hommes ont beaucoup plus conscience de faire la différence mais qui impose à chacun un engagement plus personnel.

*Tout changement entraîne résistance tant que l'individu n'a pas ses repères*

Mais il ne faudrait pas croire que le passage de l'entreprise d'hier à celle d'aujourd'hui se fait sans conflits. L'entreprise de demain devrait à la fois faciliter l'épanouissement des hommes et se nourrir de cet épanouissement, mais la transition sera rude car plus nombreux seront les acteurs des entreprises qui, en assumant des responsabilités, devront accepter de subir les conséquences de leurs échecs, d'être rémunérés selon leurs mérites et faire preuve de mobilité.

## 4. L'environnement socio-économique

Une entreprise peut être considérée comme la rencontre :
– d'une Institution, ensemble de règles et de moyens technico-juridiques ;
– et d'un Corps Social, ensemble des hommes et des femmes qui travaillent dans l'entreprise.

L'entreprise gagnante, vivante, vigilante, réactive, est celle qui a su réconcilier Institution et Corps Social.

Cette réconciliation se fait en satisfaisant à la fois les besoins de réussite économique de l'Institution et les besoins de réussite humaine du Corps Social.

Il en résulte que la gestion de projet au sein d'une entreprise est l'art d'être performant par la conduite simultanée d'une institution et de son corps social. Cet art se manifeste selon trois modes de gouvernement autonomes et solidaires.

**L'IMPOSITION** est le mode primordial de gouvernement par lequel un responsable, s'appuyant principalement sur la légalité que lui confère l'Institution, crée une structure d'ordre, structure dans laquelle il tient un rôle de chef capable d'imposer à ses subordonnés, éventuellement après consultation, les voies et les moyens, et attend d'eux une obéissance complète de bon ou de mauvais gré.

**LA TRANSACTION** est le mode perfectionné de gouvernement par lequel un responsable, s'appuyant principalement sur sa capacité personnelle, recherche par un jeu approprié de régulations organisationnelles, de médiation et de transaction, un équilibre économique et social dynamique au sein de l'entreprise et entre celle-ci et l'environnement.

De ce fait, il permet à l'Institution de s'adapter, et aux salariés de satisfaire leur besoin d'échanger.

**L'ANIMATION** est le mode supérieur de gouvernement par lequel un responsable, s'appuyant sur la confiance que lui témoigne le Corps Social, incarne le destin présent et futur, rationnel et irrationnel, solidaire et égoïste que chacun des

*Cette nouvelle forme managériale sera imposée, négociée et/ou discutée*

individus porte en lui, et auquel tous aspirent sous son impulsion, par un mouvement collectif en avant. Il surmonte ainsi ce paradoxe de tirer le meilleur parti des salariés pour le compte de l'Institution, et d'offrir à tous les individus, qui ont besoin de se donner, une structure d'accueil transcendante.

*La stratégie de mise en place dépend de la culture de l'entreprise*

La combinaison des trois modes doit se faire dans une démarche de « Jeu commun » et de « Crédit d'intention », par opposition à la démarche de « Jeu personnel » et de « Procès d'intention » qui pervertit tout management.

## LA RECHERCHE « GAGNANTE-GAGNANTE » EST LA SEULE PORTEUSE D'AVENIR.

Dans le cadre de la gestion de projet, les entreprises doivent être vigilantes et réactives. Elles doivent mobiliser toute l'intelligence de leur personnel : IMPLICATION - PARTICIPATION - RÉACTIVITÉ (réagir vite et bien à la sollicitation comme à la menace) - ANTICIPATION (prévoir tout ce qui est prévisible, se préparer à répondre convenablement à l'imprévisible.

Elles doivent activer tous leurs sens et leurs réseaux internes et externes de communication.

Une information riche, fiable, utilisable, c'est le passage de la « pyramide » (organisation scientifique du travail, taylorisme) à la structure polycellulaire.

Le cadre voit ses fonctions d'animateur et de formateur prendre une importance primordiale. La direction est le chef d'orchestre, les personnels sont des musiciens de l'orchestre responsables de leur partition.

## ALLIANCE DU DÉSORDRE CRÉATIF ET DE LA RIGUEUR QUI LE REND PRODUCTIF.

Dans un environnement d'internationalisation où la concurrence est planétaire et le client est l'arbitre, dans un cadre d'évolution technologique rapide qui touche les produits et les outils, il importe pour gagner de savoir détecter les traces du futur. Dans un tel système de fonctionnement, il est nécessaire d'avoir des individus mieux formés et mieux informés.

## 4.1. Syndicalisme et stratification sociale

Le syndicalisme représente une sorte de réaction à ces stratifications. Le syndicalisme européen a eu pour but de provoquer des transformations sociales au moment de la révolution industrielle. Il peut être qualifié de groupe de pression. En Europe, les syndicats sont liés aux partis politiques contrairement aux États-Unis où la mobilité sociale étant plus grande, les syndicats sont plus pragmatiques et concernés par les besoins immédiats des travailleurs. Il existe une différence considérable entre syndicats européens : les pays anglo-saxons, à fort pourcentage de syndicalisation, sont plutôt modérés, tandis que ceux de l'Europe Latine, à faible taux de syndicalisation, sont plus extrémistes. Le syndicalisme japonais suit l'organisation sociale du pays. À l'instar des grandes organisations syndicales européennes, le syndicat japonais est avant tout un syndicat d'entreprise (kigyo kumisi). La société industrielle japonaise n'identifie pas ses membres par le type de métier comme en Angleterre, ni par la classe socio-professionnelle comme en France, mais par l'entreprise où s'exerce leur activité professionnelle. L'identité syndicale fait ici référence à la collectivité dans laquelle l'individu travaille, le groupe humain dans lequel il est intégré, et non à une identité individuelle reposant sur une position sociale ou professionnelle.

**Une négociation préalable avec les syndicats permet d'éviter les conflits**

Tout projet qui engage la politique de l'entreprise ou qui influe sur les conditions de travail devra s'inscrire dans le cadre de négociations syndicales avant son lancement, pour en assurer le développement harmonieux et éviter tout rejet. Un groupe projet doit impliquer tous les acteurs concernés par le projet et en particulier les organismes syndicaux, si la nécessité l'exige pour le succès du projet.

## 5. Environnement marketing

Il s'agit de tous les éléments qui gravitent autour de l'entreprise, et qui sont susceptibles de perturber son activité. On distingue traditionnellement deux types d'environnement : interne et externe. Le premier correspond aux éléments qui sont plus directement sous contrôle de l'entreprise : le savoir-faire, les relations humaines, la surface financière. Le deuxième type d'environnement, qualifié d'externe, comporte quatre composantes.

### 5.1. Composantes de l'environnement externe

**La réussite d'un projet passe par l'analyse des composantes de faisabilité**

– Technologique : il s'agit du progrès technique, matérialisé par les découvertes fondamentales, puis par les applications industrielles. Le dépôt d'un brevet correspond à un titre de propriété sur une parcelle de cet environnement.
– Économique : c'est le résultat des politiques monétaires (niveau des taux d'intérêt, taux de change...) et sociales (revenu horaire, durée du travail...) des gouvernements. Sa dimension s'analyse, de plus en plus, dans un contexte international.
– Culturel : c'est un ensemble complexe d'habitudes, de valeurs et de croyances communément admises, à un moment donné, par une société. On peut y ranger, pêle-mêle, l'art, la religion, la morale, etc.
– Législatif : c'est l'ensemble des lois, décrets et réglementations en vigueur dans un pays donné. Il délimite les champs et les moyens de l'action marketing.

### 5.2. Attitudes stratégiques

Face à ces quatre composantes de l'environnement externe, le responsable projet dispose de trois types d'attitudes stratégiques :

- subir : on considère que l'environnement représente une contrainte inéluctable ;
- s'adapter : l'entreprise cherche à neutraliser une menace, en évaluant systématiquement l'existence d'opportunités ;
- modifier : l'entreprise agit sur l'environnement pour créer un nouvel état qui lui soit favorable.

## 5.3. Attitudes financières

Après avoir défini les contours d'un marché par rapport à un projet, il est indispensable de le quantifier, puis d'apprécier la position de l'entreprise par rapport aux concurrents.

Pour ce faire, le responsable du projet dispose de plusieurs indi-cateurs : chiffre d'affaires, parts de marché et taux de pénétration.

**Le chiffre d'affaires**

Le chiffre d'affaires en volume est un indicateur économique relativement pauvre : on peut difficilement apprécier le poids global d'une entreprise diversifiée, les unités de mesures étant différentes. Même pour une entreprise mono-productrice, il ne reflète pas le niveau de qualité technique des produits vendus, ce qui rend très délicate toute comparaison de chiffres d'affaires en volume de deux entreprises différentes.

À l'inverse, le chiffre d'affaires en valeur est plus intéressant pour apprécier le poids commercial d'une entreprise, car il permet des comparaisons directes avec des concurrents ou des entreprises d'autres secteurs. Cependant, l'évolution d'un chiffre d'affaires en valeur est délicate à apprécier.

Voici quelques principes simples d'analyse :

- Choisir une base de départ représentative.
  Le choix de l'année de départ doit correspondre à un résultat normal de l'entreprise : ni exceptionnel, ni catastrophique.

– Repérer les variations exponentielles.
   Des variations de chiffres d'affaires très fortes sont généralement très brèves dans le temps, et témoignent d'un marché en phase de décollage. Le concept de courbe de marché permet d'affiner l'analyse.
– Contrôler l'effet de l'inflation nationale.
   En période d'inflation galopante, les hausses de chiffres d'affaires sont trompeuses, et ne signifient plus grand-chose. Un moyen rapide (mais approximatif sur le plan mathématique) pour défalquer l'effet de l'inflation consiste à retrancher le taux de l'inflation du taux de variation global du chiffre d'affaires.
– Confronter une variation avec celle des concurrents proches.
– Comparer la variation avec la moyenne du marché.

**Part de marché**

La part de marché traduit le poids représenté par une marque donnée, par rapport aux marques concurrentes présentes sur le même marché.

$$\text{Part de marché} = \frac{\text{Chiffre d'affaires de la marque X}}{\text{Chiffre d'affaires total des marques du marché}}$$

La part de marché est un indicateur majeur pour apprécier la position concurrentielle d'une entreprise sur un marché : les stratégies concurrentielles l'utilisent comme un repère essentiel. Par ailleurs, les résultats d'un important programme de recherches (Profit Impact of Market Strategies), mené aux États-Unis, montrent qu'il existe une corrélation entre le profit et la part de marché : la rentabilité s'accroît avec la part de marché. C'est donc un paramètre important du tableau de bord marketing. L'analyse de son évolution permet d'évaluer l'efficacité des choix marketing opérés par le groupe projet.

**Pénétration d'un marché** (consommateurs et non-consommateurs)

Le taux de pénétration permet d'évaluer les possibilités de croissance d'un marché : existe-t-il encore un potentiel de ventes supplémentaires auprès de nouveaux consommateurs ? On dira qu'un marché est saturé si le taux de pénétration est proche de 100 % ; à l'inverse, un marché faiblement pénétré (taux de pénétration < 20 %) est un marché porteur.

## 5.4. Suivi technique et technologique

C'est la technologie que maîtrise l'entreprise. Il peut s'agir d'une opération de fabrication ou d'un enchaînement complexe d'opérations. Pour un service, le savoir-faire résulte plus d'un « tour de main » ou d'une compétence intellectuelle particulière. Le savoir-faire s'acquiert et se transmet par la formation. Il se protège par le dépôt d'un brevet, dans le cas d'un produit.

> Sans savoir ou savoir faire il n'y a pas d'entreprise

L'accumulation des connaissances techniques de l'entreprise définit son métier. L'identification des composantes de ce métier est une phase majeure de la réflexion stratégique, car c'est souvent ce qui permet de dégager des points de supériorité (ou des faiblesses), face aux concurrents. La question clé est : « Qu'est-ce que l'entreprise sait faire de mieux que les concurrents ? »

En confrontant le savoir-faire actuel de l'entreprise et les choix technologiques des concurrents, on apprécie l'avance ou le retard de l'entreprise. La surveillance systématique de cet environnement prend la forme d'une veille technologique.

## 6. Conclusion

Tout le monde sait que l'homme ne peut vivre sans limites et sans contraintes. Le retour actuel de l'entreprise comme cellule de base de la vie économique et de la vie sociale est un des éléments majeurs du changement.

Mais il est très important de bien comprendre que cette tendance n'a pas gagné d'avance. Dans nos sociétés exagérément complexes, la dérive bureaucratique est très difficile à contenir. Pour répondre à cette menace récurrente, il ne suffit pas que la mode intellectuelle change et qu'on en tire quelques bonnes déclarations de principe, il faut mener un combat de tous les jours, un combat éclairé par la connaissance quotidienne des réalités.

*Le succès d'une entreprise dépend de sa vitesse de réaction*

L'entreprise n'est pas par nature à l'abri de ces dangers. Tout projet s'inscrit dans un environnement auquel il doit s'adapter et non détruire.

La démarche projet repose sur un va-et-vient permanent entre les exigences des consommateurs, d'une part, et la réalisation de produits conformes à ces attentes, d'autre part.

La difficulté majeure pour le responsable projet d'une entreprise est de définir correctement son marché. En analysant successivement le même marché selon quatre contours (objets, occupants, occasions, objectifs), les concurrents et les attentes des consommateurs varient sensiblement. Ensuite seulement, la taille du marché potentiel et la position de l'entreprise face aux concurrents peuvent être évaluées.

Chapitre 7

# Méthodologie et outils de la conduite de projet

## 1. Introduction

Se lancer dans une démarche d'innovation et de changement en utilisant le projet comme principe fondateur et fédérateur, implique inévitablement une recherche de globalité de son approche.

La globalité du projet doit être attachée au but poursuivi et à la démarche mise en place pour atteindre ce but.

La méthodologie utilisée devra permettre d'atteindre l'objectif et de réaliser un programme.

Il sera nécessaire de faire en sorte que les structures opérationnelles parviennent à utiliser la méthodologie et les outils et les aider à les transcender sans en subir les effets.

Il conviendra de clarifier la pertinence de leur utilisation en regard de la situation concernée qui est toujours spécifique à

**Tout projet doit être mené avec une méthodologie et des outils appropriés**

chaque projet et de prêter attention aux approches technocratiques et mobilisantes réductrices par rapport à l'innovation.

Par rapport à la démarche, l'objectif est de s'assurer d'un maximum de clairvoyance face aux menaces qui guettent tout projet.

– La précipitation et son corollaire la dispersion.
– La dérive et son corollaire le simulacre.
– lLa résistance au changement et son corollaire la rigidité.

C'est aussi assurer le maximum de clairvoyance par rapport au processus :

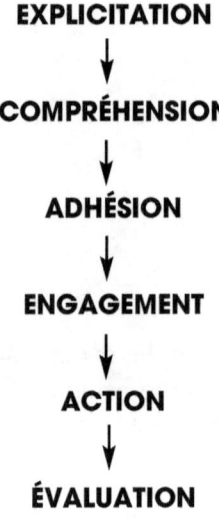

## 2. Définition et philosophie de la méthode de conduite de projet

### 2.1. Définition

Ce qu'elle est :

– elle est une structure ;
– elle est un outil ;
– elle est au service du groupe ;
– elle est un moyen de canaliser les énergies ;
– elle apporte une rigueur.

Ce qu'elle permet :

– de progresser sur une base de raisonnement commun ;
– de faire des zooms successifs sur le problème à résoudre.

Ce qu'elle nécessite :

– d'aller parfois à l'encontre de son raisonnement habituel ;
– d'approfondir des aspects du problème qui a priori apparaissent clairs ;
– de différer certaines idées spontanées ;
– d'accepter d'avancer lentement ;
– d'accepter que les autres aient une autre vision ;
– d'accepter que l'on ne détient pas obligatoirement la vérité.

Ce qu'elle n'est pas :

– elle n'est pas un contenu ;
– elle n'est pas une fin.

Ce qu'elle ne doit pas faire :

– elle ne doit pas se substituer aux individus ;
– elle ne doit pas entraîner la rigidité.

> Une méthodologie c'est un guide pour ne rien oublier

## 2.2. Philosophie

### Principe de clairvoyance

– Attention à la place que le groupe accorde à la méthode et aux outils de résolution de problème.
– Leur donner toute la place dans la relation pédagogique, c'est alimenter la résistance du groupe et/ou du formateur à relationner.

### Principe de plaisir

*Un bon projet doit allier cohérence et plaisir*

– La méthode est une logique qui peut être lourde excepté si on accepte de jouer avec, c'est-à-dire :
  • à jouer avec la chronologie des étapes ;
  • créer des outils spécifiques ;
  • sortir des autoroutes.

### Principe de cohérence

– Les points de passage universels de toute méthodologie de résolution de problème :

| définir | mesurer |
| analyser | évaluer |
| apporter une solution | tester |

### Principe de réalité

– Savoir qui commande à qui : le groupe à la méthode ou l'inverse.
– Un résultat sans méthode peut être préférable à une méthode sans résultat.

### Principe de tolérance

– La méthode n'est pas une religion. C'est du bon sens mis en forme.
– Attention au totalitarisme méthodologique.

### Principe de nécessité

– La méthode doit s'intégrer à un besoin du groupe exprimé à un moment donné.
– Il est préférable de passer du temps à pratiquer un outil plutôt que d'être perfectionniste sur son mode d'emploi.

# 3. Le processus de la pensée créative

## 3.1. Introduction

La formulation d'un problème comporte un certain nombre d'étapes logiques qu'il est indispensable de respecter si nous désirons parvenir à un ou plusieurs intitulés susceptibles d'être traités efficacement selon les techniques de créativité.

Une cellule de créativité a ceci de commun avec l'ordinateur, qu'elle ne peut produire des solutions pertinentes que si les données injectées le sont elles-mêmes.

Il y a « problème » lorsqu'un obstacle empêche d'atteindre le but préalablement fixé (on empêchera d'atteindre un but futur), donc, lorsqu'on perçoit la situation présente (ou une situation future) comme insatisfaisante.

> Pour être créatif on fait travailler des experts représentant les métiers du projet

## 3.2. Pré-formulation du projet

La recherche devant avoir pour objectif la modification d'une situation de départ non satisfaisante, il est indispensable de caractériser la situation d'arrivée en exprimant ce qui devra se passer lorsque le problème sera résolu.

## 3.3. Réunion de l'information afférente au projet

Elle est le fait des « experts » et comporte les phases suivantes :

**Regroupement de l'information**

On s'efforcera de réunir :

– les documents (tout ce qui a été écrit sur le thème) ;
– les faits significatifs ;
– les témoignages ;
– les opinions ;
– les sentiments.

L'interprétation, la confrontation et l'exploitation des trois derniers types d'informations se trouvent facilitées par la situation de groupe.

**Critique de l'information**

Est-elle pertinente par rapport au problème posé ?

Est-elle suffisante ?

Les différentes données sont-elles cohérentes entre elles ?

Nous complétons ensuite l'information en fonction des réponses fournies à ces trois questions.

**Feed-back**

Ici, nous considérons la formulation de base en fonction de l'information rassemblée.

*La créativité c'est un phénomène d'échange qui enrichit le système*

« La situation de départ » et « la situation d'arrivée » telles qu'elles étaient décrites restent-elles les mêmes ?

Le problème se pose-t-il toujours ? (est-il bien nécessaire de se diversifier ?)

Se pose-t-il dans les mêmes termes ? (la recherche doit-elle vraiment s'exercer dans tous les domaines envisageables ?)

Le but fixé demeure-t-il valable ?

Au cours de cette phase, nous nous efforçons de chiffrer tout ce qui peut l'être, en tenant compte des indications susceptibles d'être fournies par la prévision : par exemple, prévisions de consommation dans les différents secteurs susceptibles de nous intéresser.

## 3.4. Organisation de l'information

**Isolement des contraintes**

Les contraintes sont les facteurs imposés, ceux sur lesquels nous ne pouvons agir, et dont il faudra tenir compte tout au long de la recherche.

Il conviendra de discerner les contraintes significatives des contraintes banales.

Les contraintes significatives sont les éléments invariants, ayant une incidence réelle sur la solution du problème (par exemple : une réglementation).

On distinguera parmi celles-ci :

– Les contraintes totales.
– Les contraintes jouant dans le temps imparti à la recherche : habitudes de consommation et prévisions dans ce domaine, structure de la distribution...
– Les facteurs considérés comme contraignants.

En fonction d'une décision théoriquement révocable, mais que l'on refuse à remettre en question, en vertu du phénomène de résistance au changement : « on ne peut pas faire ça », « il est impossible de penser à ce type de produits »...

Il est indispensable d'isoler et de traiter ce dernier type de contrainte avant d'entamer une recherche en créativité, soit pour éliminer définitivement, soit pour formuler explicitement afin que le groupe de recherche en soit conscient : il est fréquent que ce genre de facteur, non exprimé, mais tacitement admis invalide une partie importante de la production du groupe.

– Les contraintes inhérentes à la personne qui pose le problème et qui aura à prendre les décisions de mise en application.
– Ce qui est contrainte pour le Directeur Général, ne l'est pas obligatoirement pour le Directeur du marketing ou vice versa.

Lorsque les contraintes sont isolées, il convient de les positionner les unes par rapport aux autres : sont-elles indépendantes ou au contraire interdépendantes ? Dans ce dernier cas, nous pourrons mettre en évidence des contraintes primaires dont nous nous apercevrons souvent qu'elles sont plus générales, donc plus importantes que les autres.

**Tout projet présente des contraintes qu'on doit gérer sans gêner la créativité**

**Repérage des variables**

Ce sont des éléments sur lesquels nous pouvons agir en les supprimant, en les modifiant, en les accroissant...

Parmi ceux-ci, nous essaierons de mettre en évidence ceux dont la manipulation semble devoir permettre la réduction de l'écart existant entre la situation de départ considérée comme insatisfaisante et la situation d'arrivée supposée comme satisfaisante.

Il s'agit de variables réductrices par opposition aux variables banales.

À l'encontre de ce qui est souhaitable lors d'une recherche classique, nous suggérons de ne pas écarter les variables banales, celles-ci pouvant être à l'origine de nouvelles pistes de solutions.

## 3.5. Reformulation conjointe

Cette formulation par les « experts » étant terminée, l'animateur, assisté éventuellement d'un des experts, soumet le problème au groupe de créativité qui reformule le problème dans son langage propre et éventuellement le subdivise en un certain nombre d'intitulés qui seront autant d'angles d'attaque différents.

Cette phase correctement animée, suffit souvent à créer une imprégnation de la cellule de créativité.

## 3.6. Le problème de l'expert

Les attitudes à son égard divergent considérablement selon les méthodes : certains, telle la Synectique, l'intègrent à toutes les phases du processus de recherche, d'autres l'éliminent durant toute la phase de créativité, pour ne le faire réapparaître que lors de l'évaluation.

En ce qui nous concerne, nous n'observons pas dans ce domaine de règle stricte. Notre attitude est fonction de la personnalité de cet expert et de sa perception par le groupe. Certaines personnes, en effet, sont susceptibles de « bloquer » un groupe de recherche, alors que d'autres, jouant pendant la phase de croisement le rôle de créateur simultané, peuvent, au terme de cette phase, réorienter la cellule sur des pistes lui paraissant riches.

L'animateur doit surtout veiller à ce qu'il ne soit pas un facteur de jugement, d'évaluation, au cours de la production.

### 3.7. Préparation de l'évaluation

Nous demandons, à ce propos, la confection par le ou les experts, d'une grille d'évaluation dès la phase de formulation.

« À quels critères les idées qui vous seront soumises devront-elles répondre et quelles seront les importances relatives de ces critères ? »

### 3.8. Conclusion

La résistance au changement n'est pas une expression à la mode. Elle correspond à un réflexe de sécurité par lequel tout organisme réagit à une modification de son milieu de vie.

*La résistance au changement est une contrainte qu'il faut gérer*

Or, pour l'homme industriel du XX$^e$ siècle, le milieu de vie, de travail, se modifie et semble devoir se modifier plus encore à l'avenir.

La rançon de cette évolution est très souvent un reliquat de vieilles habitudes « déphasées » par rapport à l'apparition de nouveaux outillages, de nouvelles méthodes de comptabilité, ou de gestion de personnel par exemple. Il semble que ce phénomène soit observable aussi bien au niveau du département « production » qu'à celui du département « personnel ».

© Éditions d'Organisation

Les techniques de créativité par leur aspect particulier de renouvellement de nos manières de pensée en dehors des normes habituelles, par leur valeur d'induction d'un haut degré de fluidité dans les communications au sein d'un groupe, semblent tout à fait appropriées à la formation des hommes au changement.

Il convient donc de s'entraîner à penser le nouveau, à le créer de toute pièce, c'est-à-dire à modeler le non-existant ; les techniques de créativité sont un facteur important de réduction de la résistance au changement dans une institution qui met sur pied une stratégie de développement – celui-ci étant une constante obligée au sein des entreprises d'aujourd'hui.

## 4. Déroulement global de la méthodologie

### ÉTAPE 1 : DÉFINIR LE PROJET

*La définition du projet est la clé de voûte de tout projet*

Cette phase de définition du projet à traiter est primordiale et absolument indispensable. Elle est le point clé dans la réussite ou l'échec d'un projet.

Une parfaite définition nécessite non seulement son pourquoi, c'est-à-dire l'objectif visé, mais également toutes les composantes par rapport au projet et en particulier à quel besoin va correspondre la réalisation de ce projet.

Tout projet doit correspondre à une recherche d'innovation par rapport aux besoins, en répondant au mieux aux besoins réels du marché ou du client qui ne sont pas forcément exprimés par ces derniers, mais qu'il sera nécessaire d'identifier. Il faudra comprendre et analyser pour que la ou les solutions retenues par le projet correspondent au plus près aux besoins.

Il est important de ne pas confondre le projet énoncé en tant que tel et le véritable problème à résoudre. Dans la majorité des cas, un projet est une solution pour résoudre un problème.

Il est donc important de :

– savoir où on va, quel résultat on attend ;
– savoir exactement quel problème et quel aspect du problème on va traiter :
  • avec quelles limites d'actions ?
  • avec quelles contraintes ?
  • pour obtenir quels résultats ?

D'où la nécessité de formuler le problème que l'on choisit de résoudre en accord avec les différentes parties prenantes, cette formulation constituera l'objectif à atteindre dans la suite du travail en groupe.

Logiquement, cette formulation interviendra après que l'on aura distingué dans les étapes antérieures ce qui différencie l'essentiel du secondaire, en d'autres termes, le sous-problème dont la solution produirait les meilleurs résultats.

Sur le plan formel, pour être satisfaisante, toute formulation de problème doit :
– être ouverte et permettre d'orienter la recherche vers un plus grand nombre de solutions possibles.

## ÉTAPE 2 : ANALYSER LE PROJET

Tout projet étant une solution qui correspond à un problème, il paraît donc indispensable d'analyser le problème pour satisfaire au mieux le client interne ou externe de l'entreprise.

Un problème dans l'entreprise se caractérise souvent, sinon toujours, par la complexité de ses composantes.

1. Un problème est ressenti par plusieurs personnes qui n'en ont pas la même vision.

*Le management par projets c'est une vision stratégique de l'entreprise*

2. Un problème se manifeste par des effets négatifs qui ne sont que des symptômes. Ces effets négatifs sont provoqués par un enchaînement et un enchevêtrement de causes difficiles à dénouer parce que de natures différentes :

– humaines ;
– économiques ;
– sociales ;
– techniques, etc.

3. L'importance de l'enjeu qui peut entraîner selon le cas :

*Quand on connaît les enjeux d'un projet, il est facile de l'analyser*

– une démarche de type curatif : le symptôme nécessite une intervention urgente pour qu'il puisse disparaître à très court terme ;
– une démarche de type préventif : pour éviter que l'effet négatif ne réapparaisse, identifier les causes et les supprimer plutôt que de traiter le symptôme.

Le processus vise à le définir et à identifier le demandeur.

– Qui propose le projet ? quel est son degré de responsabilité ?
– À quel titre propose-t-il le projet ?
– Quel est son lien avec le projet ou le problème ? en quoi est-il concerné ?

Recenser les faits historiques, comprendre d'où vient le problème.

– Que s'est-il passé, qui a conduit le demandeur initial à formuler son problème de cette façon ?
– Distinguer les faits des opinions, jugements, prévisions, hypothèses qui peuvent être très pertinents mais demandent à être vérifiés.
– Chercher ce qui a été fait pour tenter de résoudre le problème et pourquoi cela n'a pas donné satisfaction.

Consulter toutes les personnes directement concernées par le problème afin :

– D'opérer tous les regroupements possibles.

– D'impliquer tous ceux qui « ont leur mot à dire » ou qui pourraient plus tard être un obstacle simplement parce qu'on les a tenus à l'écart.

Rechercher les limites d'actions.

– Pourquoi pose-t-on le problème dans ces termes ?
– Quand on aura résolu le problème tel que formulé initialement, qu'aura-t-on obtenu ?
– Quelle solution sera la plus satisfaisante :
- celle qui résoudrait le problème initialement formulé ?
- ou celle qui résoudrait le problème de fond ?
– A-t-on les moyens de s'attaquer au problème de fond ? ou faut-il s'en tenir au problème initialement posé ?

C'est par ces remises en cause successives que l'on arrive à établir les limites d'actions qui sont les frontières au-delà desquelles le groupe outrepasserait sa mission et ses responsabilités.

**Analyser les bornes du projet pour en définir le contour**

Plusieurs définitions ont été proposées qui se complètent assez bien pour analyser un problème :

– une situation présente insatisfaisante ;
– une situation dans laquelle un être humain ressent un manque, une insatisfaction ;
– une frustration devant un état de fait ;
– l'existence d'une difficulté pour obtenir un certain résultat ;
– l'existence d'un malaise, d'une insatisfaction, d'une difficulté vécue par rapport à une fonction à remplir, un but, une aspiration, une situation souhaitée.

On peut dire que tout problème :

– est ressenti ;
– par au moins une personne ;
– qu'il se caractérise et se manifeste par l'existence :
- d'une situation présente insatisfaisante pour la ou les personnes ;
- d'une situation souhaitée, imaginée par la ou les personnes et jugée par elles comme satisfaisante ;

- d'une ou, le plus souvent, de plusieurs difficultés qui empêchent la ou les personnes de passer aisément de la situation présente à la situation souhaitée parce que la solution qui le permettrait n'existe pas encore ou n'est pas connue par l'intéressé.

Schématiquement un problème peut se présenter comme suit :

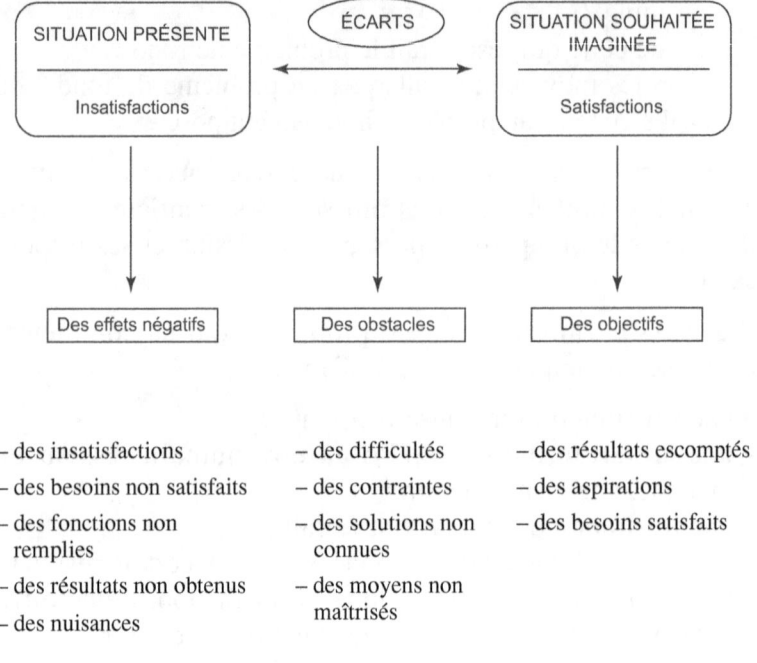

| – des insatisfactions | – des difficultés | – des résultats escomptés |
| – des besoins non satisfaits | – des contraintes | – des aspirations |
| – des fonctions non remplies | – des solutions non connues | – des besoins satisfaits |
| – des résultats non obtenus | – des moyens non maîtrisés | |
| – des nuisances | | |

## ÉTAPE 3 : RECHERCHER DES SOLUTIONS

Cette recherche de solutions correspondra soit au projet présenté comme tel, en essayant d'être le plus innovateur et pertinent par rapport au besoin réel, soit d'apporter une solution qui satisfait le mieux ce besoin réel et répond d'une façon plus satisfaisante au problème.

Dans les deux cas, c'est aller vers l'inconnu, c'est entrer dans un processus de créativité.

Sans imagination, on ne peut trouver de solutions innovatrices.

Notre éducation ne nous permet pas de nous servir de notre potentiel créatif. Nous vivons encore d'après des règles d'une éducation tournée vers le passé, fondée sur des modèles pré-établis, donc sécurisants. Nous préférons des attitudes cartésiennes et sceptiques reposant sur une référence judéo-chrétienne qui supprime le risque et l'esprit innovateur tourné vers l'inconnu.

Nous avons besoin d'un référentiel qui nous rassure.

Être créatif, c'est accepter le risque de quitter, à certains moments, les « autoroutes de la pensée », pour en suivre les chemins vicinaux.

C'est se ménager le temps de « diverger », de rêver, de s'éloigner des données contraignantes du problème à résoudre, pour y revenir, ensuite, enrichi.

C'est considérer que chaque problème admet un grand nombre de solutions, et que la moisson du plus grand nombre de possibles accroît la probabilité d'apparition de la solution la mieux adaptée.

C'est accepter de ne pas rejeter immédiatement une idée, même si a priori, elle paraît totalement inadaptée au problème posé.

Habituellement, face à un problème, nous avons tendance à raisonner d'une façon instinctive et déductive à partir d'hypothèses de faits ou d'opinions.

Ce raisonnement se trouve correspondre à un phénomène dit de cloisonnement qui provient de connaissances théoriques, de notre culture et de notre expérience professionnelle, en général en corrélation avec la technicité de ce dernier.

Dans ce type de raisonnement, le cheminement de la pensée fait que nous allons très vite du problème à la solution.

**Chercher des solutions c'est laisser faire son imagination**

Nous ne nous en éloignons jamais et n'aboutissons de fait, en aucun cas, à des solutions originales, car nous sommes prisonniers de contraintes qui nous empêchent de passer outre, pour trouver d'autres solutions. C'est un peu comme si nous étions dépendants d'une filière de pensée.

Une telle contingence va se trouver surdéterminée par le problème du cloisonnement.

En effet, lorsque nous sommes confrontés à un problème, nous avons tendance à vouloir le résoudre uniquement avec notre équipement théorique spécifique, notre expérience professionnelle, notre compétence et nous nous efforçons de nous concentrer sur ce champ d'application.

Nous oublions ainsi une multitude d'autres domaines dans lesquels nous possédons des informations qui pourraient être utiles pour la résolution du problème concerné.

*Savoir quitter les autoroutes de la pensée mais savoir gérer les idées*

Dans la pensée créative, il va donc être question d'échapper à cette double contingence de la pensée latérale et du cloisonnement.

Cette pensée passe par les points suivants :

**– La formulation du problème.**

Cette formulation qui passe par un certain nombre d'itérations, ainsi que nous le verrons plus loin, se résume quand même à un énoncé positif du problème à résoudre.

**– L'imprégnation.**

Cette phase consiste, en situation de créativité à donner de l'information au groupe sur le problème à résoudre.

Mais ceci, avec une double contrainte :

– donner suffisamment d'informations au groupe pour que le problème de l'entreprise devienne le problème du groupe et se pose comme un défi à relever ;
– mais donner quand même le minimum d'informations pour ne pas enfermer le groupe dans sa recherche de solutions.
  • Partant de cette phase d'imprégnation, la phase de pensée divergente, dite encore phase d'éloignement,

> va consister à l'aide de méthodes, de s'éloigner du champ du réel afin de produire de l'ordre de l'imaginaire.
> - De cette production imaginaire, la phase de pensée convergente, dite encore phase de croisement, va présenter en réalité une tentative de retour sur le champ du réel.

Mais par ce phénomène, elle va permettre l'émergence d'un nouveau champ du réel sur lequel apparaîtront nombre de solutions nouvelles.

– Ces solutions, et ce sera la dernière phase, seront à hiérarchiser, à valider, et à opérationnaliser, lorsque le choix définitif sera réalisé.

La recherche de solutions, pour répondre à tout projet, nécessite de la part de l'équipe projet un certain nombre de qualités qui passent par la prise de risques et la suppression de toute autocensure.

Être créatif pour répondre mieux aux besoins, c'est :

– la disponibilité ;
– la spontanéité ;
– l'association sur les idées des autres ;
– la concision ;
– la production de grandes quantités d'idée ;
– la flexibilité ;
– l'expression par l'image et la forme.

En résumé, en créativité, il convient d'être volontaire, d'avoir envie de trouver des idées et d'être motivé par le problème. Il ne saurait, de plus, y avoir de leader dans ce type de groupe, chacun ayant la même probabilité d'intervention, y compris l'animateur qui, outre ses fonctions, n'est qu'un participant comme un autre.

Pour conclure, nous pourrions dire qu'un groupe de créativité fonctionne comme une équipe face à un même problème qu'il faut surprendre par des techniques les plus diverses possibles.

Aujourd'hui, tout projet doit être innovant pour assurer la pérennité des entreprises et leur développement face à la concurrence.

## ÉTAPE 4 : CHOISIR LA SOLUTION

*Savoir écarter des solutions pour garder la solution qui correspond au client*

À cette étape, il y a un travail de confrontation entre les finalités du projet et les contraintes de réalisations, de marketing ou commerciales par rapport au marché. Cette confrontation doit aboutir à donner un sens, une inspiration, une réalité au projet.

C'est une phase de négociation importante interne entre les auteurs du projet et les acteurs du groupe projet, et externe vis-à-vis de l'environnement du projet.

Issus d'un compromis satisfaisant, le ou les choix possibles entre le souhaitable et l'envisageable doit se justifier par sa faisabilité et son caractère innovant.

Il faut savoir qu'il n'existe pas de solution qui puisse résoudre un problème à 100 %.

La solution retenue devra être la plus pertinente en tenant compte, pour la sélection, de critères objectifs tels que :

– efficacité technique ;
– faisabilité technique ;
– faisabilité relationnelle ;
– délai de mise en œuvre ;
– rentabilité de la solution, etc.

## ÉTAPE 5 : PRÉSENTER LA (OU LES) SOLUTION(S)

*Savoir vendre son projet*

Cette étape est un point clé dans le succès d'un projet. En effet, la présentation du projet qui se fera par écrit et par oral aura une influence importante sur le choix et la décision qui sera prise.

© Éditions d'Organisation

Cette présentation devra être claire, convaincante, pertinente et permettra au décideur de faire le choix le mieux adapté en fonction de sa perception personnelle et de celle qui lui sera transmise par la présentation.

Un travail mal présenté peut détruire un projet remarquable.

## ÉTAPE 6 : METTRE EN PLACE LA SOLUTION

C'est la phase délicate du processus. Il est nécessaire que la mise en place de la solution soit faite dans l'esprit du projet : de son auteur, du groupe de projet et du choix par le décideur.

*Mettre en place les idées*

## ÉTAPE 7 : MESURER ET SUIVRE LES RÉSULTATS

C'est le verdict final : le projet était-il un bon projet et les solutions proposées correspondent-elles aux attentes ?

Il n'y a pas de solutions idéales, mais l'objectif est de s'en rapprocher le plus près possible.

*Suivi et contrôle du projet*

Le suivi est trop souvent la phase négligée du projet alors qu'elle est nécessaire pour accompagner les évolutions postérieures, pour fournir une assistance aux utilisateurs du produit ou du service et de mesurer l'impact sur le marché ou l'entreprise.

Vérifier l'efficacité de la solution, suivre l'évolution des résultats dans le temps correspond à la pérennisation du projet.

## 5. Outils utilisés dans la méthodologie de la conduite de projet

Toute méthodologie fait appel à des outils pour mettre en œuvre efficacement la démarche.

Il n'est pas de notre objet de décrire en détail la boîte à outils de la conduite de projet, mais il nous paraît important et utile d'évoquer les outils indispensables et nécessaires, afin de relier la réflexion méthodologique aux réalités du terrain.

**Les outils sont les éléments qui permettent de mettre en place la méthodologie**

Nous ne parlerons ici que des outils relatifs à la méthodologie, les outils de gestion, tels que l'approche marketing, la veille technologique, la gestion financière, la stratégie et la négociation ont fait l'objet d'un chapitre distinct que nous avons vu auparavant.

Mis à part les outils habituels utilisés dans la résolution de problèmes, tels que « Brainstorming », QQOQCP, diagramme causes/effet, diagramme de Pareto, matrice de compatibilité et prises de décision en groupe, deux points importants apparaissent dans le déroulement de la conduite de projet :

– la créativité pour coller aux besoins du client ;
– la gestion du temps par rapport à l'objectif.

Dans le premier cas, un des outils majeurs sera l'analyse fonctionnelle ; dans le deuxième cas, l'utilisation de planning, comme le PERT, pour lequel aujourd'hui des logiciels de gestion permettent d'établir et modifier le planning très rapidement.

### 5.1. Analyse fonctionnelle

Il apparaît indispensable et intéressant d'élaborer un cahier des charges fonctionnel, selon les principes d'analyse de la valeur. Il s'agit de définir le produit final sous forme d'une fonction ou de services que ce produit doit rendre. Cette approche permettra dans une deuxième phase d'explorer une gamme de solutions possibles au lieu de s'arrêter à la première idée venue pour aboutir plus vite.

On peut résumer la démarche de l'analyse fonctionnelle par les étapes suivantes :

- identifier correctement le problème posé : nature exacte du besoin, positions respectives de l'utilisateur, du demandeur (qui peut être différent du précédent) et du fournisseur, catégorie de prestation ou de produit requis (en précisant s'il existe déjà ou s'il doit être élaboré pour le projet, s'il est spécifique à l'opération ou réutilisable ensuite) ;
- dresser la liste des fonctions à assurer pour satisfaire le besoin : par exemple, en représentant les liens à établir entre les différents éléments concernés par la prestation ou le produit, les fonctions que celui-ci doit remplir se font jour, de même que les contraintes auxquelles il doit se plier. Reste alors à établir une hiérarchie entre toutes les fonctions (par un système de cotation), car elles n'ont pas nécessairement un poids identique pour concevoir une solution ;
- déterminer les critères de satisfaction du besoin : dans la situation la plus propice, ces critères sont mesurables (dimension, résistance, niveau sonore, etc.), mais ils peuvent être aussi qualitatifs (esthétique, confort, etc.), auquel cas, il faut préciser le mode de cotation permettant d'exprimer un jugement ;
- fixer les niveaux à atteindre pour répondre au besoin : pour chacun des critères précédents, valeur minimum ou maximum considérée comme donnant satisfaction ;
- préciser la flexibilité : certaines performances sont indispensables, d'autres sont négociables s'il apparaît en fin d'étude qu'un compromis doit être trouvé entre des exigences contradictoires ;
- formuler le cahier des charges fonctionnel : c'est le document qui récapitule la démarche précédente pour être communiqué aux fournisseurs potentiels (externes ou internes au projet), et dans lequel l'utilisateur de la prestation ou du produit doit reconnaître une description exacte de son besoin.

*Comprendre et analyser les besoins du projet*

L'analyse fonctionnelle permet d'améliorer nettement les résultats de certaines tâches d'un projet, sans pour autant allonger le délai de réalisation. En effet, le processus décrit ci-dessus peut se dérouler assez rapidement, pour peu que l'on possède un minimum d'entraînement et des outils adéquats. Le temps à y consacrer se récupère aisément par la suite, car l'exécution est nettement facilitée par l'existence d'un cahier des charges fonctionnel.

**Faire émerger les besoins réels**

En pratique, la seule vraie difficulté consiste à faire ressortir correctement le besoin, qui est généralement mal exprimé au départ :

– soit qu'on émette plutôt une demande, voire un désir, qui ne présente nullement le caractère objectif indispensable ;
– soit qu'on ait tendance à formuler directement une solution, court-circuitant ainsi toute la démarche, au lieu de poser le problème.

Il peut donc régner un certain flottement tant qu'on n'a pas réussi à définir le besoin d'une manière complète et objective. En revanche, une fois cette étape franchie, on peut assez facilement trouver les fonctions qui permettent d'obtenir satisfaction et les décrire méthodiquement en appliquant les démarches et les outils d'analyse de la valeur.

Dans un deuxième temps, la méthode la plus utilisée et la plus appropriée pour répartir les fonctions d'une façon structurée, afin que les relations, et leurs importances soient prises en compte, est le diagramme FAST (Function, Analysis, System, Technics), qui se traduit par l'arbre fonctionnel : c'est le chemin du pourquoi au comment.

Cette étape permettra d'ouvrir la phase de résolution qui débouchera avec les outils de la créativité à la proposition de plusieurs solutions possibles et par la suite d'aboutir à un choix qui tiendra compte du travail préliminaire de l'analyse fonctionnelle. L'évolution des solutions se fera par plusieurs techniques pour éliminer petit à petit les solutions jugées inefficaces ou peu contributives ; on peut citer :

- les techniques qualitatives d'évolution « DELPHI, GUT FEELING INDICE (GFI) » ;
- le critère « oui si » (yes if) avec les caractéristiques suivantes :
  - la faisabilité ;
  - la mise en œuvre pour un coût et un temps raisonnable ;
  - la contribution aux objectifs recherchés.
- la technique de « l'évaluation numérique de comparaison par paire » (numerical evaluation by paired parity comparison) ;
- la technique « du Rang et du Poids » (tank and rate) ;
- les techniques d'analyse de la valeur obligent à l'identification et la compréhension du problème. « Un problème correctement posé est à moitié résolu ». Cependant, il n'y a rien de plus difficile à planifier et à gérer. La création d'un nouveau système est toujours très difficile à manager, car l'initiateur déclenche l'hostilité de tous ceux qui tirent profit de l'existant et n'attire que peu d'adhésion chez ceux qui profiteront des nouveaux systèmes ; c'est le passage d'un équilibre instable avec référentiel vers un autre équilibre instable sans référentiel.

Il existe de nombreuses résistances au changement, en particulier si la ressource première est le personnel. Les techniques d'utilisation de l'analyse de la valeur sont des moyens très efficaces pour :

*L'analyse de la valeur favorise l'adhésion au projet*

- créer un environnement d'objectivité et réduire d'une façon non négligeable les résistances au changement ;
- définir les axes de simplification et de réduction en terme de ressources et de coûts ;
- conduire à des produits correspondants aux normes de qualité en satisfaisant au mieux les besoins des clients.

L'un des passages essentiels de la conception à la réalisation est marqué par cette étape décisive qu'est la planification des différentes activités ; celles-ci sont ordonnancées dans leur échelonnement temporel. La planification est un futur désiré entrevu à travers les moyens perçus pour y parvenir. Elle garde par le fait même un aspect normatif.

Avant de rappeler les mécanismes de la planification, il faut préciser que celle-ci ne se réduit pas à allouer à chaque tâche une plage de temps impérative, dans laquelle elle devra nécessairement s'inscrire lors de son exécution. En effet, on peut aboutir à ce résultat en sacrifiant la qualité du travail fourni, ce qui ne manque pas d'arriver lorsque les objectifs de délai deviennent prioritaires.

*Planifier c'est gérer du début à la fin tout projet*

La planification du projet, outre ses connexions stratégiques, est ordonnée à la programmation des différentes phases de l'action à mener ; c'est là pour l'anticipation d'actions complexes que des techniques de programmation telles que le PERT pourront s'avérer utiles. Cette technique d'ordonnancement et de contrôle permet à chacun des intervenants au sein d'un projet, de déterminer les délais prévus pour les tâches qui leur incombent. Une telle technique, la plus connue des méthodes d'organisation, est née aux États-Unis en 1954 lors de la réalisation du projet « Polaris » (construction de la fusée du même nom ; depuis, son utilisation et leur chronologie concourent toutes à la réalisation du projet).

Elle implique notamment :

– l'établissement d'une liste de tâches ;
– la détermination des tâches antérieures en ayant soin de préciser les tâches immédiatement antérieures ;
– la construction de graphes partiels ;
– le regroupement des graphes partiels ;
– la détermination des tâches de début et de fin de projet ;
– la construction du réseau PERT.

En réalité, planifier consiste :

– d'abord, à chercher les enchaînements les plus rationnels entre les tâches, de manière à transformer le scénario général en un véritable guide détaillé permettant d'harmoniser les interventions de tous les participants ;

- ensuite, à fixer une hiérarchie entre les tâches, en identifiant bien les travaux qui présentent un caractère critique pour la durée du projet, ainsi que les contraintes incontournables, et en évaluant les marges de manœuvre qui restent à chaque étape de la réalisation ;
- en dernier lieu, à estimer l'effort et le temps requis pour exécuter normalement chaque tâche, afin de lui affecter les moyens nécessaires à sa réussite et d'élaborer un calendrier de réalisation vraisemblable du projet.

Une fois cette trame constituée au départ, la planification se poursuit par une adaptation permanente aux événements plus ou moins surprenants qui viennent troubler l'ordonnancement ainsi prévu, l'objectif étant de manœuvrer en bon ordre pour conserver la maîtrise de l'opération sans s'obstiner à appliquer un schéma qui devient caduc à mesure que le projet se déroule.

Concrètement, le planning d'un projet se présente sous deux formes principales :

- un réseau d'ordonnancement qui figure par des flèches les enchaînements entre les tâches successives et permet de faire ressortir le « chemin critique » (trajet qui va conditionner le délai final), par rapport auquel on s'efforce de faire cadrer le projet avec ses contraintes de délai ;
- un tableau de charges, qui représente le temps d'occupation de chaque ressource (humaine ou matérielle) par une barre positionnée sur une échelle de temps, ce qui permet de prévoir la disponibilité de ces moyens au moment voulu.

Il est bien évident qu'il y a différentes manières de planifier un projet, dans la mesure où l'on peut jouer sur les ressources mises en œuvre pour modifier les délais et les coûts d'exécution. Aussi, la première expression du planning doit-elle être presque toujours remaniée par itérations successives, en calculant la durée et le coût de chaque version du projet, jusqu'à trouver le meilleur compromis entre ces deux critères.

*L'identification et l'ordonnancement des tâches est la base de la planification*

On constate alors que de tels calculs se révèlent très lourds et qu'on est tenu d'utiliser un ordinateur dès qu'on attaque un projet d'une certaine ampleur (à partir d'une cinquantaine de tâches en général). On trouve sur le marché de nombreux logiciels aptes à traiter ce problème mais, quels qu'en soient les perfectionnements, ils ne permettent pas d'éluder la difficulté de base de la planification, qui est d'identifier les dépendances entre les tâches et d'évaluer le travail qu'elles requièrent : c'est l'apport spécifique du gestionnaire, l'informatique permettant seulement de mettre au point rapidement les différentes versions possibles du planning, donc d'optimiser celui-ci puis de l'actualiser régulièrement selon les événements qui se produisent ensuite pendant l'exécution du projet.

*L'établissement du chemin critique permet un meilleur suivi du projet*

Ce travail étant réalisé, on détermine les temps : la durée des tâches, le chemin critique (le chemin dont la succession des tâches donne la plus longue durée d'exécution et fournit le délai d'achèvement le plus court), enfin les marges de liberté dans l'accomplissement des tâches.

Cette gestion est celle d'une mise en pratique du projet à travers la réalisation de toutes les étapes planifiées. La mise en pratique implique continuellement la gestion des écarts entre ce qui est projeté et ce qui est réalisé, les imprévus auxquels faire face, les obstacles à surmonter : la pratique garde son autonomie, tout en se laissant inspirer par la théorie du projet. Gérer les écarts consiste donc tout d'abord à reconnaître cette autonomie de la pratique, à tolérer que de nombreux impondérables viennent bouleverser un jeu trop bien réglé de prévisions.

Le problème n'est pas de réduire sans arrêt les écarts, auquel cas, le discours qui spécifie le projet se ferait tyrannique par rapport à sa mise en pratique. Le problème reste plutôt celui de définir des écarts tolérables. Et si les écarts deviennent trop importants, alors se pose la question, soit de réorienter la pratique pour la rendre plus cohérente avec la règle fixée par le projet, soit de changer le projet en l'infléchissant dans un sens plus réaliste, plus adapté aux circonstances de la situation, c'est-à-dire plus pertinent.

# 6. Conclusion

Se lancer dans une démarche d'innovation et de changement en utilisant le projet comme principe fondateur, c'est prendre en compte quelques principes sans lesquels il ne saurait y avoir de démarche par projet.

– L'unicité de l'idée à la réalisation, ce qui implique que l'approche ne peut être que globale. Cette exigence est attachée au but poursuivi et à la démarche mise en place pour atteindre ce but. On ne peut séparer l'un de l'autre.
– La gestion de la complexité et de l'incertitude.
Les environnements actuels au sein desquels s'inscrivent les projets sont complexes ; or la démarche par projet s'avère l'outil approprié pour gérer au mieux les résultats et rendre l'incertitude moins probable.
– Explorer les opportunités.
Le projet doit s'inscrire dans un environnement ouvert susceptible d'être exploré. Il implique un regard nouveau et innovateur. Le monde évolue vite ; il faut donc être très réactif. C'est aussi penser que tout projet est possible ; c'est une question d'imagination et de temps, et le temps est de plus en plus court, donc les projets les plus utopiques de plus en plus plausibles.

La méthodologie et les outils utilisés mettent en place les conditions de conduites innovantes et permettent d'envisager la réussite du projet.

**Méthodologie et outils garantissent le succès d'un projet**

# Partie 3
# Le management par projets

*« Il y a deux sortes de chef d'orchestre,
ceux qui ont la partition en tête
et ceux qui ont la tête dans la partition »*

TOSCANINI

# Introduction : mise en œuvre du management par projets

L'importance et la complexité des adaptations à réaliser dépendent initialement de l'ampleur du champ d'application envisagé, du délai envisagé pour effectuer la migration, du mode actuel de management de l'entreprise et du niveau de maîtrise en matière de management de projet.

Mais une fois la phase de migration terminée, importance et complexité dépendent surtout des situations et conditions dans lesquelles les entreprises sont conduites à développer les projets sur leur marché.

La mise en œuvre du management par projets nécessite la création progressive d'une « culture projet » à tous les niveaux de l'entreprise et la maîtrise des méthodes et outils de la direction et de la gestion de projet. La transition vers le management par projets suppose un certain niveau de maturité de l'entreprise dans la mise en œuvre des méthodes et outils de management de projet. Cette migration est planifiée, pertinemment jalonnée et sa progression régulièrement mesurée. Il s'agit d'un « **projet d'entreprise** » pour la conduite d'une évolution culturelle et organisationnelle, donc d'un projet dirigé par la direction elle-même. Un programme d'information et de sensibilisation de l'ensemble du personnel est un des volets majeurs de ce projet. Il comprend des réunions d'explication puis des modules spécifiques de formation de chacune des catégories concernées.

> La réussite du management par projets nécessite d'acquérir une culture projet

L'évolution du mode de management de l'entreprise peut entraîner une modification dans la répartition des autorités et des responsabilités. Il convient donc de tenir particulièrement compte de la perception et de l'impact de cette mise en œuvre sur les personnes et les structures. En particulier, dans le cas des entreprises évoluant dans un milieu non-concurrentiel et/ou dans lequel les modes de reconnaissance du mérite sont limités, cette mise en œuvre sera plus difficile et nécessite

© Éditions d'Organisation

dans tous les cas un état des lieux avant de se lancer dans une telle démarche.

## L'état des lieux

Il s'agit de comparer les modalités et dispositions de management et fonctionnement existant dans l'entreprise avec celles en vigueur dans l'entreprise. En fonction des résultats espérés, les écarts identifiés permettent à la direction :

– de confirmer ou non (ou sous quel délai et avec quelle progressivité) l'opportunité de faire évoluer l'organisme vers un management par projets ;
– de déterminer les principales actions à entreprendre à son niveau pour atteindre cet objectif.

Ce sont les données de départ du **projet d'entreprise**.

*Le management par projets nécessite une maturité managériale significative*

Dans les entreprises où le mode de management présente des écarts significatifs avec celui induit par la culture projet, il est nécessaire de s'interroger sur les conditions d'adhésion de l'encadrement à cette évolution, surtout dans ses aspects éloignés de la culture actuelle de l'entreprise.

Cette adhésion peut être plus ou moins rapide et coûteuse selon la perception qu'ont les acteurs de l'entreprise du caractère indispensable de cette démarche.

Suite à l'état des lieux et à la décision de la direction, la mise en place du management par projets est gérée en tant que **projet d'entreprise** dont le commanditaire et le porteur est la direction de l'entreprise.

Cette migration ne peut procéder que d'une décision de niveau stratégique provenant de la direction et résultant d'un bilan d'une part des enjeux et résultats attendus, d'autre part des contraintes prévisibles d'évolution.

© Éditions d'Organisation

L'appréciation de ces contraintes exige la réalisation d'un état des lieux des pratiques managériales et opérationnelles et son analyse par la direction.

Élaboration et planification du projet d'entreprise ; actions à entreprendre. Comme tout projet il nécessite :

- la constitution d'un comité de pilotage (orientation décision projets, des membres de la direction) ;
- la nomination d'un chef de projet (un membre de la direction au plus haut niveau) ;
- la constitution d'une équipe projet pluridisciplinaire ; s'agissant d'un projet organisationnel majeur, les fonctions essentielles de l'entreprise sont représentées au sein de l'équipe projet.

Les actions à mener peuvent être regroupées selon les thèmes suivants :

- informer et impliquer autant que besoin, les entités de l'entreprise dans le lancement du projet de migration vers le management par projets ; mettre en place un plan spécifique de communication ;
- vérifier l'atteinte du niveau minimum requis en management de projet et mettre en place si besoin est un plan d'action pour l'atteindre ;
- mettre en place une fonction support qui aura à terme comme fonction de gérer le portefeuille de projet et organiser le soutien en management de projet ;
- définir et déployer les modalités de direction et de gestion de chaque projet (application à chaque projet des principes, méthodes et outils du management de projet, en général personnalisés à l'entreprise) ;
- développer la culture projet dans toutes les entités de l'entreprise, par une information sur les comportements attendus et une reconnaissance des compétences spécifiques et des mérites ;
- adapter le management des ressources humaines pour mieux valoriser les compétences projet ;

*Le management par projets est un changement à mener en conduite de projet*

- déterminer les critères d'identification et de sélection et les modalités d'arbitrage et de décision par la direction des projets à lancer ;
- mettre en place le système d'information pour qu'il soit capable de fournir les données et connaissances nécessaires à la valorisation des critères de décisions, à la gestion du portefeuille ; en particulier à partir de la capitalisation des données, expériences et connaissances recueillies sur chaque projet ;
- définir les modalités de macro-planification des projets ;
- définir les modalités d'attribution initiale et d'arbitrage en cours de projet des ressources (humaines, financières et matérielles) ;
- déterminer les modalités de suivi et de décision sur les projets (recueil et capitalisation des expériences acquises, gestion des transferts de données aux interfaces internes et externes, mesures des résultats, gestion des modifications, arrêt, report).

Comme pour tout projet, il convient de prévoir un budget spécifique pour cette phase de migration, des ressources, une planification et des indicateurs d'avancement.

## Les risques de mise en œuvre

*Dans un projet les risques doivent être évalués*

L'importance de ce risque dépend de nombreux paramètres, en particulier :

- de l'importance de l'évolution culturelle à gérer ;
- du caractère indispensable ou non de cette évolution (importance de la pression de l'environnement) ;
- de l'existence de critères de choix simples pour déterminer les projets à traiter et leur priorité (cette existence est fonction du type des projets et du contexte de l'organisme).

On peut toutefois mettre en évidence quelques risques essentiels qu'il convient de pondérer pour chaque entreprise :
- l'insuffisance du soutien de la direction pendant la durée du projet ;
- choix non pertinent des compétences de l'équipe affectée au projet, en particulier de ceux destinés à la structure « portefeuille de projet » ;
- erreur d'appréciation de l'écart entre la culture actuelle de l'entreprise et la culture cible ;
- insuffisance des moyens mis en œuvre pour l'appropriation de cette nouvelle organisation par les parties intéressées (formation, communication, présence sur le terrain de la direction…) ;
- démotivation du personnel de la structure dédiée à cause de l'absence de résultat rapide ;
- perte d'expertise suite à la démission de personnel impliqué dans les projets ;
- perte de maîtrise du déroulement des projets en cours, ni à l'intérieur, ni à l'extérieur du système.

## Les risques en situation opérationnelle

Il s'agit des risques susceptibles d'être rencontrés une fois le management par projets mis en place.

- Gestion du portefeuille de projets (arbitrage, contrôle, capitalisation, …).
- Définition des critères de hiérarchisation des projets.
- Référentiel management par projets incomplet ou inadapté.
- Structure dédiée ne disposant pas des compétences requises pour se comporter en véritable centre de ressources pour les projets.

*Les risques encourus sont ceux observés dans les projets stratégiques*

– Insuffisance de formation des acteurs en management de projet, en particulier :
  • sur la maîtrise de l'information : diffusion, capitalisation ;
  • sur les méthodes de direction des projets (processus de choix dans le cadre d'un projet, animation d'équipe, coordination avec les autres secteurs impliqués…).
– Disponibilité des ressources aussi impliquées dans les activités récurrentes.

Chapitre 1

# Le management au quotidien

## 1. Introduction

Dans le monde de l'entreprise comme ailleurs, les capacités de management s'expriment de façon visible et spectaculaire, dans les situations « courtes », à fort enjeu : cessions, acquisitions, restructurations. Ce sont là des actes de direction, à vocation globale. Très peu nombreux, ils valent par la puissance de leur impact, par leur tranchant. Ils frappent l'esprit et sont lourdement porteurs de sens. Mais on a de plus en plus conscience que le management d'un organisme se joue à tous les niveaux, à tous les instants, de toutes les places : dans les étages inférieurs ou bien en marge, chacun à son poste interprète, décide, agit. Les batailles d'antan, c'était bien les « sous-off's » et les hommes de troupe qui en dessinaient le cours.

Moins visibles, ces actes sont de loin les plus fréquents, ils emplissent le quotidien. Ils touchent directement un nombre considérable de partenaires. Par leur nombre, leur répétition, leur « surface de connexion » à des tiers-clients, usagers, fournisseurs – ils sont porteurs du fonds de production signifiante que l'entreprise destine à ses interlocuteurs. À coup sûr, ces actes quotidiens du management expriment la capacité de l'entreprise à maîtriser son devenir.

À coup sûr encore, leur ampleur, leur densité, leur volume sont fonction de la puissance de la foi de vivre que l'organisme est capable d'inspirer à ses acteurs. Les techniques de mobilisation ont pour objet d'accroître cette ampleur. Mais la pertinence de ces actes dépend de la « pensée-organisation » : social sont déterminantes et conditionnent la capacité même de cette puissance à exister. En fait, le « potentiel de lisibilité » de l'entreprise, de ses lois internes comme de son mode d'action sur son environnement, mesure assez bien son « potentiel managérial », à charge pour elle de mettre en évidence et de faire partager sa « pensée-organisation ». On voit de ces entreprises à la stratégie opaque, aux règles de comportement mal définies, hésiter sur leur marche, aller faiblement au contact : manque de lisibilité. Peu aspiré, peu inspiré, le corps social se gaspille en efforts contradictoires.

**Lire et comprendre le potentiel managérial de l'entreprise**

On pallie aujourd'hui des situations de déficience par des techniques dites de « projet d'entreprise ». Techniques utiles, efficaces, mais souvent limitées et parfois éphémères : l'idéal encore une fois est que l'organisme se mette en position d'exprimer et de faire partager ses racines profondes. Il offre ainsi une grille de lecture de l'univers – de son univers – qui crée l'intelligence collective.

« Pour posséder les choses, il faut les nommer ». Tel est bien le constat simple, utilitaire, communément posé et qui règle notre rapport à l'univers en matière de sens et d'intelligibilité. Le bon contrôle d'un domaine donné passe toujours par la médiation des signes, et notre capacité à comprendre correctement ce domaine, donc à agir, réside dans la maîtrise des lois de structure qui lient ces signes entre eux.

Alors, comment appréhender cette « pensée-organisation » au contenu plutôt abstrait ? Le problème consiste à lire, à

© Éditions d'Organisation

savoir lire, tous ces liens tissés entre l'entreprise et ses acteurs : personnel, clients, fournisseurs, actionnaires, concurrents, partenaires, État… bref, tous ceux, personnes ou groupes, qui interagissent avec elle, et de ce fait la fondent. Chacun de ces liens a une logique, des lignes de force, des modes d'expression qu'il faut savoir identifier, reconnaître et qui sous-tendent leur régularité, leur saveur, leur substance foncière.

La consolidation de ces logiques de fond, leur structure, forment par construction le substrat de la « pensée-organisation » : il ne s'agit pas d'un mot d'ordre mais d'un raccourci d'univers ; pas d'une devise ni même d'un principe, mais d'un texte générateur, d'un récit original.

Les techniques de projet d'entreprise, encore une fois, approchent un tel mécanisme et tentent soit de s'appuyer sur une de ses facettes, soit de le faire bouger, en général les deux : ce sont plutôt des techniques de déplacement, de modification de la « pensée-organisation », texte fondateur, non écrit mais « palabré » quotidiennement par ce que l'entreprise raconte d'elle-même, avec ses signes, avec ses expressions.

**La pensée-organisation est le reflet des signes de l'entreprise**

L'entreprise, comme tout organisme doué de finalité, est grande productrice de signes. Saurait-il d'ailleurs y avoir production de signes sans une forme d'entreprise ? Elle produit bien entendu de ces signes évidents, trop évidents, disciplinés, mûris, volontaires, qui sont en quelque sorte sa parole réfléchie. Signes véhiculés par les actions de communication (logo, publicité, plaquettes, sponsoring), signes liés aux choix architecturaux (siège social, bureaux, choix d'implantation…) ou signes organisationnels (procédures, grades, fonctions…).

En fait, tout ce qui procède des liens que l'entreprise noue avec ses différents acteurs est justiciable d'une production raisonnée, volontaire de signes. Il suffit que ces liens soient identifiés, choisis, gérés comme tels. Une entreprise qui se connaît bien et se contrôle bien, maîtrise ces différents liens, ainsi qu'un bon danseur a la parfaite maîtrise de chacun de ses muscles.

Cette entreprise qui a conscience d'elle-même et qui en joue en produisant ces signes médiateurs de façon délibérée, forme un projet vers ceux qu'elle vise. Cette entreprise-là, convolution des différents projets formés, nous l'appellerons « entreprise-projet ».

L'entreprise-projet n'est pas toute l'entreprise, loin s'en faut. C'est la partie volontaire, prospective, dévoreuse d'espace. Sa production raisonnée, d'ailleurs, peut être centrale : c'est souvent le cas des actions de communication dite « corporatif » ; mais elle est le plus souvent locale : là où le management s'exerce le plus fréquemment. Et il peut y avoir cohérence ou dissonance entre ces flux de production. On voit ainsi des administrations centrales de grands ministères prôner des expériences de rénovation du management public, et produire concurremment des règlements contraignants qui iront à l'encontre de ces tentatives, dans les faits et dans l'effet d'annonce. Ces dissonances traduisent un déficit de partage et d'expression de la « pensée-organisation ».

**Le changement c'est de passer de l'entreprise-cité à l'entreprise-projet**

Gérer le changement, c'est gérer cet écart et la déformation de l'entreprise-cité, tirée, bousculée, happée par l'entreprise-projet. Écart, et parfois grand écart : il y a beaucoup d'exemples retentissants d'échecs de ces projets claironnants, de ces impossibles défis.

Discours de l'entreprise-cité, discours de l'entreprise-projet : le champ des aventures sémantiques de l'entreprise est délimité par ce cadre.

Trois grandes questions demeurent, qu'une entreprise ne saurait éluder sans aller vers de sérieuses difficultés :

– comment mettre vigoureusement en évidence la « pensée-organisation » de l'entreprise ? Elle doit régir le rapport aux autres, au monde, mais aussi à soi. Plus elle sera générale, riche, plus sa maille sera fine, mais en même temps plus ses lignes de force seront visibles, et plus pertinente sera la grille de lecture offerte au management quotidien pour maîtriser le monde ;

© Éditions d'Organisation

*Le management par projets*

– comment créer un langage commun entre les différents acteurs du management qui permette les échanges, la compréhension et la coopération dans le traitement des situations concrètes, et qui soit le langage du management, donc l'outil, de la « pensée-organisation » en action ?
– comment modifier (en prenant appui sur l'entreprise-projet) l'architecture et le contenu de la « pensée-organisation », sujet réservé du management central, avec les quelques actes lourds qui dépassent les capacités automanagériales ?

Au-delà de la mise en œuvre de techniques de motivation, de techniques de projet d'entreprise, de techniques de communication globale, c'est l'extension du potentiel managérial qui est en jeu. Voilà probablement un nouveau champ d'action du management social des entreprises, et son défi : la maîtrise partagée des signes et du sens – le défi de l'intelligence.

## 2. Relation manager-entreprise

À l'origine de la création, du développement, du succès ou de l'échec d'un projet, nous trouvons des actions humaines. Ce sont elles qui vont déterminer ces résultats. Certes, les aspects techniques et économiques vont jouer un rôle important, mais c'est parce qu'une personne (ou un groupe) pourra ou ne pourra pas saisir les opportunités, prendre des risques, que se jouera la prospérité d'une affaire.

<small>Le succès d'un projet dépend des hommes et non de la technique</small>

C'est dans le mécanisme profond et subtil de la personnalité que se trouvent les clés d'explication, de décodage d'une réussite ou d'un échec.

Il est aussi important pour un responsable d'être initié à la connaissance de l'être humain qu'aux connaissances financières organisationnelles et commerciales.

Dans les années à venir, les entreprises qui réussiront seront celles qui, en plus de leurs performances techniques, seront capables de faire surgir une dynamique humaine porteuse de prospérité.

Une façon de définir le projet à partir de sa dimension humaine est de le considérer comme un moyen de transformer un rêve en réalité. Un projet commence par un pari, un défi, une provocation. Ensuite, il se fait parce qu'une personne ou un groupe sont capables de communiquer leur projet à leur entourage et enfin parce qu'il va être réalisé concrètement.

**Un projet c'est passer du rêve à la réalité**

La correspondance entre le fonctionnement d'un projet et l'être humain est telle que nous avons pu constater dans le projet une corrélation entre celui-ci et le fonctionnement énergétique de son responsable, à tel point que pour un symptôme donné dans le projet, il est possible de trouver le symptôme équivalent chez le responsable. Si, par exemple, un projet rencontre des problèmes de motivation, de découragement, de communication, nous aurons un responsable qui ne sera pas à l'aise sur le plan du contact.

Il ne s'agit pas d'établir une relation de cause à effet, l'un n'est pas responsable de l'autre, mais de bien considérer qu'il s'agit d'une corrélation entre les deux, d'un phénomène de résonance. Celui-ci va s'amplifier si le responsable a tendance à prendre des collaborateurs présentant les mêmes tendances que lui, ou va diminuer s'il sait s'entourer de collaborateurs différents dans leur nature et leur caractère.

Une bonne équipe de projet est celle qui groupe des personnes se complétant dans leurs particularités et les différents aspects spécifiques d'un projet.

**Un projet c'est associer des compétences et non des fonctions**

Il s'agit à ce propos de renverser le système habituel qui consiste à créer une fonction puis à chercher qui va pouvoir au mieux la remplir. Il est bien rare qu'entre une fonction et une personne il existe une adéquation parfaite. Bien souvent, le cadre va se sentir obligé de jouer le rôle qu'on attend de lui dans ce poste et dépenser une énergie importante à répondre à cette attente ; à force de se couler dans des moules, l'énergie d'expression de soi se détériore.

© Éditions d'Organisation

Le jour où l'entreprise renverse cette démarche et part d'abord de la réalité vivante de son personnel et de son potentiel, et à partir de ce diagnostic va « adapter les fonctions aux individus », alors elle devient beaucoup plus vivante.

Mettre des personnes dans des organigrammes prédéterminés, c'est vouloir intégrer une matière vivante dans une structure intellectuelle. C'est une réduction, une amputation de l'être vivant qui mène à la bureaucratie.

À l'inverse, commencer à adapter une structure aux personnalités de l'entreprise, c'est se donner plus de chances que celle-ci devienne un organisme vivant.

Le mode de management doit être au plus près de la personnalité spontanée. Être le créateur de son style de direction est le seul moyen de susciter un esprit d'innovation autour de soi.

**La réussite passe par l'adaptation des structures aux personnes**

### 2.1. L'implication de nombreux intervenants d'origines diverses

L'une des différences les plus importantes entre une unité organisationnelle traditionnelle (département, service, division…) et un projet est certes l'origine des intervenants. On retrouve en effet très souvent parmi les intervenants d'un projet des personnes provenant de plusieurs unités d'une même organisation ou d'organisations différentes. Dans plusieurs projets les intervenants sont de disciplines professionnelles ou de spécialités variées, de nationalités et de cultures diverses. Cette caractéristique des projets entraîne deux conséquences très importantes :

– On retrouve beaucoup moins facilement dans un projet une communauté d'intérêts, d'orientations et d'objectifs parmi les intervenants ;

– La personne responsable d'un projet a généralement beaucoup moins d'autorité sur ses ressources que le dirigeant d'une unité traditionnelle.

**Un contexte d'incertitude**

En raison de toutes les caractéristiques précédentes, tout projet est par définition soumis à un contexte d'incertitude qui le transforme en une aventure risquée : c'est cette caractéristique qui, à la fois nous inquiète et nous attire.

Tous les projets ne sont évidemment pas soumis au même degré d'incertitude. Celui-ci varie en fonction :

– de la taille du projet ;
– de la nouveauté du projet, de la technologie utilisée ;
– de la rigueur des contraintes de performance, de qualité, de temps et de coûts ;
– de la complexité et de l'imprévisibilité de l'environnement ;
– du nombre de la diversité des ressources.

## 2.2. Qu'est-ce que la gestion de projet ?

*Savoir gérer un projet montre son professionnalisme*

La gestion de projet est aujourd'hui devenue un domaine professionnel et scientifique à part entière et distinct de la gestion traditionnelle. Ce nouveau mode de pensée est fondé sur deux hypothèses :

– la gestion d'un projet est différente de la gestion d'activités continues en raison des caractéristiques particulières des projets ;
– la même approche générale peut être utilisée pour tout projet, quel que soit le domaine d'application.

Le développement de cette nouvelle forme de pensée est étroitement associé à la naissance en 1969 du « Project Management Institute » (PMI), association internationale regroupant les professionnels et académiciens qui œuvrent dans le domaine de la gestion de projet.

*Le management par projets*

Selon le PMI, la gestion de projet se définit comme étant :

« L'art de diriger et de coordonner les ressources humaines et matérielles tout au long du cycle de vie d'un projet en utilisant des techniques de gestion modernes et appropriées pour atteindre des objectifs prédéterminés :

– d'envergure du produit ou service ;
– de coûts ;
– de délais ;
– de qualité ;
– de satisfaction du client et des participants ».

C'est le degré d'atteinte de ces objectifs qui détermine le degré de succès de tout projet.

## 2.3. Évolution de la gestion de projet hier et aujourd'hui

Si le domaine de la gestion de projet n'a vraiment pris son essor comme discipline distincte qu'au cours des vingt-cinq dernières années en Amérique du nord et une dizaine d'années en France, il n'en demeure pas moins que des projets, même de taille considérable, ont été réalisés depuis des temps immémoriaux et que ces projets ont dû être gérés.

Prenons par exemple la pyramide de Chéops construite en Égypte plus de deux mille ans avant notre ère. Cette merveille possède toutes les caractéristiques d'un projet actuel :

– hauteur de 138 mètres ;
– base de 227 mètres de côté ;
– 2 millions de blocs de pierre de plusieurs tonnes ;
– durée de 20 ans ;
– impliquant 40 000 personnes pour la construction et plus de 100 000 pour la carrière et le transport.

On peut facilement imaginer l'énormité des problèmes de logistique sur un chantier d'une telle envergure et la rigueur de la gestion de la qualité pour produire une telle merveille.

*Dans le temps, comme Monsieur Jourdain, on gérait des projets sans le savoir*

© Éditions d'Organisation

Le gérant de ce projet ne pouvait compter sur les techniques et outils disponibles aujourd'hui, mais en revanche, il n'était pas soumis aux même contraintes.

- Son environnement était stable et peu générateur d'incertitude.
- Comme la construction d'une pyramide débutait à la naissance du pharaon dont elle devait éventuellement abriter la dépouille, les délais ne représentaient pas une contrainte critique.
- Les ressources étaient quasi-illimitées ; ainsi la main-d'œuvre était en majeure partie constituée d'esclaves ce qui assurait sa quantité et sa docilité, et le client contrôlait toutes les matières premières requises.

**Aujourd'hui gérer un projet demande compétences et exigences**

Le contexte des projets d'aujourd'hui est certes plus exigeant à plusieurs égards :

- en raison des conditions économiques, les objectifs de délais et de coûts sont devenus très critiques dans la plupart des cas ;
- la spécialisation et la complexité des technologies ont entraîné l'apparition d'une multitude de nouveaux intervenants et de nouvelles disciplines que le gestionnaire de projet doit réussir à coordonner de façon efficace sans souvent lui-même posséder les connaissances techniques requises ;
- les réglementations de toute nature (environnement, travail…) se font de plus en plus envahissantes ;
- le gestionnaire de projet n'a très souvent aucune autorité légale sur les ressources qui interviennent dans le projet ;
- l'environnement est de plus en plus instable et source d'incertitude ;
- les valeurs de la société moderne entraînent la formation de groupes de mieux en mieux organisés qui opposent de plus en plus leurs droits et privilèges aux intérêts des projets ;
- les clients sont de plus en plus avertis et exigeants.

Il va donc de soi que la tâche du gestionnaire de projet d'aujourd'hui est beaucoup plus complexe et exigeante que celle de son collègue de jadis. En conséquence, la réussite des projets d'aujourd'hui dépend dans une large mesure du développement accéléré de techniques et outils pour maîtriser cette nouvelle complexité : c'est le domaine de la gestion de projet.

Il est de nouveau évident que ces approches procèdent de la philosophie gestion de projet et supposent l'application de ses principes.

> Il est nécessaire d'avoir des outils performants pour gérer des projets

### 2.4. La gestion de projet : une véritable philosophie de gestion

L'évolution de la gestion de projet démontre sans équivoque qu'elle a largement dépassé le stade des techniques et outils pour devenir une véritable philosophie de management particulièrement bien adaptée au contexte des organisations actuelles et futures et qu'elle se démarque nettement de la philosophie de management dite « traditionnelle ».

Cette nouvelle philosophie de management est constituée de trois éléments essentiels et interdépendants :

– une culture particulière ;
– un mode d'organisation particulier ;
– un ensemble de techniques et d'outils pour gérer de façon efficiente et efficace le cycle de vie des projets.

## • UNE CULTURE PARTICULIÈRE

La culture est un ensemble de valeurs qui orientent les attitudes et comportements des personnes qui les partagent. Les principales valeurs de la culture gestion de projet sont les suivantes :

- Approche client
- Priorité : besoins du projet
- Accent sur la tâche et les résultats
- Ouverture sur l'environnement
- Initiative, capacité de prendre des risques
- Responsabilisation ; imputabilité
- Rigueur : autodiscipline
- Capacité d'exiger et de rendre des comptes
- Esprit d'équipe, de collaboration
- Tolérance pour l'ambiguïté, pour le stress

C'est donc une culture très exigeante à laquelle tous n'ont pas le désir ou le courage d'adhérer mais qui peut s'avérer plus stimulante pour ceux ou celles qui la partagent.

## • UN MODE D'ORGANISATION PARTICULIER

Les principes organisateurs de la gestion de projet sont tout à fait à l'opposé de ceux qui sous-tendent les organisations hiérarchisées, compartimentées, à caractère bureaucratique.

Un mode d'organisation de la gestion de projet suppose la présence des éléments suivants :

- Un rôle intégrateur : le gestionnaire de projet
- Une équipe de projet multidisciplinaire, multi-départementale
- Une structure aplatie, organique, mouvante
- Un mode de fonctionnement souple
- Des relations latérales (plutôt que verticales)
- Des mécanismes pour gérer efficacement les interfaces internes et externes
- La décentralisation au niveau de l'action
- Des systèmes et procédures adaptés aux besoins du projet

Il est évident qu'un tel mode d'organisation est essentiellement axé sur l'atteinte des objectifs du projet et qu'il ne peut être utilisé efficacement sans la présence d'une forte culture de la gestion de projet chez l'ensemble des intervenants impliqués.

• UN ENSEMBLE DE TECHNIQUES ET D'OUTILS

Comme nous l'avons vu précédemment, la gestion de projet s'est dotée, au cours des années, d'un ensemble de techniques et d'outils spécialisés pour gérer de façon plus efficace le cycle de vie des projets.

Le modèle général dans lequel s'inscrit cet ensemble peut être représenté de la façon suivante :

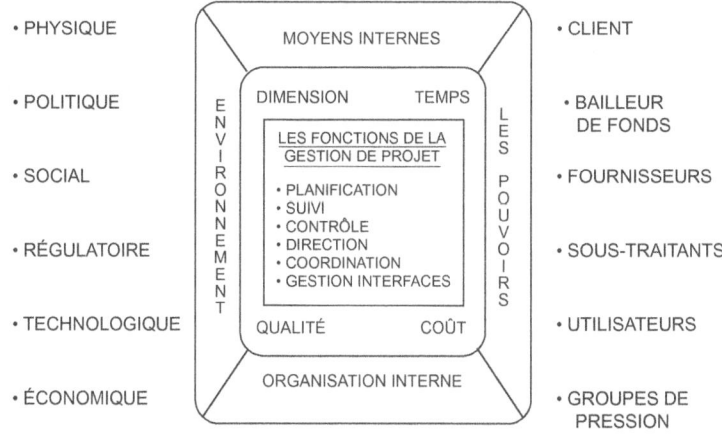

Le cœur du modèle est en grande partie constitué de cinq fonctions traditionnelles du management, mais l'objet sur lequel elles portent est très spécifique, soit les quatre grands paramètres de tout projet :

TAILLE – TEMPS – COÛTS – QUALITÉ

De plus, comme le propre d'un projet est d'être fortement influencé par son environnement externe et interne (organisationnel) et que l'approche Gestion de projet prescrit la décomposition du contenu du projet en éléments de plus en plus simples, une fonction de management additionnelle, la Gestion des Interfaces, s'ajoute aux cinq premières. Cette fonction a une telle importance pour le succès des projets que plusieurs la considèrent comme l'élément principal de la gestion de projet.

Le Project Management Institute a structuré le corpus de connaissance en gestion de projet de la façon suivante :

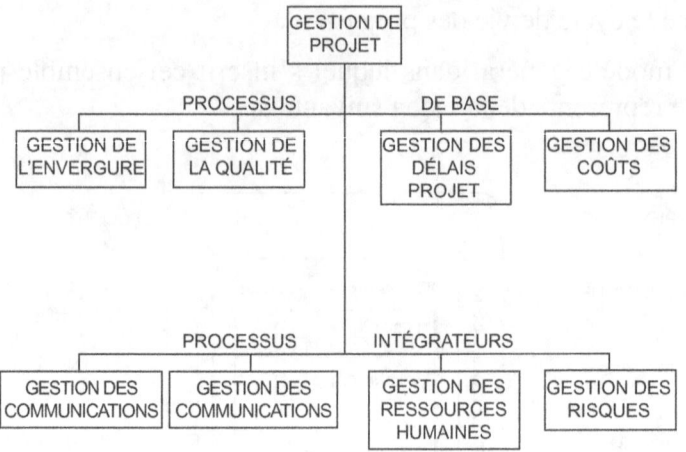

La gestion de projet consiste donc à gérer ces huit processus tout au long du cycle de vie des projets. Chacun de ces processus possède ses propres techniques et outils qu'il est nécessaire de maîtriser pour assurer le succès des projets. Il est toutefois évident que la pertinence de certaines techniques et outils est fonction de la nature et de la taille du projet : un projet d'organisation d'un colloque ne requiert pas des techniques aussi complexes que la construction d'une centrale nucléaire.

Quelle que soit la nature ou la taille d'un projet, l'utilisation de techniques et d'outils appropriés ne constitue pas une condition suffisante pour assurer le succès du produit ; il faut encore un mode d'organisation et une culture appropriés.

## 2.5. Gestion de projet – Gestion traditionnelle

La gestion de projet emprunte certes quelques concepts à la gestion traditionnelle mais elle s'en distingue fortement en raison des exigences posées par les caractéristiques particulières des projets.

Or, bien souvent, les responsables tentent d'imiter le style d'un dirigeant qui a réussi et qui a frappé l'encadrement par sa personnalité, son charisme et son dynamisme. Face à cette image, les cadres vont se couler dans l'ombre et disparaître, ou bien ils vont tenter de ressembler au maître.

Parce que la formation des ingénieurs, cadres, dirigeants, est au départ une formation essentiellement de type rationnel, ceux-ci abordent les aspects humains du management avec la même logique et, découvrant que les personnes ne fonctionnent pas selon ce système, ils se sentent un peu perdus.

Si, face à des problèmes techniques, la rationalité est indispensable pour avancer, en ce qui concerne la communication, les relations humaines, c'est l'irrationnel, l'instinctif et l'affectif qui priment. C'est à partir de ce vécu profond que les individus vont se prononcer, s'engager, se motiver et ils rationaliseront dans un deuxième temps pour justifier leur choix.

Dans un système rationnel, logique, à un problème donné, il existe une solution précise. Celle-ci est même contenue en puissance dans l'énoncé du problème.

**Dans un projet il faut gérer le rationnel et l'irrationnel**

Dans la réalité de tous les jours, il n'y a pas une solution mais plusieurs, chacune avec son intérêt et un raisonnement logique pour la justifier. Ce qui fera la différence entre une bonne ou une mauvaise décision, ce sera l'énergie mise en jeu, l'engagement affectif et instinctif. Ainsi, prendre une bonne décision c'est bien sûr raisonner mais aussi sentir, être à l'écoute de ce que le corps manifeste face à ce choix. Et si, entre le corps, le cœur et la raison il y a accord, alors il existe plus de chance de voir ce choix se concrétiser avec succès.

© Éditions d'Organisation

Car la réalité de la nature ne préexiste pas, elle se construit à travers nos orientations et nos engagements.

## 3. Le groupe projet

### Pourquoi parle-t-on de culture projet ?

Alors que dans les structures bureaucratiques, la culture intègre un fonctionnement centralisé voire cloisonné entre les services, la culture projet privilégie le travail en groupes temporaires, transversaux et inter-hiérarchiques. On attendra alors que les salariés adoptent des comportements propices au travail en équipe pour se lancer dans une telle démarche. Les attitudes et les valeurs sous-jacentes tels que l'écoute et le dialogue constitueront des piliers de cette nouvelle culture.

Ces projets identifiés au niveau de l'entreprise peuvent être privilégiés prioritairement aux objectifs des services. Ainsi, nous pouvons définir le management par projets comme consistant à confier la responsabilité de conduite et de gestion de projet à un directeur ou chef de projet. Celui-ci est responsable de la tenue des objectifs (performances, coûts, délais, qualité) et est très souvent entouré d'une équipe mufti-fonctionnelle.

*Le management par projets, une autre façon de penser dans l'entreprise*

Nous constatons que le terme d'organisation par projets se décline de la gestion de projet au management par projets en passant par le management de projet. La technique est incluse dans la gestion qui elle-même se trouve intégrée par le management de projet, lequel est coiffé, si besoin est, par le management par projets.

Nous nous inscrivons dans ce cadre du management par projets intégrant la notion d'équipe pluridisciplinaire.

**L'équipe projet.**

L'équipe peut se définir comme :

« L'ensemble des individus qui contribuent de façon significative à la réussite du projet par l'un ou plusieurs des facteurs suivants :

– leur expertise technique ou de spécialiste ;
– leur parrainage, leur soutien politique ou leur engagement ;
– leurs attentes et leur intérêt dans son aboutissement ».

Il semble donc important de rechercher toutes les personnes dont l'énergie et le dévouement sont nécessaires à la réussite du projet.

Tous ceux qui ont une contribution significative à apporter au succès du projet devraient être considérés, « comme faisant partie de l'équipe, car ils sont les parties prenantes desquelles dépend une réussite durable ».

Il apparaît qu'il faille considérer le terme de contribution dans un sens plus large que d'habitude. En effet, on ne contribue pas uniquement par ses compétences spécifiques ou par son expertise mais aussi en manifestant son soutien et en exprimant clairement ses attentes. Il conviendra alors de déterminer les différents apports nécessaires et leur impact afin de concevoir les moyens de mobiliser toutes ces contributions vers le même objectif. Il est possible d'identifier ainsi, trois grands groupes de contributeurs :

- les parties prenantes internes comprenant le chef de projet, le noyau de collaborateurs, le sponsor et les autres membres tels que des prestataires de services faisant partie du projet ;
- les parties prenantes clientes ;
- les parties prenantes extérieures comprenant les fournisseurs, les conseillers ou encore les administrations. »

*L'équipe projet c'est l'association d'experts pluridisciplinaires*

Nous entendons par « équipe-projet », le noyau de collaborateurs ou encore appelé « l'équipe visible ». Il s'agit de collaborateurs réguliers à temps plein ou partiel et sont perçus généralement par les autres comme officiellement associés au projet.

Dans cette optique, les intervenants sur le projet appartenant à l'équipe visible viennent des structures permanentes de l'entreprise, c'est-à-dire des structures métiers. Ces nouvelles relations spécifiques établies entre ces acteurs ne durent que le temps du projet, c'est ce qui nous amène à parler de structure non permanente du projet. Non permanente, car elle dure pour autant que le projet dure, la vocation du projet étant par ailleurs de disparaître puisque son intérêt immédiat réside dans le produit du projet.

> Il n'y a pas de lien hiérarchique dans une équipe projet

Ainsi l'équipe-projet hérite de personnes qui ont entre elles un certain nombre de liens hiérarchiques ou non et qui ne sont par forcément significatifs dans la structure projet.

**L'ingénierie concourante.**

L'entreprise en quête de croissance ou de survie dans l'industrie mondiale actuelle devrait exceller dans deux domaines apparemment contradictoires.

D'abord, elle devrait constamment développer et renforcer ses domaines d'expertise afin de se donner les capacités nécessaires pour devancer la meute des concurrents. Ensuite, si elle veut survivre dans un environnement concurrentiel extrêmement changeant, elle devra faire en sorte que ses différentes disciplines collaborent constamment.

L'entreprise Kodak illustre le bien-fondé de la collaboration de ses fonctions pour créer un produit gagnant. Le projet de création d'un appareil photo jetable avait été confié initialement à la division des pellicules. Le projet s'enlisa des mois durant car le produit ne rapporterait qu'une petite marge et cannibaliserait la vente de pellicules à plus forte marge.

La division des appareils photos, après avoir récupéré le projet, s'engagea à fixer un prix dont la marge serait au moins égale à celle réalisée sur la vente de pellicules. Mais pour simplifier les prises de décisions, concevoir rapidement et efficacement le produit, et s'assurer que sa conception faciliterait le processus de fabrication, l'équipe de cette division décida de prendre plusieurs mesures.

© Éditions d'Organisation

Elle plaça la conception et la fabrication (normalement des groupes fonctionnels séparés chez Kodak) sous la direction d'un même chef de projet, et elle rassembla dans le même espace de travail une petite équipe d'employés des services d'ingénierie, de la fabrication et du marketing.

Aujourd'hui, la mise en œuvre de savoirs techniques s'opérerait donc dans le cadre des processus concourants. Pour atteindre finalement un bon niveau d'optimisation et de cohérence du produit, les métiers du développement n'interviennent non pas séquentiellement mais ensemble tout au long du projet. À tout moment, le projet est vu selon tous ses aspects, mais avec un degré de précision croissant avec l'avancement.

Dans la logique séquentielle, chaque métier ajoute sa contribution à celle de ses prédécesseurs, puis fait passer le projet à celui qui le suit dans une chaîne qui va du cahier des charges marketing à la commercialisation. L'histoire de la Twingo a montré combien la logique de l'innovation était différente de ce modèle bien ordonné. Cette démarche, appelée « concurrent engineering » par les américains, a été traduite par « concourance » par les milieux professionnels français. Plusieurs termes sont en usage aujourd'hui comme ingénierie « simultanée » ou « parallèle ». Nous avons retenu le terme de concourance, car il met plus que les autres l'accent sur la raison même de mobiliser toutes les expertises tout au long du projet : ils sont ensemble pour concourir à l'objectif commun.

**Chaque métier dans un groupe projet est le garant de la réussite**

### La dualité métier-projet.

L'analyse du fonctionnement de ces processus fait apparaître quatre types de difficulté par rapport à ce que serait un développement concourant idéal. Le premier dysfonctionnement typique est l'absence de représentant d'un métier dans les groupes transversaux. La stratégie métier ne peut ou ne souhaite pas déléguer des représentants. La négociation créatrice du projet ne peut alors pas se dérouler de manière satisfaisante.

La nécessité d'avoir une vision globale sur les sous-ensembles abordés par le projet implique souvent les chefs de service comme représentants potentiels. Leur charge et responsabilité en tant que chef de service ne leur permet pas de dédier un temps plein à l'activité projet. Une seconde raison peut être trouvée dans le découpage de l'organisation. L'organisation du projet en terme de découpage par sous-ensemble ne se calque pas toujours sur celui des organisations par fonction. Il devient alors difficile de déléguer un représentant métier alors qu'on a identifié plusieurs personnes nécessaires pour en assumer le rôle totalement.

> **La difficulté est de faire travailler ensemble des personnes de métiers différents**

Le second problème repéré dans la collaboration inter-métier est le silence de certains acteurs dans le dispositif concourant : il y a bien un représentant du métier mais il n'exprime pas son point de vue. On ne peut alors rechercher le compromis optimal entre les différentes contraintes, car certaines d'entre elles ne sont pas explicitées. Les problèmes n'apparaîtront qu'en aval et seront au mieux traités à chaud : la concourance n'a pas fonctionné.

Une première raison peut être l'impossibilité d'anticiper sur les risques du projet. On sollicite chez un employé de la fabrication évoluant dans le concret et le tangible d'anticiper et d'évaluer des risques sur des plans et des chiffres relevant de l'abstrait pour lui. D'autre part, une analyse minutieuse du fonctionnement de ces groupes transversaux a montré que les membres des groupes avaient tendance à occulter certains problèmes qui pouvaient mettre en péril la bonne entente entre les participants, la question de leur résolution étant implicitement renvoyée à la hiérarchie. Le troisième obstacle apparaît lorsque le groupe en reste à une opposition de doctrines de métiers apparemment incompatibles. Les points de vue sont donnés en amont mais ne donnent pas lieu à la création d'une vision commune, partagée du problème à résoudre et des solutions possibles.

En fait, ceci traduirait une difficulté centrale dans le processus de création collective : chaque participant prend naturellement sa vision du projet pour la réalité du projet et éprouve

*Le management par projets*

des difficultés à pouvoir comprendre que d'autres puissent le considérer autrement. Il a été montré que le déblocage de nombreux problèmes dépendait d'une prise de conscience, de la part des experts en présence, de la réalité et de l'importance de ce problème d'intercompréhension. Le dernier problème est le découplage du dispositif projet et du circuit décisionnel réel de l'entreprise : le groupe réussit à négocier un compromis acceptable pour le projet mais celui-ci est ensuite remis en cause par les hiérarchies des métiers.

Ces quatre figures de dysfonctionnement désignent de nouveaux impératifs qui, du point de vue du bon déroulement des projets, devraient être intégrés par les métiers :

– augmenter la dédicace des agents métiers dans les projets ;
– développer l'autonomie et la compétence professionnelle des acteurs techniques de base ;
– les responsabiliser sur les résultats ;
– assurer l'engagement collectif du métier derrière ses représentants dans le projet.

L'absence en réunion peut, comme on l'a vu, traduire un décalage entre l'organisation interne métier et l'organisation propre du projet.

**L'implication des acteurs dans le projet.**

L'implication peut se définir comme l'attachement au travail, comme l'identification du salarié à son emploi, à son rôle professionnel. L'implication concerne l'importance que le salarié attache à son travail, la place qu'occupe la vie professionnelle par rapport aux autres domaines de la vie. L'implication concerne la représentation de soi, le concept que l'on a de soi. La part que tient le rôle professionnel dans cette image de soi est la base de l'implication dans le travail. C'est donc l'investissement de l'énergie dans la sphère professionnelle. Dans le cadre d'organisation par projet, le concept d'implication sur les projets concernerait alors la place qu'occupe le projet par rapport à l'activité métier pour l'acteur projet. Le niveau d'implication au sein d'un projet serait corrélé à l'investissement d'énergie que l'on y produit.

**Le succès passe par l'implication des acteurs du projet**

La faible implication des métiers dans les projets vient aussi souvent d'un décalage entre la manière de mesurer l'efficacité du point de vue du projet et du point de vue des métiers. La participation des métiers aux processus concourants apparaît d'abord comme une charge supplémentaire : les acteurs traditionnellement sollicités en amont ou en aval devront s'impliquer tout au long du processus concourant.

Cette charge est-elle justifiée ? Comment doser précisément cet effort économique ? Comment en évaluer la rentabilité sur les projets successifs, afin d'atteindre un équilibre pertinent ?

Les thermomètres traditionnels qui jugent de la performance économique des métiers ne sont pas en phase avec cette logique de la stratégie d'anticipation et d'investissement à l'amont des projets. Il apparaît donc que l'implication des métiers dans la concourante est indissociable d'une révision profonde des modalités de pilotage économique des métiers. L'idée même d'une mobilisation des acteurs traditionnels de l'aval en amont n'est pas considérée comme un acte économique mais comme un tribut qu'il faut payer aux politiques sociales de « participation des utilisateurs à la conception ». Développer la concourante efficace implique des évolutions importantes pour l'organisation interne des métiers qui s'y trouvent impliqués.

*L'implication des métiers dans un projet remet en cause le pilotage des métiers*

**Le prix à payer par les structures métiers.**

« Vous savez, les projets passent et les métiers restent. » Mais pour autant, les métiers peuvent-ils se contenter de « laisser passer » les projets comme si de rien n'était ? Cette formule paraît dépassée aujourd'hui dans la plupart des secteurs : la pérennité des entreprises est maintenant dépendante de grands projets. Citons l'exemple du projet X06 (Twingo) pour l'entreprise Renault. Un projet qui ne passe pas et c'est la survie de tout qui en dépend. Dans ce cadre de projet, l'importance de la taille de l'entreprise ne protège pas des échecs par effet d'amortissement. Le jeu de Yo-Yo des résultats des firmes est là pour le démontrer. L'évolution de la relation projet-métier s'analyse souvent comme un jeu non coopératif : le développement actuel de la logique projet dans les entreprises signifierait automatiquement un affaiblissement de la logique métier. Si tel était le cas, ce qui vient d'être dit sur la dépendance mutuelle dans ces deux logiques désignerait les limites de la dynamique en cours. Une question-clé actuelle dans les entreprises est donc de savoir s'il existe des stratégies de coopération possible entre ces deux pôles, permettant à chacune de se développer dans sa logique propre en s'articulant, de manière complémentaire à celle de l'autre.

Il serait abusif de dire que les organisations métiers sont toujours source de professionnalisation. Cette remarque rejoint les constats qu'on peut faire dans les enquêtes menées auprès de participants à des projets : le risque de déqualification technique est très souvent cité par les hiérarchies des métiers, alors que les agents de base évaluent quasi unanimement leurs participations à des projets parmi les étapes les plus formatrices de la carrière. Certains auteurs relatent aujourd'hui comme état de fait que le mode de distribution de la compétence d'une organisation métier occidentale et japonaise sont très différentes : la compétence technique est plus répartie au Japon, elle associe plus étroitement le savoir pratique et les capacités de rationalisation abstraite. La situation d'implication dans un projet constitue un apprentissage fécond dans une stratégie de professionnalisation « à la japonaise », elle apparaît effectivement décalée par rapport au modèle occidental traditionnel. Les dispositifs projet peuvent alors constituer un précieux dispositif de mise à l'épreuve des savoirs métiers en place. Le projet oblige à confronter le savoir théorique aux réalités du terrain. Le développement de la conception intégrée a conduit finalement à l'affirmation d'un nouvel acteur : l'acteur projet. La concourante se traduit, pour les métiers de l'aval, par un nouveau droit à la parole dans le choix de produits et de process. L'apparition de nouveaux acteurs projets puissants, le rapide développement de procédures de développement originales a focalisé les réflexions et les débats sur l'opposition entre logique projet et logique métier.

Apprendre à gérer la connaissance « métier » dans un management par projets

© Éditions d'Organisation

L'image du conflit, de l'équilibre vient rapidement à l'esprit : qui va « gagner » du projet ou des métiers ? Le problème des seconds n'est-il pas aujourd'hui de résister à la stratégie envahissante des premiers ?

> **Manager par projets change le pouvoir décisionnel de l'entreprise**

Pour les managers d'une bureaucratie, l'adoption d'une structure orientée projet est une lame à double tranchant. Non seulement, cela conduit à une perte de pouvoir mais aussi à la création d'un nouvel environnement organisationnel au sein duquel ces managers pourraient n'être plus compétents pour agir. Les recherches de Morgan ont montré comment les managers menacés dans ce sens ont essayé d'étouffer le développement des équipes-projet. Il semble qu'il faille moins se préoccuper de savoir s'il faut « plus » ou « moins » de projet par rapport au métier, mais de comprendre plutôt quelle redéfinition des pratiques internes des métiers peut être cohérente avec l'existence des projets, sans pour autant perdre de vue la vocation et la spécificité de ces structures. L'organisation par projets a un impact important sur le management des équipes appelées à travailler sur des projets en modifiant radicalement les relations, issues du taylorisme, entre les acteurs.

## 4. Le chef de projet

Aussi étonnant que cela puisse paraître, les gens n'aiment pas diriger.

Ce qu'ils aiment, c'est regarder une cour de récré :

– faire jouer les autres à ce à quoi ils ont envie de jouer ;
– courir devant ;
– et faire faire par un autre ce qu'ils n'ont pas envie de faire.

Au fond, ce que les gens pensent aimer, c'est être le chef.

Quand ils deviennent chef, on leur explique que diriger ce n'est pas du tout cela :

– que c'est un métier, pas un jeu ;

© Éditions d'Organisation

– qu'il faut faire tout ce qu'il y a à faire, qu'on en ait envie ou pas ;
– que ce qu'ils aiment le plus, il faut le laisser aux autres, ça s'appelle déléguer ;
– et qu'au lieu de courir devant, il vaut mieux passer derrière et ramasser ce qui traîne.

Comme leur but n'était pas de diriger, la petite chose qu'ils font mal, très précisément, c'est diriger.

Tout le monde, et principalement celui qui est dirigé, sait en quoi mal diriger consiste. Selon les cas, c'est :

– être très fâché d'avoir à diriger des ignares et les réprimander tout le temps ;
– se faire un mini-culte de sa personnalité et l'imposer à ses subordonnés ;
– ne donner aux autres que l'information dont ils ont besoin, c'est-à-dire très peu ;
– et parfois oublier de diriger, tout simplement.

Un jour, l'obligé de diriger découvre le plaisir de diriger, et cela le sauve.

Le plaisir de diriger, c'est se sentir agrandi, de sorte que chacun de ses gestes, de ses mots, a une portée de sept lieues.

C'est aussi la fierté que tant de gens se reconnaissent en lui et lui fassent confiance.

Le plaisir de diriger l'inspire alors au point qu'il invente pour eux une manière de diriger tout à fait originale, qui n'est dans aucun livre, un style dit-on excellent ou désastreux à proportion du soin qu'il a pris, ou pas, d'être attentif aux besoins de ceux qui préfèrent être dirigés.

Dans le cadre de tout projet, il faut un responsable, un leader, un chef de projet. C'est avant tout un chef d'orchestre puisque sa mission est de faire jouer ensemble et en harmonie les différents acteurs du projet.

Il doit être généraliste pour maîtriser les problèmes techniques, de délai et de coût, tout en sachant communiquer, c'est-à-dire comprendre les spécialistes et leur langage, qu'il s'agisse de

*Un chef de projet c'est un chef d'orchestre et non un homme orchestre*

techniciens, de gestionnaires, de commerciaux, de personnes du monde de l'entreprise ou des partenaires et adversaires extérieurs, tels que les syndicats ou les élus locaux.

Plus un projet est vaste et complexe, plus le nombre d'intervenants augmente et plus la tâche du directeur de projet s'éloigne des domaines techniques pour se rapprocher des relations humaines.

Véritable plaque tournante du projet, le chef de projet doit être reconnu pour ses compétences méthodologiques, ses capacités de médiateur, son écoute, son goût pour l'action tournée vers le changement, sa détermination, sa capacité d'anticipation, son sens de l'organisation et son éthique. Il doit être organisé, disponible, avoir de grandes capacités de communication et de négociation et être bien entendu un meneur d'hommes, sans oublier avoir un sens de l'anticipation.

## LE PROFIL DU CHEF DE PROJET

| |
|---|
| **MÉTHODOLOGUE**<br>Il conçoit la méthode<br>Il pilote<br>Il anticipe<br>Il est stratège |
| **ANIMATEUR**<br>Il anime<br>Il est pédagogue<br>Il coordonne<br>Il communique |
| **IL CONNAÎT LE SUJET**<br>Sans être expert<br>Il a une bonne connaissance du sujet et du langage |
| **IL EST RECONNU**<br>Par rapport au sujet<br>Par rapport à sa mission de chef de projet |
| **IL EST DISPONIBLE**<br>Il peut consacrer du temps au pilotage du projet<br>Il peut se rendre disponible pour aider, faire progresser, communiquer |
| **IL A LA VOLONTÉ D'ABOUTIR**<br>Il s'est approprié l'objectif<br>Il veut faire partager l'objectif au groupe<br>Il veut que le projet réussisse<br>Il est prêt à prendre des risques |

Son statut est hors structure opérationnelle, c'est un fonctionnel pur et dur, il est directement rattaché à la Direction Générale voire au Président, c'est un homme de réseau et surtout pas de territoire, il a un statut de conseil.

Sa mission et son rôle résident dans la mise en œuvre et le pilotage du Projet qui ne sont pas toujours formalisés. À charge pour lui d'en préciser les contours.

*Un chef de projet c'est un pilote*

### 4.1. Les compétences du chef de projet

**STRATÈGE, donner forme au projet :**

- la compréhension des situations, des enjeux, des rivalités et des rapports de force ;
- la compréhension des buts, des projets, des aspirations et des attentes ;
- la connaissance des forces, des atouts, des faiblesses, des fragilités ;
- la compréhension des phénomènes (économiques, techniques, sociologiques, psychologiques) ;
- l'anticipation des situations, des événements, des opportunités, des risques, des scenarii.

SES ATOUTS :

- l'écoute ;
- la conceptualisation → formalisation ;
- l'intuition ;
- l'imagination ;
- l'esprit de synthèse ;
- ses qualités de stratège.

**PILOTE, guider les acteurs :**

- savoir faire le point ;
- savoir identifier les écueils ;
- savoir tracer des itinéraires, décomposer les objectifs, fixer des étapes ;

– savoir créer des méthodologies adaptées aux actions et à leurs objectifs ;
– savoir trouver des ressources, des solutions ;
– savoir recentrer, faire les liens, simplifier les parcours ;
– gérer les phases de tâtonnement, de piétinement.

SES ATOUTS :

– son statut (hors structure hiérarchique) ;
– sa crédibilité (neutralité, pas impliqué dans jeux de pouvoir, pas de territoire, fond de commerce, oreille de la Direction Générale) ;
– sa pertinence (compétences reconnues dans situations difficiles, refus vérifié de la complaisance).

*Chef de projet, c'est un nouveau métier aux compétences multiples*

**MANAGER, aider et animer les acteurs :**

– **Il fait adhérer :**

- il propose des objectifs, recommande des actions, suggère des challenges en s'appuyant sur les diagnostics ;
- il propose des règles, des principes de fonctionnement cohérents à la fois avec la culture de l'entreprise et la démarche « Qualité totale ».

– **Il prend et fait prendre des décisions :**

- quant à la méthodologie de mise en œuvre ;
- quant au système de pilotage ;
- quant au système de suivi.

– **Il accompagne, assiste, forme :**

- il établit ou fait établir les plans de formation ;
- il répond ou aide à répondre aux acteurs en cas de difficulté (utilise pour cela les membres du groupe de pilotage et les faciliteurs).

– **Il assure la valorisation des résultats et la reconnaissance des acteurs :**

- utilisant pour cela les membres du Comité d'Orientation.

– **Il assure le suivi et le contrôle de la mise en œuvre :**

- avancement des actions ;
- suivi des budgets ;
- mesure des résultats ;
- degré de mobilisation des acteurs.

– **Il anime les structures non opérationnelles :**

(orientation, pilotage, communication, facilitation)

- il fait en sorte que les relais et les connexions soient assurés.

SES ATOUTS :

– capacité à prendre des risques et à se déterminer ;
– capacité et rapidité d'intervention ;
– disponibilité (d'où capacité à déléguer) ;
– capacité à exprimer ses intentions ;
– capacité à se remettre en question.

## 4.2. Rôles clés du chef de projet

### Le rôle du chef de projet

Quel est l'homme de la situation ? Comment se dessine le rôle de chef de projet et en quoi est-il différent de celui de manager ? Le projet possède une caractéristique essentielle abordée plus haut : un projet est unique. Certains chefs de projet pensent que leur rôle devrait être unique, or une analyse de leurs missions montre que celles-ci ont des caractéristiques communes que l'on ne trouve pas forcément dans d'autres domaines du management.

*Le chef de projet c'est un manager*

– Il est hors de la hiérarchie opérationnelle. Du fait de sa particularité, un projet s'inscrit rarement dans l'activité routinière de l'entreprise. Il échappe donc à la hiérarchie opérationnelle normale. Il peut même transgresser les schémas de responsabilité et d'autorité. Les liens avec la direction d'entreprise sont fortuits et temporaires. Par ailleurs, il semble qu'il existe peu de codes formels et informels de comportements des chefs de projet vis-à-vis du haut et du bas de la hiérarchie. Nombre d'entre eux se constituent eux-mêmes leurs réseaux de contacts. Il semble qu'il leur faille eux-mêmes établir la définition de leur réussite et réclamer les ressources nécessaires et les moyens de contrôler les résultats. Situés hors de la hiérarchie et sortant de l'ordinaire, ils sont en partie libres de déterminer leur propre destinée. En revanche, leurs exigences et leurs initiatives peuvent se heurter à de fortes résistances, leurs collègues considérant qu'ils créent des problèmes ou qu'ils brisent le statu quo.

Le chef de projet, c'est un spécialiste, un généraliste, un entrepreneur et un coéquipier

Il est plus qu'un spécialiste. Il apparaît que même des spécialistes très haut placés dans l'entreprise, tels les juristes ou le directeur des ressources humaines, aient rarement une responsabilité personnelle directe dans une activité opérationnelle d'importance pour la société. Pour être efficaces, il apparaît que tels managers spécialisés doivent se construire un solide réseau informel d'influence. Celui-ci est fondé sur leur crédibilité et leur aptitude à garantir que leur expertise ait un impact sur l'entreprise dans son ensemble. Le spécialiste ne porte généralement pas la responsabilité finale. Bien au contraire, le chef de projet est garant du succès ou de l'échec du projet ce qui devrait lui permettre d'exiger plus facilement des ressources. Mais cela signifie aussi qu'il lui faut faire face aux multiples intérêts souvent conflictuels qui entrent en jeu. Il devrait donc être aussi influent et convaincant que ses collègues spécialistes.

**Quelles sont alors les caractéristiques du rôle d'un chef de projet ?**

Il est responsable de la réalisation des objectifs fixés par le projet qui sont limités mais ne peuvent, semble-t-il, être atteints que par une activité dynamique et très exposée. À l'échelle du projet, ce rôle est semblable à celui d'un Directeur Général. Il lui est impossible de passer inaperçu. Chacun sait qui dirige les opérations. Il s'agit d'un rôle à haut risque. Son autorité directe est limitée. Ceci dépend de sa position dans l'entreprise, mais il lui faut généralement négocier auprès d'un grand nombre de personnes à l'intérieur comme à l'extérieur de la société afin d'obtenir les ressources et le soutien nécessaires. Il est censé transgresser les frontières et les habitudes de l'entreprise et devrait avoir une approche non conventionnelle. Il ne doit pas être aisé de faire face aux résistances et aux oppositions. Il travaille souvent sur des terrains encore inexplorés : nouvelles technologies, marchés nouveaux, nouvelles approches de situations connues...

L'imprévisible et l'inconnu engendrent souvent la peur et peuvent affaiblir au départ la crédibilité du chef de projet. Il devrait l'affirmer par la suite.

Le rôle de chef de projet comporte trois axes :

– la gestion des parties prenantes ;
– la gestion du cycle de vie du projet ;
– la gestion de l'efficacité.

*Gérer le prévisible et l'imprévisible*

Pour ce faire, le chef de projet devrait regarder dans six directions :

– Regarder vers le haut : il s'agirait de repérer les attentes personnelles du sponsor à l'origine du projet et de négocier avec lui.

– Regarder vers l'extérieur : il conviendrait de satisfaire les attentes du client, de l'utilisateur final, des fournisseurs et des sous-traitants. C'est la gestion des parties prenantes.

– Regarder en avant et en arrière : il s'agirait d'établir des plans réalistes, de se doter de ressources et de mettre en place les systèmes adéquats de suivi et de compte rendu de l'avancement du projet. Le chef de projet devrait s'assurer que les objectifs fixés sont réalisés et que les leçons des erreurs sont tirées. C'est la gestion du cycle de vie du projet.

– Regarder vers le bas : diriger l'équipe induirait que le chef de projet s'assure du bon travail à la fois individuel et collectif de ses membres.

– Regarder vers l'intérieur : il semble important que le chef de projet ne se laisse pas prendre par les tâches quotidiennes du projet au point d'oublier que sa propre action a un fort impact sur l'avancement du projet dans son ensemble.

**S'impliquer et impliquer les autres**

Ainsi, le chef de projet a non seulement besoin d'expliciter sa stratégie, mais aussi de faire adhérer l'ensemble des acteurs : si ce n'était pas le cas, certains risqueraient d'entrer à reculon dans le projet et d'en entraver le déroulement. Il se trouve à la tête d'une équipe avec laquelle il n'a aucun lien hiérarchique, aussi, lui faut-il mobiliser l'ensemble des énergies pour atteindre les objectifs. Le chef de projet devrait être un bon combinateur c'est-à-dire gérer l'information ainsi que les outils et les méthodes de gestion et dont l'usage serait partagé par tous afin d'assurer la transparence nécessaire à la bonne prise de décision. Le chef de projet devrait être aussi disponible, car toutes les difficultés du projet convergent vers lui. Il devrait être un homme de contact et de consensus, qui sait convaincre et emporter l'adhésion. Les tensions seront fortes d'abord à l'intérieur du projet, puis également à l'extérieur, en particulier de la part des responsables de service qui peuvent avoir l'impression de ne plus manager leurs collaborateurs travaillant sur le projet.

**Les compétences du chef de projet.**

Qu'est-ce qu'un bon chef de projet, de quelles compétences devrait-il être doté ?

Ses compétences doivent se situer à trois niveaux :

– la maîtrise des méthodologies ;
– la connaissance des techniques en cause dans le projet ;
– la compréhension et l'adhésion au projet.

Le déroulement d'un projet apparaît comme le concentré de tout ce qu'une entreprise vit généralement sur plusieurs décennies : recruter des collaborateurs, former et structurer une équipe, gérer sa croissance puis sa décroissance, mobiliser et stabiliser des réseaux extérieurs, gérer des périodes de crises, passer d'une phase où le marketing et la recherche dominent à une phase où l'industriel détient la clé de la réussite, négocier avec ceux qui seront les producteurs de demain... Dès lors, tous les savoirs gestionnaires doivent logiquement, être bien employés chez un manager de projet. Il a été établi que les variables les plus actives sont liées pour l'essentiel à des facteurs d'organisation et de communication.

Le second pôle de compétence est celui des savoirs techniques en cause.

« Il devrait être légitime dans son métier d'origine et iconoclaste... Légitime pour ne pas « se faire rouler dans la farine » dans les débats techniques... Iconoclaste, car il doit pouvoir en cas de conflit entre la stratégie métier et les impératifs du projet, jouer contre le camp de ses pairs techniques ».

Le troisième est celui de la compréhension du projet. Le mot compréhension dois s'entendre au delà de la seule connaissance rationnelle.

**Le chef de projet est un militant au service du projet**

« On ne peut être, pendant trois ou quatre ans, le champion crédible d'une cause si on ne la « sent » pas, si on n'y adhère pas. La quasi totalité des membres de l'équipe X06, chez Renault, était des militants du projet ».

Le principal défi à relever en tant que chef de projet est d'intégrer les hommes et les activités afin que les objectifs du projet dans son ensemble puissent être atteints. Ils parlent de « numéro d'équilibriste consistant à concilier les attentes de parties prenantes, les phases du cycle de vie du projet et les résultats des équipes visibles et invisibles ».

Le chef de projet devrait être un fédérateur et rester conscient : « Qu'aucun chef de projet ne peut rester maître de la situation sans s'efforcer d'estimer son impact personnel sur ce projet ».

### Le pouvoir du chef de projet

Le chef de projet n'ayant pas d'autorité hiérarchique, de quels pouvoirs dispose-t-il ?

En premier lieu, remarquons que pouvoir et autorité sont deux concepts fréquemment confondus. Des nombreuses définitions existantes, il apparaît que l'autorité est un organe du pouvoir parmi d'autres. Le pouvoir implique toujours la possibilité pour certains individus ou groupes d'agir sur d'autres individus ou groupes, c'est aussi la capacité d'une personne d'obtenir d'une autre qu'elle fasse quelque chose qu'elle n'aurait pas fait sans son intervention.

Dans le cadre du projet ces deux définitions nous conviennent, car d'une part les autorités (en tant qu'organes du pouvoir) sont nombreuses (on peut citer le client, le chef de projet, les chefs de service, la direction, les acteurs du projet...) et d'autre part chaque acteur du projet ayant des intérêts parfois contradictoires avec le projet, peut chercher à influencer les autres acteurs afin que le résultat de la relation lui soit favorable.

Le chef de projet trouve son pouvoir aux diverses sources suivantes :

– le pouvoir lié à la position occupée ;
– le pouvoir lié à l'aura personnelle ;
– le pouvoir lié à la configuration du projet.

*Conduire des experts de métiers différents vers le même objectif*

Il n'a pas d'autorité hiérarchique sur les autres acteurs du projet qui appartiennent aux structures permanentes de l'entreprise, et ont donc à ce titre un responsable hiérarchique. En toute rigueur, il ne devrait pas avoir à évaluer dans leur domaine de compétences (même s'il n'est pas exclu qu'il exprime son avis) les acteurs qui travaillent avec lui sur le projet. Il se trouve en face d'intervenants nombreux dont le pouvoir est important puisqu'il s'agit d'experts (au sens où ils apportent une compétence qu'il n'a pas). Dans ce sens, le management de projet va développer de nouvelles zones d'incertitude dans l'entreprise. La zone d'incertitude est déterminée par tout problème dont la résolution, soit implique deux ou plusieurs acteurs, soit est la clé du déroulement des actions antérieures. L'objectif de tout individu est de maîtriser une zone d'incertitude, car il pense se rendre indispensable. C'est une façon de prendre du pouvoir : S'il y a incertitude, les acteurs capables de la contrôler l'utiliseront dans leurs tractations avec ceux qui en dépendent. Car ce qui est incertitude du point de vue des problèmes est pouvoir du point de vue des acteurs.

**Comment limiter les contre-pouvoirs ?**

C'est pour toutes ces raisons qu'il semble nécessaire, même dans une entreprise dont la raison d'être n'est pas de mener des projets (ce qui est le plus souvent le cas), mais qui a décidé d'en mener, de mettre en place des règles de management par projet dont l'objectif serait de définir précisément le rôle de chacun, afin de limiter les contre-pouvoirs.

Citons les pouvoirs à disposition du chef de projet, sans que l'ordre n'ait une véritable importance :

- le pouvoir de statut, le chef de projet est nommé et accepte une mission confiée soit par la direction des projets, soit par le directeur général ;
- le pouvoir d'autonomie, le chef de projet reçoit une mission initiée ou non par lui et décide dans le cadre de son projet des aspects techniques, financiers, organisationnels et humains ;
- le pouvoir de persuasion, le chef de projet devrait convaincre les acteurs du bien fondé de sa stratégie ;
- le pouvoir d'information, qui peut entre autres lui permettre de mobiliser son équipe autour du projet ;
- le pouvoir du « marginal sécant », une de ses missions est de gérer les interfaces ;
- le pouvoir d'appui, du fait de son rôle, il est en contact avec les niveaux hiérarchiques les plus élevés et peut donc bénéficier d'appuis externes ;
- le pouvoir d'enjeu, il pourrait utiliser le projet et sa réussite comme monnaie d'échange dans une négociation avec sa hiérarchie ;
- le pouvoir d'intérêt, il peut faire face à certains acteurs ce qu'il n'aurait pas fait sans la contrepartie que lui-même peut leur apporter.

*Le chef de projet, un homme de pouvoir sans pouvoir*

Les pouvoirs du chef de projet apparaissent importants, mais lui qui est-il exactement ? Un chef de tribu, un despote plus ou moins éclairé, un simple délégataire ?

*Un chef de projet orchestre une partition qui n'est pas écrite*

Il apparaît depuis que l'on aborde le rôle du chef de projet, ses compétences et le concept de pouvoir appliqué au domaine du projet, que cet homme est « un homme d'influence ».

### 4.3. Les fonctions du chef de projet

– être garant de l'objectif ;
– assurer le groupe ;
– fournir des méthodes et des règles de travail ;
– assurer la communication entre le groupe et l'environnement ;
– représenter le groupe ;
– piloter le projet.

Le pilotage de projet comprendra cinq phases :

A - PHASE DE PRÉPARATION

1. Rédiger le « cahier des charges » (contrat tri-partie)

    1.1. Descriptif du projet en terme de situation souhaitée :
       – quel but et quelle finalité ?
       – quels résultats escomptés ?
       – quels effets souhaités ?

    1.2. Contraintes et souhaits :
       – des contraintes à respecter (techniques, économiques, relationnelles…) ;
       – des critères auxquels devra répondre la solution proposée par le groupe (pertinence, faisabilité, coût, acceptabilité…), des échéances (pour la conception, pour la mise en œuvre).

    1.3. Les missions et responsabilités
       – du groupe ;
       – du chef de projet ;

- de la Direction Générale ;
- les règles de fonctionnement.

1.4. Les moyens et ressources dont dispose le groupe :
- délais et disponibilités ;
- accompagnement et soutien ;
- moyens matériels.

2. Constituer le groupe

**Les tâches :** – critères de constitution ;
- accord des intéressés et de leur hiérarchie ;
- validation par la Direction Générale ;
- validation par le Groupe du projet et la mission du Groupe.

3. Définir le plan de travail du groupe : la méthode adaptée, appliquée au projet

- Décrire la façon de faire, les modalités, les outils et les délais pour chacune des cinq étapes.
- Définir le calendrier de travail à proposer au groupe.

Il faut connaître la musique mais aussi savoir chanter

B - PHASE DE PRODUCTION

Réunir le groupe et lancer la phase de production.

Déroulement théorique :

- présentation du projet (cahier des charges) de la méthode et du calendrier de travail ;
- expression par chaque participant de son implication personnelle dans le projet de ses attentes et enjeux ;
- échanges et décisions sur :
  - les règles de fonctionnement ;
  - les échéances ;
  - les calendriers de travail ;
  - la répartition des rôles.
- présentation de la méthode d'analyse de situation ;
- favoriser la recherche des solutions :
  - faire émerger les idées du groupe projet ;
  - canaliser, synthétiser, mettre en forme.

— mettre tout en œuvre pour choisir une solution qui corresponde au plus près de la solution idéale.

En résumé, piloter un projet, c'est :

– piloter l'apprentissage ;
– piloter la réussite ;
– piloter la mobilisation ;
– piloter la communication ;
– piloter la progression ;
– piloter la consolidation ;
– piloter l'évaluation ;
– piloter la cohérence ;
– piloter l'orientation.

## RÔLES DU CHEF DE PROJET DANS LES DIFFÉRENTES PHASES DU PROJET
### PAR RAPPORT AUX PHASES DU PROJET

| LES PHASES DU PROJET | LES RÔLES DU CHEF DE PROJET |
|---|---|
| INCERTITUDE<br><br>PRISE DE CONSCIENCE DES ENJEUX | 1. Il ne peut ni ne doit tenter de se substituer aux instances politiques.<br>2. Il anticipe les évolutions.<br>3. Il observe beaucoup à l'extérieur et restitue ses observations.<br>4. Il sensibilise les dirigeants. |
| EXPRESSION DE LA VOLONTÉ POLITIQUE<br>– Ambitions<br>– Politique Générale<br>– Valeurs | 1. Il apporte à la Direction Générale une méthodologie de travail (Conseil méthodologique).<br>2. Il est garant, du principe de clairvoyance, du principe de cohérence.<br>3. Il fait en sorte que :<br>– la volonté politique soit exprimée ;<br>– le degré de compréhension d'adhésion et d'engagement soient compris ;<br>– les itérations soient organisées pour assurer l'engagement, la mobilisation.<br>Il aide à la formation :<br>– clarté ;<br>– force d'impact, détermination ;<br>– concision ;<br>– crédibilité. |
| ANALYSE AMONT | 1. Il assure la consolidation des informations et études déjà disponibles en matière de :<br>– diagnostic(s) externe(s) ;<br>– diagnostic(s) interne(s).<br>2. Il en fait (ou fait faire) la synthèse et propose |

/.../

/.../

| | |
|---|---|
| | objectifs, contenus et méthodologie pour le(s) diagnostic(s) complémentaire(s) éventuel(s).<br>3. Il pilote la réalisation du diagnostic.<br>4. Il organise l'exploitation du diagnostic et pilote avec un consultant externe la réflexion stratégique. |
| FORMULATION DU PROJET | 1. Il fournit une méthodologie de travail pour passer de la réflexion à la formulation.<br>2. Il fournit la structure de la formulation pour qu'elle prenne bien en compte les différentes dimensions du projet (axes de progrès, principes et dispositifs stratégiques, organisation dans l'espace et dans le temps, moyens notamment en matière de formation et de communication, etc.).<br>3. Il fait valider la cohérence notamment :<br>– entre politiques économique, technique, sociale ;<br>– entre objectifs, freins, conditions de réussite et moyens.<br>4. Il anime le groupe chargé de formuler le Projet. |
| MISE EN ŒUVRE DU PROJET | LE LANCEMENT<br>1. Il assure le pilotage du lancement (préparation et lancement effectif).<br>2. Il coordonne les différents acteurs impliqués dans le lancement.<br>3. Il fournit la méthodologie appropriée au traitement des différents axes de progrès (PAQ).<br>4. Il fournit le système d'évaluation (permanente).<br>5. Il fournit le système de suivi.<br>6. Il fait mettre en place l'ingénierie de la formation.<br>7. Il fait établir et approuver les plans de formation.<br>LE DÉVELOPPEMENT<br>1. En fonction de l'évaluation de la phase lancement, il propose des aménagements à la stratégie de développement.<br>2. Il assure des fonctions de conseil, d'assistance auprès des acteurs.<br>3. Il est garant de la concrétisation du système de reconnaissance des acteurs.<br>4. Il assure la coordination nécessaire pour ce qui concerne :<br>– la communication ;<br>– la formation ;<br>– l'évaluation ;<br>– la reconnaissance ;<br>– la promotion du Projet, de façon à ce que soit respecté le principe de cohérence. |

## 4.4. Le manager face au projet

La différence fondamentale qui crée dans l'entreprise l'existence d'un projet, c'est qu'aux fonctions habituelles de décision, de réalisation, de coordination et de gestion attribuées aux structures, viennent se rajouter trois fonctions :

– de mobilisation ;
– de facilitation ;
– de conduite, de pilotage du projet.

Or, les structures existantes ne sont pas toujours adaptées à prendre en charge ces nouvelles fonctions et il est nécessaire au chef de projet d'avoir des outils adaptés à sa fonction.

| MANAGEMENT CLASSIQUE | MANAGEMENT PAR PROJET |
|---|---|
| 1. Fonction de prise de décision | 5. Fonction de mobilisation |
| 2. Fonction de réalisation | 6. Facilitation |
| 3. Fonction de coordination | 7. Fonction de conduite de projet |
| 4. Fonction de gestion/administration | |

# FONCTIONS DES OUTILS DE BASE DU MANAGER DANS LE CADRE DE LA CONDUITE DE PROJET

|  | CONCEPTION DU PROJET | CONCEPTION DU PLAN DE RÉALISATION | MISE EN ŒUVRE DU PROJET |
|---|---|---|---|
| ENTRETIEN DE FACE À FACE | – DÉFINIR ET CLARIFIER<br>• orientations ;<br>• cadre ;<br>• missions.<br>– RECUEILLIR DE L'INFORMATION | – VALIDER<br>– NÉGOCIER DES CHOIX | – ACCOMPAGNER LES OPÉRATIONNELS<br>– PROMOUVOIR LE PROJET |
| RÉUNION ET MÉTHODES DE TRAVAIL EN GROUPE | – ANALYSER LA SITUATION<br>– RÉFLÉCHIR ET PRODUIRE EN COMMUN LES PLANS D'ACTIONS | | – CONCEVOIR ET METTRE EN PLACE DES SOLUTIONS<br>– INFORMER, COMMUNIQUER<br>– ÉCHANGER<br>– FORMER |
| PROCÉDURES ET OUTILS ORGANISATION DE PLANIFICATION ET DE SUIVI | – ANALYSER LES SITUATIONS | – FORMALISER<br>– PLANIFIER<br>• les charges ;<br>• les coûts ;<br>• les délais ;<br>• les actions. | – ÉVALUER<br>– SUIVRE L'AVANCEMENT<br>– RÉACTUALISER<br>– COMMUNIQUER |

© Éditions d'Organisation

La relation du chef de projet avec le projet sera multiple selon les différentes phases du projet. Ce sera un « fonctionnel de terrain ».

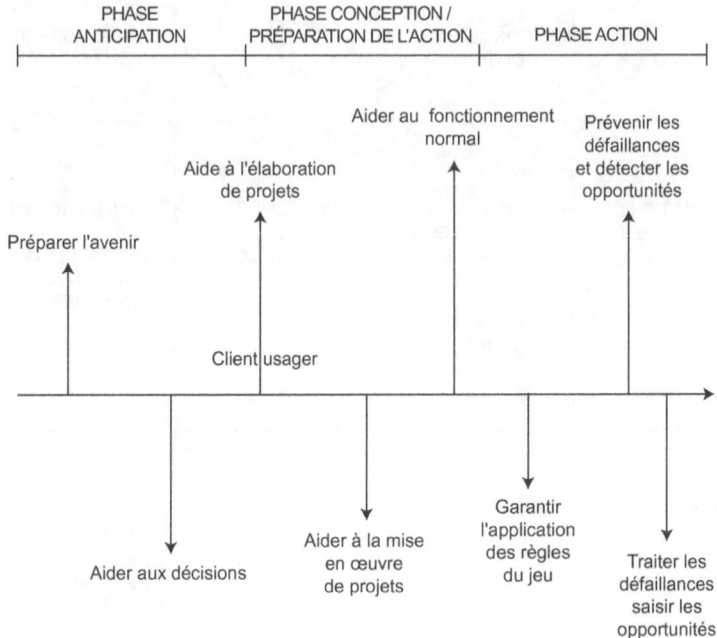

## 4.5. Le chef de projet animateur du groupe projet

Par rapport au fonctionnement du groupe, le chef de projet doit être directif sur la forme et participatif sur le fond.

Pour qu'une réunion de personnes devienne un groupe, certaines conditions doivent être remplies.

L'animateur doit agir efficacement pour obtenir la cohésion qui va permettre au groupe d'exister.

– L'animateur est une aide pour le groupe. C'est le groupe qui doit résoudre le problème, non l'animateur.

- Le groupe est (a priori) un allié et non un juge. Un groupe a besoin d'un animateur et il le sait ; il sera toujours prêt (a priori) à aider un animateur en difficulté.
- La relation entre le groupe et l'animateur est aussi « affective » :
    - chaque participant a des besoins affectifs qu'il va tenter de satisfaire par l'intermédiaire de l'animateur ;
    - l'animateur, de par son statut, impose au départ, qu'il le veuille ou non, une relation de dépendance qu'il devra faire changer.

L'animateur doit être attentif à ces deux points. Il ne doit pas répondre systématiquement aux besoins et installer le groupe dans une relation de dépendance totale ; l'efficacité du groupe passe par un degré d'autonomie minimum.

- Il n'y a pas de rôles sans influence, quels que soient les rôles que se sont attribués les participants.

Un participant peut ne pas s'exprimer et exercer un pouvoir important dans le groupe.

- Ne pas voir et ne pas clarifier les tensions, c'est à terme générer des conflits.

Il n'existe pas de groupe sans moment de tension ; il est important pour le groupe de vérifier sa capacité à les résoudre.

S'il ne le fait pas, une prochaine tension entraînera la paralysie du groupe, sa fuite ou le conflit.

– Ne pas régler un conflit, c'est l'accentuer. Croire qu'on peut supprimer un conflit en ne le nommant pas, c'est croire que la guerre sera supprimée parce que l'on n'en parlera pas.

Pour résoudre et dépasser un conflit, il est important que l'animateur aide le groupe à nommer les choses et à expliciter ce qui ne va pas sans porter de jugement, et qu'il veille particulièrement à faire respecter les principes de communication.

– Quand un groupe démarre, il est en état d'insécurité.

*Animer un groupe projet, c'est être à l'écoute des autres*

Pour qu'un groupe puisse fonctionner de manière efficace, il doit se sentir installé dans un climat de confiance réciproque qui favorise l'expression. Tant que cette situation ne sera pas atteinte, l'insécurité ressentie par chacun se transformera en agressivité, en blocage, en refus de s'exprimer, en malaise...

Si l'animateur insiste et pousse les participants à s'exprimer malgré eux, il est probable qu'il soit rejeté en tant qu'animateur.

**Animation, stimulation**

Chaque animateur se retrouvera plus ou moins dans les trois styles d'animation présentés ci-dessous de façon caricaturale ; il est important qu'il comprenne bien les conséquences que ces styles induisent.

*Autoritaire* : l'animateur est actif, il impose, agresse, critique, interdit, régente, est directif sur le contenu.

> L'animation d'un groupe projet dépend du relationnel du chef de projet

Le travail est fait, à court terme, dans un minimum de temps, mais la tâche est jugée inintéressante. L'hostilité entre les participants croît, des incidents naissent et entraînent des réactions brutales. Le groupe peut se scinder en deux sous-groupes : l'un agressif, l'autre apathique.

*Démocratique* : l'animateur écoute, clarifie, explique, propose, négocie.

Le travail est bien fait, mais dans un temps plus long. Les participants sont satisfaits malgré une certaine impatience.

*Laxiste* : l'animateur laisse faire, ne pilote pas, se laisse déborder.

Le groupe n'est pas motivé, mais il peut faire preuve d'activité anarchique. Parfois un leader peut apparaître, et le groupe évoluer vers une orientation démocratique.

La situation de démarrage génère, chez l'animateur et les membres du groupe, de la crainte réciproque qui peut entraîner de l'agressivité.

# Le management par projets

|  |  | Agressivité | Production | Moral |
|---|---|---|---|---|
| AUTORITAIRE | Agressif | ↗ | ↗↘ | ↘ |
|  | Apathique | ⇢ (latente) | ↘ | ↘ |
| Démocratique |  | ↗↘ | ↗ | ↗ |
| Laxiste |  | ↗ | ↘ | ↘ |

Il existe donc au démarrage une tendance à l'agressivité, quel que soit le style de l'animation :

– s'il est autoritaire, la plus forte agressivité va de l'animateur aux membres ;
– s'il est démocratique, l'agressivité va des membres à l'objectif ou à la méthode ;
– s'il est laxiste, l'agressivité va des membres à l'animateur.

Plusieurs remarques peuvent être faites.

L'animateur donne de la vie, du rythme, du mouvement. Son style et sa méthode créent un climat pédagogique. Ce climat induit :

– les comportements des membres entre eux et à l'égard de l'animateur ;
– la nature des réactions vis-à-vis du travail, de l'ambiance.

*Une bonne ambiance favorise les échanges et la progression*

Il est donc important de consacrer, au démarrage d'un groupe de projet, de l'énergie et du temps pour installer un climat de confiance dans le groupe.

### Écoute

Il n'existe malheureusement pas de mot plus précis pour exprimer ce qui consiste à :

– voir ;
– entendre ;
– ressentir ;

en même temps.

L'expression qui traduirait le mieux cet état pourrait être :

« Être parfaitement conscient :

– de ce que je vois (attitudes physiques, expressions, mouvements) ;
– de ce que j'entends (ce qui est dit dans le contenu, mais aussi ce qui est dit dans la forme et dans le lieu) ;
– de ce que je ressens (à travers de ce que j'entends et de ce que je vois, compte tenu de ma perception du contexte, des personnes en présence et de la personne qui s'exprime) ».

**Écouter c'est comprendre, c'est faire de l'empathie**

L'écoute exige de la part de l'animateur une disponibilité permanente afin qu'il puisse établir le contact entre lui-même et ses propres émotions, chacun des participants, le groupe. Elle lui fournit toute la matière qui lui permet de comprendre ce qui se passe dans le groupe et les effets de la situation sur le groupe. C'est son outil de diagnostic.

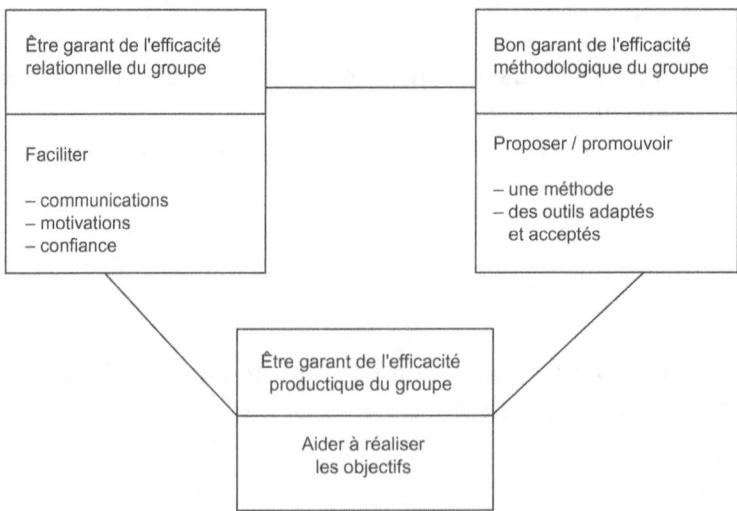

## Clarification

Si l'animateur ne clarifie pas, un système de fonctionnement fondé sur l'implicite et le non-dit va s'établir dans le groupe. Une telle situation entraîne nécessairement des ambiguïtés, des interprétations, des incompréhensions... qui sont autant de sources de conflit (ce que l'on suggère a dix fois plus de poids que ce que l'on dit).

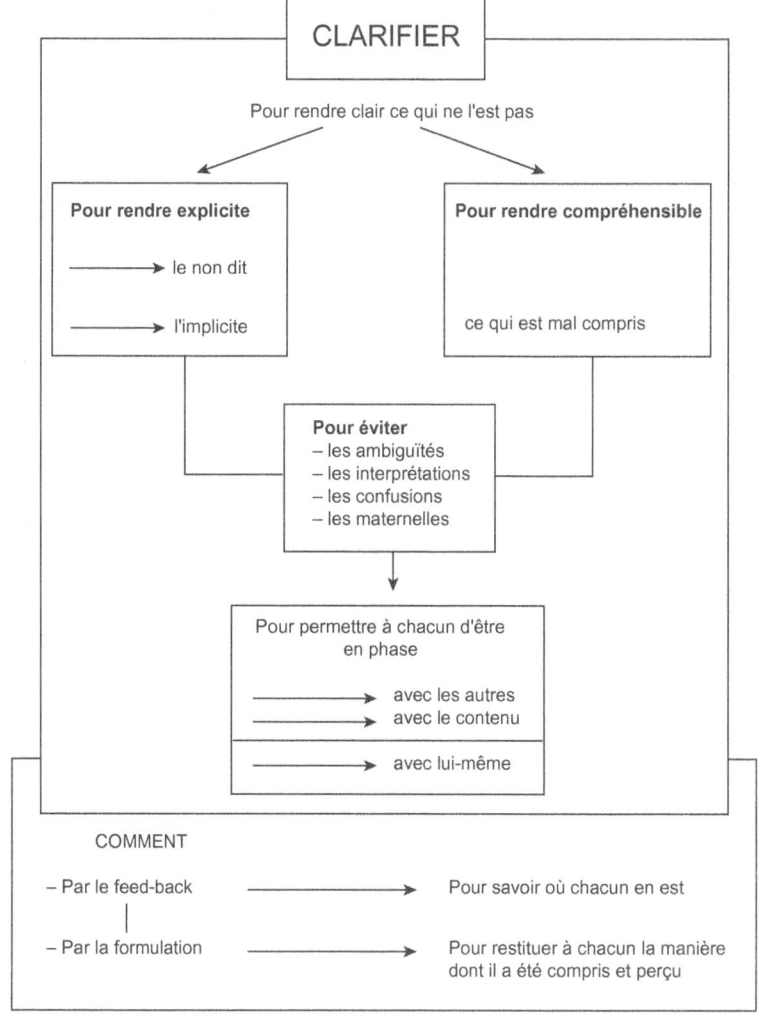

## 4.6. Gérer les conflits, gérer les résistances

### 1. Des symptômes à prévenir

- Conflits et résistances sont des langages.
- Ils s'expriment à travers des signes.
- Les reconnaître pour les identifier, c'est commencer à travailler avec ces symptômes et non contre eux.

### 2. Des symptômes à comprendre

| CONFLIT | RÉSISTANCE |
|---|---|
| – Met en opposition manifeste ou latente plusieurs personnes ou groupes<br>– Dire non à quelque chose et à quelqu'un<br>– Exprime le besoin de défendre une position par peur de la perdre<br>– C'est un langage qu'on peut décoder en direct<br>Ex : échange de paroles hostiles<br>    monologue sans structure de feed-back<br>    chantage<br>    sabotage, etc. | – S'exprime par des comportements qui traduisent une insécurité, une peur de changer<br>– Ne pas dire oui sans vraiment dire non<br>– Exprime le besoin de se défendre à une sollicitation à changer<br>– C'est un langage qu'on peut décoder à travers un comportement<br>Ex : passivité<br>    simulacre<br>    jeux psychologiques<br>    dispersion, etc. |
| – Permet d'affirmer sa différence | – Permet de se défendre pour ne pas avoir à bouger |
| – Energie exprimée, mobilisée, ou prête à s'exprimer | – Énergie retenue |
| – Processus naturel pour s'affirmer | – Processus naturel pour se protéger |

## 3. Des traitements spécifiques

| CONFLIT ↓ LA MÉDIATION | RÉSISTANCE ↓ L'ACCOMPAGNEMENT |
|---|---|
| RÈGLES MÉTHODOLOGIQUES | RÈGLES MÉTHODOLOGIQUES |
| 1. Être capable d'identifier et de supporter le conflit | 1. Être capable d'identifier la résistance |
| 2. Être reconnu par les différentes parties en conflit comme médiateur | 2. Être capable de faire preuve de neutralité par rapport à l'expression d'une résistance |
| 3. Proposer aux parties en conflit de passer du terrain de l'affrontement à celui de la réflexion | 3. Restituer aux personnes la perception que l'animateur a de leur résistance |
| 4. Viser une stratégie gagnant-gagnant | 4. Faire le lien entre la résistance et ses conséquences sur les objectifs pédagogiques poursuivis |
| 5. S'assurer que le conflit à traiter a réellement des conséquences sur les objectifs du projet | 5. Permettre aux participants d'analyser ce qui résiste en eux – démystifier, dédramatiser |
| 6. S'assurer que les parties sont demandeuses de dépasser le conflit pour parvenir à un accord | 6. Intégrer le désir des participants de dépasser ou non la résistance dans la progression pédagogique |
| 7. Faire définir à chacun sa vision de la situation actuelle insatisfaisante, les risques encourus si on ne traite pas le problème | |
| 8. Chercher systématiquement la distinction entre Faits, Hypothèses, Opinions | |
| 9. Faire formuler à chaque partie : <br> – les points d'accord <br> – les points de désaccord. Les faire constater par les 2 parties | |
| 10. Faire négocier les points de désaccord prioritaires pour les 2 parties | |
| 11. Faire s'engager chacun à respecter le résultat de la négociation | |

## 4. Des précautions à prendre

– Gérer les conflits, gérer les résistances, cela suppose que l'animateur soit au clair avec sa propre peur du conflit, avec ses propres résistances au changement.
– 9 fois sur 10, un conflit dirigé contre l'animateur n'est que le déplacement d'un autre conflit qui ne s'exprime pas.

- Le piège pour l'animateur est de se prendre pour le destinataire du conflit ou pour la cause de la résistance.
- L'animateur n'est pas là pour résoudre « à la place de », mais pour aider l'énergie bloquée à se positiver.
- Un conflit non exprimé, une résistance non explicitée, prennent plus de place que s'ils s'expriment.
- Le conflit, la résistance, c'est la vie.

## 5. Conclusion

*Le changement c'est un management centré sur les hommes et non les tâches*

Le management des projets dans l'entreprise, c'est aussi la conduite du changement. C'est le passage du management centré sur les tâches, reposant sur le management pyramidal de l'entreprise vers le management centré sur les hommes.

C'est responsabiliser le personnel selon les grands principes suivants :

- décentralisation des pouvoirs et des responsabilités ;
- recherche de la participation à tous les niveaux ;
- valorisation du rôle d'animation du responsable hiérarchique ;
- recherche de rapports fondés sur la confiance plus que sur l'autorité, sur les relations interpersonnelles plus que sur la distance hiérarchique ;
- développement de la responsabilisation et de l'autocontrôle au détriment des contrôles hiérarchiques externes ;
- développement du travail de groupe et de la notion d'équipe de travail ;
- recherche de l'amélioration de l'ambiance et du climat de travail ;
- développement des communications dans l'entreprise ;
- recherche de la cohésion, de l'entente, du consensus ;
- concentration sur l'organisation informelle : il faut prendre en compte les relations non officielles, les mécanismes spontanés de la communication et de la dynamique de groupe ;

© Éditions d'Organisation

– formation des responsables aux relations humaines ;
– commandement centré sur les subordonnés et non plus sur le chef : attention prêtée à la personne des subordonnés, souci d'être à l'écoute, de développer leurs motivations au travail, recherche de l'authenticité dans les relations de travail ;
– priorité à la dimension relationnelle dans l'action d'organisation : l'organisateur est avant tout un praticien de la psychologie, un animateur.

Aucun mode d'organisation ne suffit à assurer une véritable communication si l'attitude des hommes ne s'y prête pas. Le management doit donc veiller à ce que :

*La communication est au centre du succès d'un projet*

– chaque participant soit responsable de la réussite globale du projet, et non seulement des prestations de sa spécialité ;
– les spécialistes aient une formation qui leur permette de dialoguer avec les autres fonctions ;
– il n'existe pas de différence de statut entre fonctions, due par exemple à de forts écarts de rémunération ou à l'existence d'une voie royale, rendant un véritable dialogue impossible.

Le projet est l'émergence d'un certain nombre de composantes et le rôle du chef de projet est de favoriser et valoriser ces composantes dans un esprit innovateur.

| LES COMPOSANTES | LES COMPORTEMENTS DU MANAGER POUR LES FAVORISER |
|---|---|
| 1. LIBERTÉ D'EXPRESSION | ÉCOUTE |
| 2. DÉSIR DE CRÉER, DE RÉALISER | SÉDUCTION, PERSUASION |
| 3. SENS DE L'ANTICIPATION | VIGILANCE |
| 4. PERSÉVÉRANCE | SOUTIEN |
| 5. SENS ET DÉSIR DE L'ÉCHANGE | RENCONTRE |
| 6. ENGAGEMENT, PRISE DE RISQUES | DROIT À L'ERREUR |
| 7. AUTONOMIE | CONFIANCE, RESPONSABILISATION |
| 8. OUVERTURE | OUVERTURE |

Dans toute entreprise qui s'oriente vers cette forme de management par projet, il est important de définir les rôles de chacun dans la conduite d'un projet.

**Chaque chose a une place, chaque être doit trouver sa place**

Une des dérives possibles réside dans la possibilité que certains acteurs de l'entreprise jouent plusieurs rôles.

La confusion des rôles est une source de conflits, d'où un risque d'échec face au projet.

La crainte de ces acteurs est une perte de pouvoir et une volonté de s'approprier la réussite du projet.

Cette façon de faire est un détournement du système et, à terme, un désengagement du personnel face au management par projet.

## LE MANAGEMENT DU PROCESSUS DU PROJET

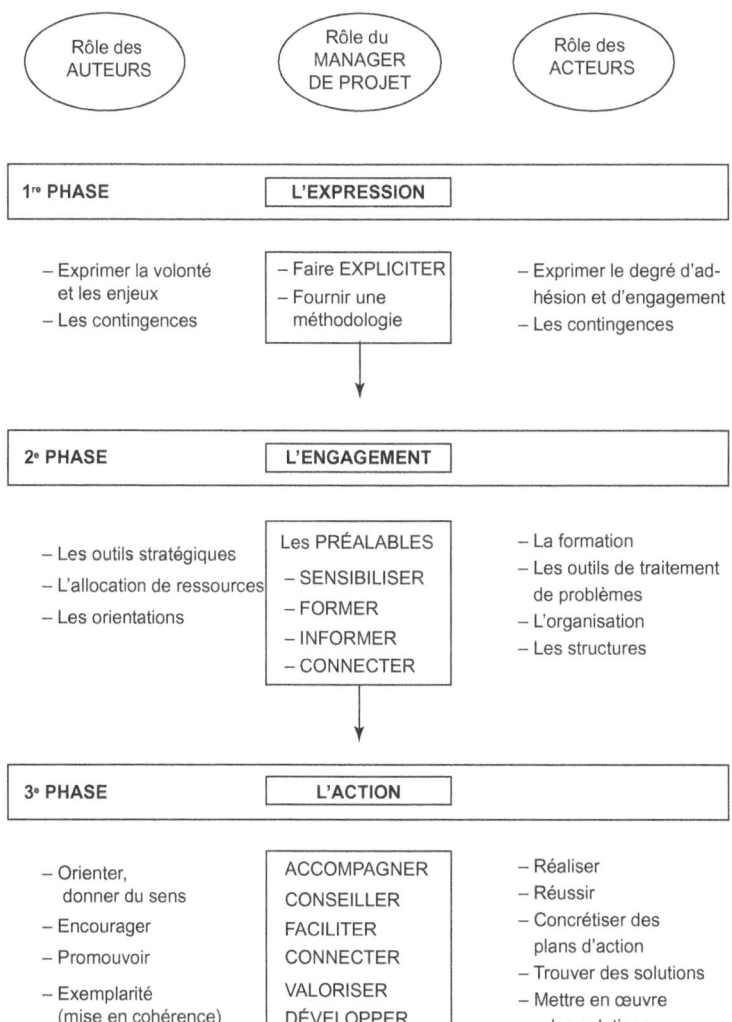

# Chapitre 2
# La responsabilité en management par projets

## 1. La responsabilité du chef de projet

Dans le cadre de la conduite d'un projet, être responsable est une nécessité morale et intellectuelle. Elle correspond à un double engagement vis-à-vis de l'entreprise par rapport à l'objectif à atteindre en ce qui concerne la mise en œuvre du projet. En assurer le succès ou l'échec est un engagement de responsabilité du groupe projet. C'est mettre en avant le profit collectif et non son intérêt personnel. Un responsable n'est vraiment efficace que s'il se fixe pour but de faire coopérer des individus dont les points de vue et les objectifs sont souvent incompatibles.

*Le chef de projet est responsable devant l'entreprise et son équipe*

La responsabilité d'un chef de projet ne pourra être effective que si ce dernier a une autorité reconnue et acceptée par le groupe projet. Dans ce groupe, il doit trouver la confiance, la cohésion, la participation de tous et une bonne communication. Les valeurs impliquent une direction, celle qui est porteuse d'autorité et rend légitime le manager de projet. Cette autorité doit concilier pouvoir et contrainte, c'est une relation de confiance avec le groupe, l'entreprise et toutes les personnes concernées par le projet. Sans confiance, le pouvoir n'est que contrainte. Pour donner un sens à cette confiance, il ne faut pas des discours, mais des actes sous forme de dispositifs structurels, de synthèses et de valeurs qui se renforcent mutuellement. Ce qui permet au chef de projet d'obtenir des résultats et d'atteindre l'objectif qui lui est confié.

Le chef de projet doit être le leader naturel du projet.

Dans le groupe projet, sa responsabilité sera double vis-à-vis de l'individu et de l'équipe, mais également partagée dans la conduite du projet.

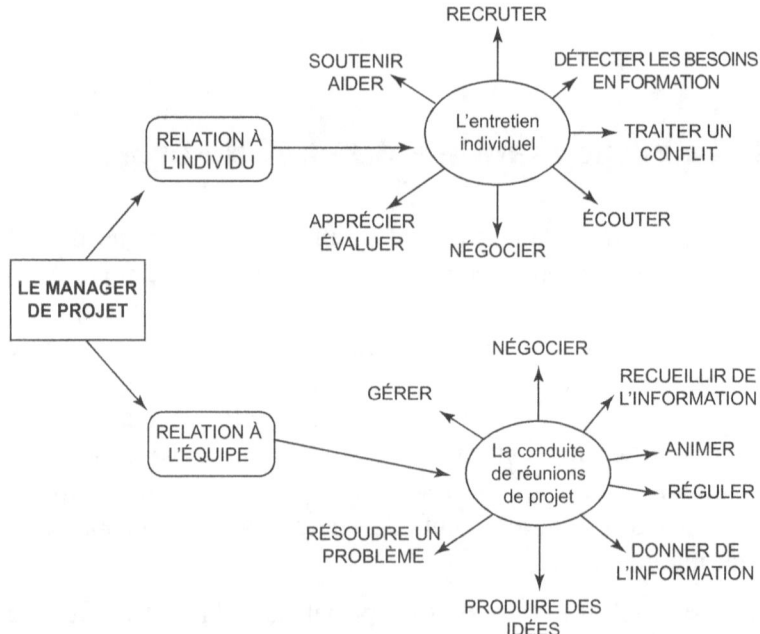

## CONDUITE DE PROJET : SCHÉMA DIRECTEUR

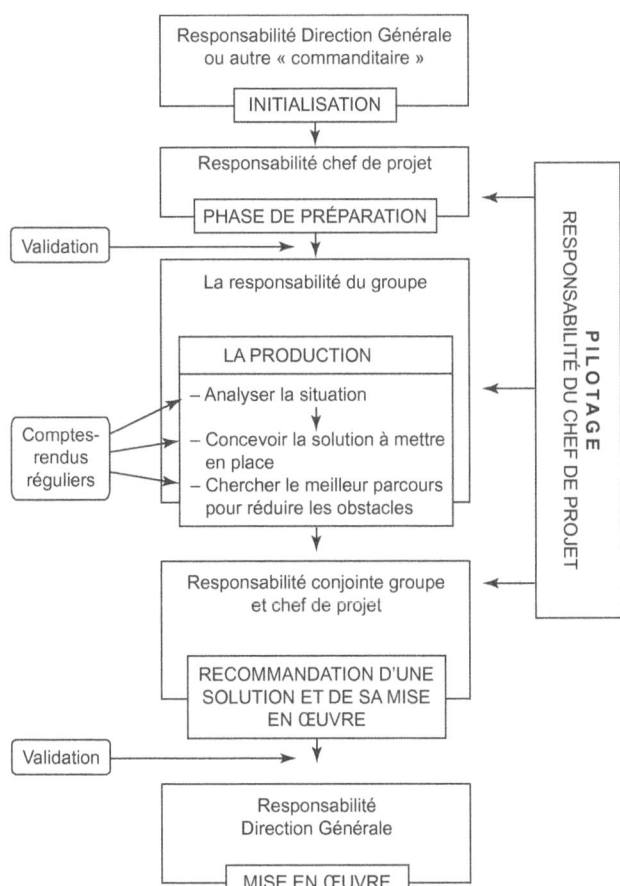

# 2. La fonction responsable de projet

La fonction « responsable de projet », prend des appellations diverses suivant les milieux (coordonnateur de projet, chargé de projet, gérant de projet, directeur de projet...) et les rôles et attributions des personnes qui l'occupent varient considérablement. En ce qui concerne le présent document, nous emploierons le terme « gérant de projet » pour désigner toute personne à qui l'on confie la responsabilité de réaliser un ou plusieurs projets assujettis à des contraintes techniques, budgétaires et d'échéancier.

## LA FONCTION GÉRANT DE PROJET

Le rôle de gestionnaire est souvent défini suivant les fonctions traditionnelles de management : planification, organisation, direction, contrôle, communication... Sa principale caractéristique est d'établir une distinction entre la personne qui gère un travail et celle(s) qui l'exécute(nt). Or le gérant de projet est un gestionnaire de type particulier ; il (elle) exerce fondamentalement les mêmes fonctions que le responsable d'une unité administrative, mais son contexte de travail l'oblige à accorder plus d'importance à l'exercice de certains rôles et à les jouer de façon fort différente. Comme nous le savons, un projet est une entreprise de durée limitée, impliquant généralement plusieurs intervenants dont la plupart échappent souvent au contrôle direct du gérant de projet, fréquemment soumise à une grande incertitude technologique et environnementale, et devant respecter des exigences rigoureuses en terme de performance technique, d'échéancier et de coûts. Dans ce contexte particulier, la gestion des liaisons avec l'environnement du projet revêt une importance capitale, ainsi que la coordination des différentes composantes du projet. On représente d'ailleurs souvent le gérant de projet comme étant surtout un gestionnaire d'interfaces, une interface étant un point de jonction entre deux composantes d'un système. Un projet implique une multitude d'interfaces de différente nature ; mentionnons entre autres :

*Chef de projet, c'est un contrat à durée limitée*

– les **interfaces sociales**, soit entre le gérant le projet et chacun des intervenants impliqués dans le projet ou entre les intervenants eux-mêmes ;
– les **interfaces techniques**, soit entre les différentes composantes physiques du système à produire ;
– les **interfaces séquentielles**, soit entre les diverses étapes du projet.

Par exemple, en ce qui concerne les interfaces sociales, le gérant de projet se trouve normalement au carrefour des relations entre les intervenants impliqués, comme l'indique le schéma. Cette position de carrefour est à la fois privilégiée et exigeante. Elle est privilégiée en ce sens que s'il joue adéquatement son rôle, le gérant de projet disposera des informations nécessaires pour prendre des décisions opportunes concernant son projet. Elle est par contre exigeante car chacune de ces interfaces peut lui causer des problèmes en cours de réalisation ; il (elle) se doit donc de les gérer adéquatement sans quoi son projet risque d'être un échec. Cette responsabilité est d'ailleurs des plus accaparantes ; certaines études ont en effet démontré que le gérant de projet passait plus de 90 % de son temps en interaction avec d'autres intervenants. Cette vision du contexte dans lequel œuvre le gérant de projet nous amène à concevoir ses activités comme étant regroupées en un certain nombre de rôles prépondérants qui sont identifiés au schéma.

*Chef de projet, c'est l'interface entre l'entreprise, l'équipe et le projet*

## LE GÉRANT DE PROJET : UN CARREFOUR

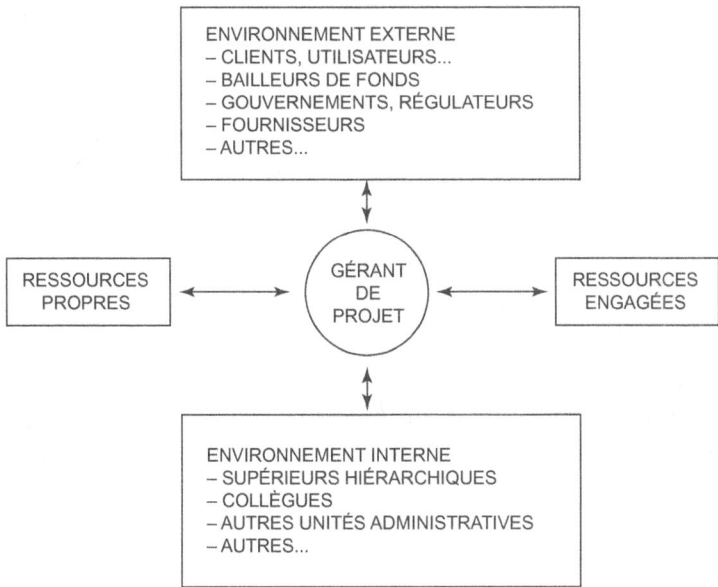

## LES RÔLES INTERPERSONNELS OU DE LIAISON

Il est utile de distinguer trois rôles de liaison selon la nature des intervenants impliqués ; en effet, les trois regroupements identifiés sur le schéma se distinguent tant par la nature que par la forme de leurs interactions avec le gérant de projet.

### • LA LIAISON AVEC L'ENVIRONNEMENT

*Chef de projet, c'est un agent de liaison dans l'entreprise*

Comme nous l'avons précédemment indiqué, l'environnement du gérant de projet, tel qu'ici défini, inclut tous les organismes et individus qui sont susceptibles d'avoir un impact quelconque sur le déroulement du projet ; ainsi sont considérés tant les interfaces internes à l'organisation, soit les collègues, les supérieurs, les représentants des autres unités administratives que les interfaces externes à l'organisation comme les utilisateurs, ceux qui ont le pouvoir d'assurer le respect des réglementations gouvernementales, etc. Ce rôle regroupe les activités de contact ayant pour but de faciliter et de rendre plus efficace l'exercice éventuel du rôle décisionnel que nous appelons la gestion de l'environnement. Par exemple, si l'une des interfaces identifiées comme potentiellement critiques est un fournisseur de matériaux, le gérant de projet pourra décider de le rencontrer dans les plus brefs délais afin d'établir avec lui une relation de confiance, de lui faire part de ses besoins, et de s'informer des obstacles prévisibles dans la livraison des matériaux. La liaison étant établie, le gérant de projet pourra par la suite la nourrir par des contacts téléphoniques ou même de nouvelles rencontres.

### • LA LIAISON AVEC LES CONTRACTUELS

L'une des caractéristiques de la gestion de projet est le recours fréquent au FAIRE-FAIRE, c'est-à-dire à l'engagement de ressources extérieures pour superviser et réaliser les travaux et même quelquefois pour les concevoir. Ce « modus operandi » particulier implique un ensemble d'activités de liaison avec des individus et entreprises pouvant être retenus comme conseillers ou agents d'exécution. En certains cas, les activités de ce rôle, ainsi que celles du rôle décisionnel qui lui est directement associé, soit la gestion des ressources, comptent pour une partie importante du travail du gérant de projet ; soulignons entre autres à cet égard les activités faisant partie du processus contractuel et les fréquents échanges sur le déroulement du projet.

Le rôle de liaison avec les contractuels actuels ou potentiels est exercé dans le but de mieux choisir ceux-ci et évidemment d'établir une relation de coopération qui puisse par la suite faciliter l'exercice de l'ensemble des rôles décisionnels.

## LES RÔLES DU GÉRANT DE PROJET

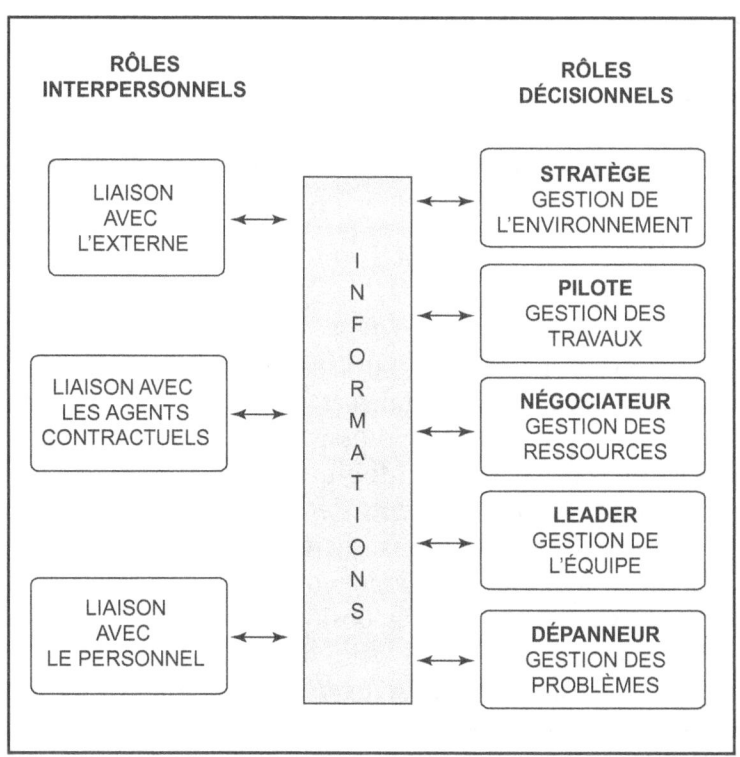

### • LA LIAISON AVEC LES RESSOURCES DU PROJET

Ce rôle se réfère aux interactions du gérant de projet avec d'une part le personnel qu'il dirige directement et d'autre part avec les ressources qui lui sont fournies pour l'assister dans le cadre d'un projet particulier. Ce rôle, très vaste dans certains cas et très limité dans d'autres, où le gérant n'a pas ou peu de ressources internes, est directement associé au rôle décisionnel de LEADER. Il consiste à établir et à maintenir avec ces ressources des relations permettant entre autres de mieux les connaître et de favoriser leur engagement.

## LES RÔLES DÉCISIONNELS

Le dernier schéma identifie également cinq rôles décisionnels importants qu'exerce normalement le gérant de projet dans le cadre de ses attributions, soit : **STRATÈGE, PILOTE, NÉGOCIATEUR, LEADER ET DÉPANNEUR**. Ces rôles ont en commun une référence à des activités de prise de décisions ; c'est le contexte décisionnel qui permet des les distinguer.

### • LE RÔLE DE STRATÈGE (ou de GESTION DE L'ENVIRONNEMENT)

*Chef de projet, c'est un acteur de théâtre qui joue plusieurs rôles*

Ce rôle de stratège est analogue à ce lui qu'exerce le général d'armée avant une bataille ou l'instructeur d'une équipe de football la veille d'un grand match. S'ils sont compétents, d'abord ils analysent les conditions du terrain, se renseignent sur les prévisions météorologiques et les autres sources d'incertitude, évaluent les forces et faiblesses de l'adversaire et ébauchent des prédictions quant à sa stratégie ; forts de cette information, ils définissent ensuite leur propre stratégie d'action. À certains égards la position du gérant de projet est encore plus exigeante car il (elle) n'a devant lui (elle) aucun adversaire défini et les sources d'incertitude qui menacent son projet sont souvent aussi nombreuses que variées ; il aura donc en premier lieu à explorer son environnement afin de les repérer. À l'instar du général, il peut choisir de ne pas exercer ce rôle et de se lancer à froid dans la bataille en s'appuyant sur l'exercice de son rôle de dépanneur pour connaître le succès : « on règlera les problèmes quand ils se présenteront ». Il a été maintes fois démontré que cette attitude entraîne un risque élevé d'échec, le risque étant d'autant plus grand que le niveau d'incertitude est élevé. Le rôle de stratège a donc pour but de permettre une meilleure gestion de l'environnement, c'est-à-dire un meilleur contrôle de l'incertitude. Il suppose la volonté et la capacité de se questionner quant au futur et de prendre les mesures susceptibles de réduire l'incertitude ou de mieux y faire face.

- **LE RÔLE DE PILOTE** (ou la GESTION DES TRAVAUX)

Le rôle de pilote correspond au rôle traditionnel du gérant de projet, soit celui de planifier et de contrôler la réalisation du projet en s'assurant que les produits attendus seraient produits au moment prévu, en respectant les normes pertinentes de qualité et en minimisant les coûts. Comme la plupart des projets sont soumis à des exigences très rigoureuses, ce rôle revêt une importance capitale pour le succès du projet. La planification d'un projet comporte généralement plusieurs volets dont les principaux sont :

*Chef de projet, c'est un pilote qui sait garder le cap*

– la définition de l'envergure et des principales caractéristiques du projet de façon à ce qu'il satisfasse les besoins du demandeur ;
– l'étude de faisabilité du projet en terme de :
    • faisabilité technique ;
    • respect des contraintes de temps et de budget ;
    • respect des politiques et réglementations pertinentes ;
    • impact sur le milieu (utilisateurs, environnement…) ;
    • risques et évènements critiques susceptibles d'avoir un impact négatif sur le projet. Le second cas réfère au contexte du FAIRE-FAIRE ; il englobe alors les activités reliées à la sélection des mandataires et à la négociation des ententes contractuelles. Il existe évidemment de nombreuses autres situations où le gérant de projet peut être appelé à jouer son rôle de négociateur ; mentionnons entre autres la négociation des changements et des réclamations, les conventions de travail, etc.

© Éditions d'Organisation

### • LE RÔLE DE LEADER (ou la GESTION DE L'ÉQUIPE)

Le rôle de LEADER englobe les activités par lesquelles le gérant de projet organise et dirige ses ressources propres ainsi que celles qui lui sont temporairement confiées pour les besoins du projet. Ce rôle comprend plusieurs volets ; mentionnons entre autres :

– la connaissance des forces et faiblesses de ses ressources et l'habileté à en tirer le maximum ;
– la création et le maintien d'un fort sentiment d'appartenance au projet ;
– la création et le maintien d'une équipe de projet cohésive et efficace ;
– la motivation des ressources dans les moments les plus difficiles ;
– l'exemple, le support.

Ce rôle LEADER est très exigeant car son efficacité dépend souvent moins des activités que le gérant de projet entreprend que la façon dont il s'y prend ; sachant qu'il existe en cette matière de multiples façons de faire une même chose et que la bonne façon n'est pas toujours la même en toutes circonstances et avec toutes les personnes, il en résulte que l'exercice de ce rôle est un art difficile dont on peut néanmoins améliorer la maîtrise avec un entraînement approprié.

### • LE RÔLE DE DÉPANNEUR (ou la GESTION DES PROBLÈMES)

*Chef de projet, c'est un patron qui met les mains dans le cambouis*

Le rôle de dépanneur consiste à trouver une solution aux nombreux problèmes qui surgissent tout au long du projet, qu'ils proviennent du projet lui-même ou de son environnement. Le rôle de dépanneur s'exerce souvent dans un contexte d'urgence ; en effet, comme les problèmes sont des imprévus, ils ne figurent pas à l'échéancier du projet et tout délai apporté à leur solution risque de se répercuter en un retard sur l'échéancier, d'où la nécessité pour le gérant de projet d'être bien informé et d'agir rapidement en vue d'en arriver à une solution adéquate.

## INTERELATIONS ENTRE LES RÔLES

Il existe une relation étroite entre les rôles décisionnels. En effet, plus l'incertitude est réduite par la prévision (rôle de **stratège**), moins il est probable que des problèmes imprévus viennent perturber le déroulement du projet, et moins le gérant de projet devra jouer son rôle de **dépanneur**. De plus, meilleur est le système de **pilotage** et le **leadership** du gérant de projet, plus il (elle) sera avisé(e) rapidement de l'émergence d'un problème, et plus l'information reçue sera fiable. Il (elle) pourra alors trouver plus facilement une solution adéquate au problème tout en évitant des délais indésirables. Soulignons enfin que si les rôles de **stratège**, de **pilote** et de **leader** n'ont pas été convenablement exercés, les problèmes surviendront probablement à un rythme plus élevé et ils risquent d'être plus importants, ce qui engendrera chez le gérant de projet un état de stress important. Cette tension l'amènera quasi inévitablement à exercer moins efficacement son rôle de dépanneur car il (elle) sera alors porté(e) à prendre des décisions hâtives sans une analyse suffisante des alternatives disponibles et des conséquences sur l'ensemble du projet, ou pire encore à devenir paralysé(e) par l'incertitude et incapable de décider.

*Chef de projet, c'est un homme aux nombreuses casquettes*

## RÔLES ET FONCTIONS DU GÉRANT DE PROJET

| RÔLES | FONCTIONS |
|---|---|
| **STRATÈGE** | – GESTION DES INTERFACES DU PROJET<br>– GESTION DES RISQUES |
| **PILOTE** | – INTÉGRATION<br>– PLANIFICATION ORGANISATION CONTRÔLE<br>• CONTENU – RESSOURCES HUMAINES<br>• QUALITÉ – RESSOURCES MATÉRIELLES<br>• TEMPS – RESSOURCES FINANCIÈRES<br>• COÛTS – INFORMATIONS |
| **NÉGOCIATEUR** | – ACQUISITION DES RESSOURCES<br>– MANDATS, CONTRATS, ENTENTES |
| **LEADER** | – GESTION DE L'ÉQUIPE (MOTIVATION)<br>– GESTION DES PERFORMANCES<br>– GESTION DES CONFLITS |
| **DÉPANNEUR** | – GESTION DES PROBLÈMES |

## 3. Les fonctionnels face aux projets

À la fin du XIX$^e$ siècle, les entreprises fonctionnent sur le mode de la structure pyramidale linéaire, qui place chaque unité de travail sous l'autorité et la responsabilité d'une seule personne.

<small>Quand les fonctionnels deviennent des opérationnels</small>

Dans ce type de structure, les activités fonctionnelles et opérationnelles sont prises en charge par la même personne, et les responsabilités ne varient qu'avec le niveau hiérarchique, ce qui permet une polyvalence à chacun de ces niveaux, mais réduite à son minimum (plus la taille de l'entreprise est importante, plus ce type de structure implique un nombre important de niveaux hiérarchiques et plus la polyvalence diminue).

C'est au début du XX$^e$ siècle, que Taylor, avec l'organisation scientifique du travail, introduit la séparation des activités fonctionnelles et opérationnelles au niveau de la maîtrise, mais la structure de maîtrise fonctionnelle de Taylor reste une structure hiérarchique.

Les apports de Fayol font évoluer cette structure pour donner naissance à des services fonctionnels, devant établir des liaisons fonctionnelles non hiérarchiques avec la ligne opérationnelle.

C'est à partir de ce modèle, qu'un grand nombre de structures d'entreprises ont été imaginées par la suite, séparant ainsi ligne fonctionnelle et ligne opérationnelle.

Si cette séparation des activités rend l'entreprise capable de remplir les tâches essentielles à sa bonne marche, elle fait naître néanmoins des difficultés de plusieurs nature et l'introduction de groupes projets transversaux ne fait qu'amplifier les incompréhensions et les problèmes de communication interne.

La pratique d'un mode de fonctionnement pyramidal reposant à la fois sur une structure de centralisation des pouvoirs et sur une culture qui privilégie le statut hiérarchique, n'a pas préparé les fonctionnels et les opérationnels à travailler en synergie.

En effet, trois cas de figure peuvent se présenter :

- la ligne fonctionnelle a un pouvoir hiérarchique par autorité déléguée sur les opérationnels et ses conseils deviennent des ordres qui frappent d'impuissance les opérationnels ;
- la ligne fonctionnelle est purement de conseil et, auquel cas, elle peut ne pas être suivie par les opérationnels, ce qui provoque chez elle, sentiments de frustration et d'inutilité ;
- la distribution des pouvoirs est mal définie, les règles du jeu sont floues, ce qui provoque bon nombre de conflits de pouvoir qui neutralisent les compétences réciproques.

Le positionnement des responsables projet, comme interface des fonctionnels et des opérationnels, engendre une hiérarchie supplémentaire, d'où la difficulté de savoir où est l'autorité et la responsabilité.

L'insuffisance des dispositifs de coordination et de communication interne associée aux rivalités abordées précédemment aboutit très souvent à un cloisonnement rigide des services fonctionnels et opérationnels qui ne fait qu'alimenter leurs incompréhensions réciproques.

*L'important c'est de clarifier le rôle des acteurs de l'entreprise*

Ceci a pour effet de diminuer l'efficacité de l'ensemble en ralentissant la capacité de réponse de l'entreprise dans la conduite du projet.

Dans le contexte de changement actuel qui nécessite une plus grande décentralisation des pouvoirs, le rôle des fonctionnels est amené à évoluer considérablement.

Cette évolution facilitera probablement la résolution des difficultés évoquées précédemment puisqu'elle appelle un changement profond de culture et la création de nouveaux dispositifs.

Une dynamique d'échange (de compétences, d'informations...) entre plusieurs personnes ou groupes de personnes ayant pour cible le système client par l'intermédiaire du projet, peut être temporaire ou permanente.

Elle peut être :

– provoquée (appel - demande) ;
– intrinsèque à une position.

C'est une aide qui doit permettre de résoudre des difficultés, d'anticiper des situations, de proposer des évolutions, de définir des stratégies, de mettre en relation, de capitaliser et de transférer des savoirs/savoir-faire.

C'est un apport de compétences supplémentaires.

C'est un appui, souple, modulable, évolutif sur lequel on peut se poser/s'installer.

Elle peut être :

– un guide si la dynamique est impulsée par celui qui soutient ;
– un accompagnement si la dynamique est imposée par celui qui est soutenu.

**Le fonctionnel devient un acteur responsable en mode projet**

Elle met en scène un ensemble plus complexe d'acteurs et de rôles divers à jouer dans l'optique du client final, ce système pouvant conduire au rôle de soutien pour remplir une mission transversale auprès des différents acteurs du projet.

Comme évoqué précédemment, les entreprises décentralisent de plus en plus les responsabilités opérationnelles au plus près du terrain, ce qui place le fonctionnel dans une dynamique nouvelle qui vise à faciliter la mise en œuvre de la décentralisation tout en assurant la cohérence d'ensemble.

Tout le talent du fonctionnel va donc résider dans sa capacité à rendre complémentaires deux processus en apparence contradictoires :

– un processus centralisateur pour assurer le respect des finalités, des règles du jeu et valeurs communes ;
– un processus décentralisateur pour favoriser le développement des initiatives locales.

Ceci va amener le fonctionnel à jouer une responsabilité majeure centrée sur la relation et la mise en relation des différents acteurs et qui privilégie la concertation, la négociation, la pédagogie et l'éthique.

### 3.1. Intervenir pour apporter de la valeur ajoutée dans les projets

a) pour aider à les élaborer

Concevoir/participer à la conception d'un projet.

Garantir la cohérence et la pertinence des projets par rapport :
– au cadre institutionnel ;
– aux actions à mener ;
– aux différents rôles et missions à jouer par les acteurs.

b) pour aider à les mettre en œuvre

Assistance à la conduite du changement.

Faciliter la mise en œuvre des projets :
– mise en forme des actions ;
– mise en relation des acteurs.

### 3.2. Intervenir pour apporter de la valeur ajoutée aux prises de décisions

Appréhender l'ensemble des dimensions et des effets concernant la décision.

Permettre à un décideur d'avoir d'autres points de repères que les siens propres.

### 3.3. Intervenir pour établir et garantir l'application des règles du jeu

Élaborer et être garant des règles du jeu et de leur respect.

### 3.4. Intervenir pour préparer l'avenir

Envisager les stratégies du futur et anticiper sur les futurs projets.

## 4. Conclusion

Dans le management par projets, la fonction de responsable peut se traduire en cinq points :

– Des missions qui entraînent des raisons d'être, des obligations et des résultats.
– Des rôles en fonction de son style de management : producteur, coordinateur ou entrepreneur.
– Des niveaux d'activité qui correspondent à des rituels, des remontées et des descentes d'information et de la créativité.
– Des fonctions par rapport au groupe projet et au projet, pour organiser, communiquer, mobiliser, former, responsabiliser, évaluer et anticiper.
– Des attitudes face aux responsabilités de gestionnaire, d'animateur et de décideur

Cette responsabilité du manager de projet n'exclut pas le rôle de la hiérarchie de l'entreprise : la plus grande difficulté rencontrée par les chefs de projet dans une structure transversale est le positionnement du manager par rapport aux autres fonctions managériales de l'entreprise.

*La réussite d'un projet dépend d'une équipe et non d'une personne*

Aujourd'hui, la réussite individuelle est soumise à celle de la collectivité. La responsabilité de la Direction sera de savoir reconnaître et évaluer les acteurs d'un projet en fonction des résultats, mais devra tenir compte des performances des fonctionnels et des opérationnels qui ne font pas partie du groupe projet, mais qui sont les acteurs de la réussite ou de l'échec du projet dans sa phase amont sous forme d'idées ou de concrétisation dans son développement.

© Éditions d'Organisation

Un autre point important est l'aboutissement d'un projet où l'équipe projet et son chef se retrouvent dans leur service respectif. Il en va de la responsabilité de chacun de continuer à être mobilisé en dehors du projet.

Ce retour se fera d'autant plus facilement que, pendant la conduite du projet, les acteurs du groupe ont maintenu une communication permanente avec le reste de l'entreprise.

# CONCLUSION GÉNÉRALE

La mondialisation de l'économie et l'ouverture des marchés élargissent et accélèrent la concurrence.

La capacité d'innovation dans les techniques, la haute technologie et les rapports aux clients remplacent désormais la rationalisation taylorienne pour répondre à la demande des marchés internationaux.

L'entreprise est aujourd'hui confrontée à un certain nombre d'impératifs incontournables : diminuer les coûts, réduire les délais, améliorer la qualité, augmenter sa réactivité, s'adapter aux marchés et aux besoins des clients, innover et produire mieux.

*Dans un marché ouvert il faut respecter les coûts, les délais et la qualité*

Pour atteindre ces objectifs face à une telle complexité, l'entreprise doit s'adapter et se doter d'une nouvelle approche managériale qui favorise l'implication des hommes et le développement de leur professionnalisme. Tout changement est un processus qui a des répercussions dans deux domaines au moins, les structures et les hommes et, qui a une influence sur les techniques.

La conduite du changement dans une entreprise est souvent mal perçue par son personnel dans un marché en forte croissance, passage vers l'inconnu, perte de référentiel et dans un univers serein. La conduite du changement s'avère encore plus délicate dans un univers en crise. Dans ces conditions, tout changement ne peut être qu'un processus de négociation. Il existe toute une tradition psycho-sociologique, qui consiste à chercher les moyens de diminuer les résistances au changement dans l'entreprise. Nous pensons que cette recherche est une impasse. En effet, les recherches sociologiques ont bien montré que les résistances au changement, comme on dit, ne veulent pas forcément dire « égoïsme, anachronisme, routine ou manque d'information ».

En fait, nous avons tous pu constater dans les entreprises que les gens changent vite et bien dès qu'ils estiment que ce changement est valable.

Cette analyse, en terme de résistance, ne tient pas compte de la réalité de fonctionnement des entreprises que nous avons décrites. L'élément décisif du comportement est le jeu de pouvoir et d'autonomie pour exister dans l'organisation.

Chacun s'interroge sur la nouvelle répartition des pouvoirs.

Chacun va légitimement résister à tout déséquilibre qui ne maintient pas les mêmes possibilités d'autonomie.

Il faut que le nouveau système laisse à chacun les mêmes atouts pour négocier avec les autres dans l'organisation. Changer, c'est redistribuer les cartes, c'est changer le jeu. Tout changement devient un processus de négociation sur les modalités de transformation.

Les gens ne résistent pas au changement : ils négocient leurs capacités de négociation dans l'organisation.

Les régulations et les « défenses » des intéressés seront d'autant plus grandes qu'ils ne verront pas comment le changement va redistribuer relations et stratégies et s'ils vont y retrouver leur compte.

*Le succès dépend de la vitesse d'adaptation du personnel de l'entreprise*

Il est bien évident que le changement n'a quelques chances d'exister que si la bonne connaissance du contexte, le nouveau regard, nous permet de pouvoir agir avec les gens et leurs stratégies, avec les systèmes d'action existants et non pas contre les agents et contre la vie.

« Changer, c'est apprendre des jeux nouveaux » et c'est un apprentissage de tous les acteurs ensemble. La condition du changement et de l'adaptation au changement est l'acquisition de nouvelles capacités négociatrices. Tout ce que nous avons dit ici sur la négociation est décisif pour la réussite du changement.

Le changement est d'abord celui d'un système d'action, c'est-à-dire de nouveaux rapports humains et de nouvelles formes de contrôle social.

© Éditions d'Organisation

Alors, comment appréhender cette « pensée-organisation » au contenu plutôt abstrait ? Le problème consiste à lire, à savoir lire, tous ces liens tissés entre l'entreprise et les acteurs qui interagissent avec elle et de ce fait la fondent.

Chacun de ces liens a une logique, des lignes de force, des modes d'expression qu'il faut savoir identifier, reconnaître et qui sous-tendent leur régularité, leur saveur, leur substance foncière.

La consolidation de ces logiques de fond, leur structure, forment par construction le substrat de la « pensée-organisation » : il ne s'agit pas d'un mot d'ordre mais d'un raccourci d'univers ; pas d'une devise ni même d'un principe, mais d'un texte générateur, d'un récit originel.

Trois grandes questions demeurent, qu'une entreprise ne saurait éluder sans aller vers de sérieuses difficultés.

**Toute entreprise doit s'adapter à son environnement**

- Comment mettre vigoureusement en évidence la « pensée-organisation » de l'entreprise ? Elle doit régir le rapport aux autres, au monde, mais aussi à soi. Plus elle sera générale, riche, plus sa maille sera fine, mais en même temps plus ses lignes de force seront visibles, et plus pertinente sera la grille de lecture offerte au management quotidien pour maîtriser le monde.
- Comment créer un langage commun entre les différents acteurs du management qui permette les échanges, la compréhension et la coopération dans le traitement des situations concrètes, et qui soit le langage du management, donc l'outil de la « pensée-organisation » en action ?
- Comment modifier (en prenant appui sur l'entreprise-projet) l'architecture et le contenu de la pensée-organisation-sujet réservé du management central, avec les quelques actes lourds qui dépassent les capacités automanagériales ?

Au-delà de la mise en œuvre des techniques de motivation, de techniques de projets d'entreprise, de techniques de communication globale, c'est l'extension du potentiel managérial qui est en jeu.

Trois mots clés pour définir les objectifs de l'entreprise aujourd'hui :

– simplifier ;
– raccourcir ;
– intégrer.

**La force d'une entreprise dépend de son capital humain**

Pour répondre à ces objectifs, le management doit s'appuyer sur une stratégie centrée sur l'organisation et sur le capital humain.

Il est donc nécessaire de :

– raccourcir les circuits d'informations et de décisions ;
– maîtriser le développement des nouveaux produits par une approche de conduite de projets et son aspect managérial ;
– responsabiliser le personnel par rapport aux projets et à la vie de l'entreprise ;
– assurer l'évolution du personnel par la formation pour assurer le changement ;
– favoriser la communication et les échanges ;
– maîtriser la qualité ;
– agir et ne pas subir.

La gestion de projet est confiée à une équipe responsable qui intègre tous les métiers et les fonctions indispensables à sa réalisation par un raisonnement transversal par rapport au client externe et un raisonnement global avec toutes les dimensions du projet.

Elle nécessite une communication importante et un effort plus important, car les réseaux d'informations classiques ne peuvent plus être utilisés. Le référentiel étant différent, on ne sait plus qui doit informer.

Communiquer sur un projet ne se résume pas à transmettre des informations par voie orale ou écrite, mais à chercher à faire vivre et valoriser le projet par tous les moyens.

En ce sens, la communication est un acte authentique de management qui implique des actions telles que :

– clarifier les objectifs ;
– contrôler ;

– faire des commentaires, valoriser et critiquer les résultats ;
– « coacher », c'est-à-dire accompagner et apporter une aide individualisée si besoin est.

À l'ère de la communication et des médias, les cadres d'entreprise sont sensibles à la forme de la communication et ont tendance à crédibiliser ou décrédibiliser un projet selon la façon dont il est présenté et commenté. Ce qui caractérise une communication réussie sont les différents aspects suivants :

– une information précise et illustrée d'exemple ;
– une information synthétique ;
– une information imagée ;
– une information adaptée à la logique de la cible ;
– une information interactive (qui permet aux acteurs de réagir et de s'approprier peu à peu le projet) ;
– une information attractive, originale.

La méconnaissance de la logique individuelle des acteurs et l'habitude transmise par la société industrielle de tout pouvoir acheter et vendre conduit le plus souvent à adopter un comportement identique en matière de communication sur un projet. Ne dit-on pas : « faire passer le message », « vendre l'idée », « accrocher », autant de stéréotypes qui traduisent bien l'idée d'aller de l'avant, de vaincre les résistances et quelque part, de faire plier l'autre.

« Vendre », « informer » ou « faire adhérer » sont en fait des stratégies de communication qui tiennent compte des stratégies des acteurs et de l'existence d'intérêts convergents avec le projet.

**La communication interpersonnelle est le garant de tout changement**

La règle est que plus le projet va dans le sens des intérêts des acteurs, plus il est souhaitable de le vendre et que plus les résistances sont fortes, plus il s'agit de faire réfléchir et prendre le temps.

Piloter un changement revient donc à solliciter les compétences là où elles sont et à impliquer le plus tôt possible dans l'action les collaborateurs.

© Éditions d'Organisation

Ce n'est pas par profession de foi qu'il s'agit de pratiquer le management participatif, mais bien car il représente le seul moyen de maîtriser les zones d'incertitude, de traiter les résistances au changement et donc de gérer un changement progressif de représentation et de comportement.

Parmi les qualités du manager comme agent de changement, nous retiendrons plus particulièrement les suivantes :

– raisonne par rapport aux clients et/ou aux utilisateurs ;
– traite le « pourquoi » avant le « quoi » et le « comment » ;
– met à profit le changement pour développer les compétences (rôle de coach) ;
– donne du feed-back ;
– s'adapte à des logiques différentes de la sienne ;
– en tant que pilote, fait preuve d'exigences sur les résultats et de souplesse sur les personnes et les valeurs ;
– responsabilise et délègue ;
– met en place des relais et organise le maillage.

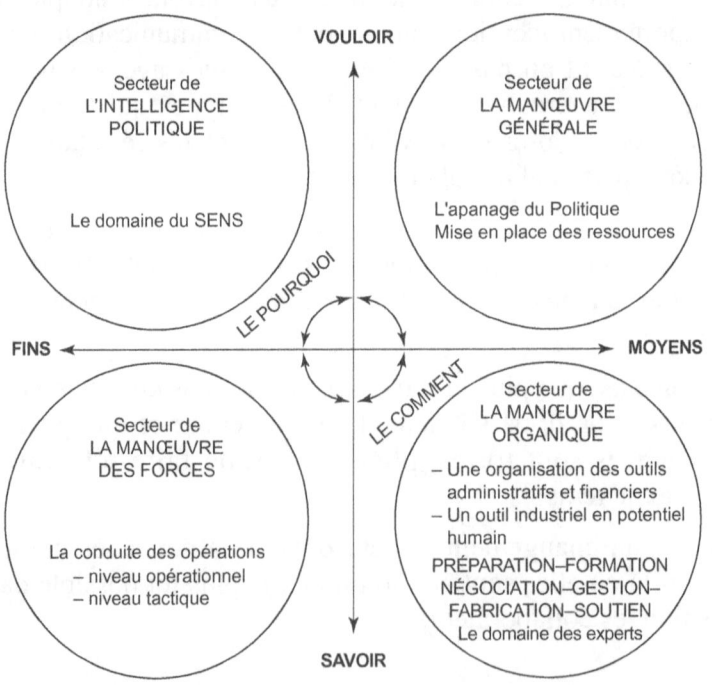

En conclusion, nous dirons que s'il est impossible de ne pas communiquer, la communication a le mérite de responsabiliser les acteurs sans garantir pour autant leurs attitudes d'adhésion au projet.

Pour mettre en place une telle organisation, il est impératif que dirigeants, managers et ensemble du personnel aient une volonté d'atteindre des objectifs communs et que l'entreprise dispose de moyens et de connaissances suffisants.

Le changement, c'est aussi un bouleversement des cultures. Les dirigeants des entreprises sont confrontés à un paradoxe : c'est que tout changement ne peut se réaliser qu'en tenant compte de la culture de l'entreprise et ne pourra se faire qu'en influant sur la culture. C'est pourquoi cette pensée-organisation se fera plus aisément dans des sociétés où la culture n'est pas trop forte.

Aujourd'hui, les lois du marché international ont changé, notre environnement évolue plus vite que par le passé, devient de plus en plus complexe et compétitif. On observe que dans toute organisation, chaque élément tend à fonctionner selon sa propre logique et à oublier que seuls les résultats globaux ont une importance réelle, à chaque fois que la démarche générale et les objectifs de l'entreprise sont inconnus ou mal compris de l'ensemble des acteurs. Les dirigeants des entreprises définissent, trop souvent, leurs priorités et ambitions pour leur entreprise en terme de considérations financières, commerciales, techniques et logistiques.

Dans ce contexte, les dirigeants doivent être capables de développer de nouvelles qualités pour mener à bien les tâches qui les attendent. Les entreprises ont besoin d'hommes et de femmes aptes à diriger, organiser, rationaliser, innover, susciter la confiance, l'adhésion et l'enthousiasme.

*Les comportements des dirigeants sont les clés du succès d'une entreprise*

Pour atteindre ces objectifs, les dirigeants doivent se situer dans un scénario gagnant et, de ce fait, mettre en place des stratégies d'expansion des entreprises. Ces stratégies seront en harmonie avec le corps social de l'entreprise dans une politique à long terme en préservant la maîtrise mentale de l'action et en considérant que les adversaires ne sont pas des ennemis qu'il faut détruire mais contenir, en jouant sur les différences et l'innovation.

Ceci entraîne un autre changement qui est le rôle, la mission et la fonction des futurs managers, dans ces entreprises où les projets sont conduits d'une façon transversale.

**Manager un métier en pleine évolution dans une révolution culturelle**

Les managers vont être amenés à changer continuellement ; aujourd'hui, chef de projet, demain acteur d'un groupe projet, et après demain, redevenir un simple fonctionnel ou opérationnel. Ceci va entraîner une grande mobilité au sein de l'entreprise et des difficultés de gestion au sein de la direction des ressources humaines des entreprises.

Pour obtenir de bons résultats dans un tel type de fonctionnement, sans entraîner frustrations et conflits, il est important, nécessaire et obligatoire, de préparer, éduquer et former nos futurs cadres (dans les grandes écoles et les universités) au management du XXI$^e$ siècle, si nous souhaitons que nos entreprises puissent jouer dans la cour des grands et atteindre leurs ambitions.

L'ambition, c'est l'horizon que l'on se fixe, proche ou lointain, avec plus ou moins de perspectives. Généralement, tout comme l'horizon, au fur et à mesure que l'organisation se rapproche de son ambition, elle en recule les limites.

Une organisation en tant que personne morale n'a aucune ambition. Ce sont les hommes qui sont porteurs d'ambition pour elle, que ces hommes soient les dirigeants, l'ensemble des salariés ou les actionnaires.

En l'absence d'ambition, la raison d'agir disparait vite ; seule subsiste éventuellement la raison de survivre. C'est l'ambition qui permet à l'organisation de se nourrir d'objectifs pour se développer.

© Éditions d'Organisation

# DÉFINITIONS ET TERMINOLOGIE

**Projet**
Processus qui engendre un ensemble d'activités coordonnées et maîtrisées comportant des dates de début et de fin, entrepris dans le but d'atteindre un objectif conforme à des exigences spécifiques, incluant les contraintes de délais, de coûts et de qualité.

**Compétence projet**
Aptitude démontrée à mettre en œuvre des connaissances, des compétences et savoir-faire nécessaires à la réussite des projets dans un organisme.

**Direction de projet**
Fonction dans le cadre de laquelle sont prises les décisions relatives aux objectifs, à la politique, aux aspects financiers et à l'organisation du projet.

**Équipe projet/groupe projet**
Ensemble des personnes qui participent aux activités concourant à la réalisation du projet par leur expertise technique, leur implication, leur engagement et leur intérêt dans l'aboutissement d'un projet.

**Faisabilité de projet**
Caractère de ce qui est faisable, réalisable, compte tenu des possibilités et contraintes techniques, économiques, sociales, environnementales et culturelles dans un contexte donné.

**Gestion de projet**
Fonction dont l'objectif essentiel est d'apporter à la direction de projet l'ensemble des informations analysées dans le but

d'assurer la pertinence et l'opportunité de ses décisions dans un cadre stratégique préétabli.

**Jalon**
Repère prédéterminé et significatif dans le cours d'un projet. Le jalon est lié à un événement (transfert d'autorité sur le projet...) et/ou marque la limite d'une phase correspondant en général à un besoin de contrôle, vérification, validation, d'étape intermédiaire faisant l'objet de l'établissement de données de sortie constituant données d'entrée de la phase suivante.

**Conduite de projet**
Utilisation d'outils et de méthodologie adaptés à la mise en œuvre de projets.

**Management de projet**
Direction et gestion de projet. Le management de projet s'applique au management (direction et gestion) d'un projet, quelle que soit l'organisation de l'organisme dans lequel interviennent les acteurs du projet.

**Management par projets**
Mode de management de l'organisme répondant à un besoin stratégique de regrouper tout ou partie des activités opérationnelles ou fonctionnelles en un ou plusieurs projets et conduisant à structurer tout ou une partie de son organisation et de ses règles de management et fonctionnement à partir et autour des projets à réaliser.

**Culture d'entreprise**
Ensemble de valeurs, d'aspects intellectuels, de connaissances acquises, d'habitudes fondées sur l'histoire de l'entreprise qui se traduisent par des réactions et des comportements récurrents et prévisibles de l'organisme et des individus qui le composent.

© Éditions d'Organisation

**Culture projet**

Culture caractérisant les entreprises fonctionnant en management par projets, basée sur le travail d'équipes pluridisciplinaires, la maîtrise de l'information et de la communication, le respect et la prise en compte des rôles et des responsabilités indépendamment du statut hiérarchique et l'utilisation courante des méthodes et outils de management de projet reconnus par l'organisme.

# BIBLIOGRAPHIE

ADAM B. *Animer une étude analyse de la valeur*, ESF, 1990.

AFAV *Exprimer le besoin, application de la démarche fonctionnelle*, AFNOR, 1989.

AFITEP *Dictionnaire du management de projet*, AFNOR, 1992.

AFITEP *Le management de projet, principes et pratiques*, AFNOR, 1991.

ANSOFF I. *Stratégie du développement de l'entreprise*, Éditions d'Organisation, 1989.

AUVRAY F. *Comment rentabiliser la recherche et le développement, choix, conduite et optimisation des projets*, Entreprise moderne d'édition, 1975.

BARTOLI A. et HERMEL P. *Piloter l'entreprise en mutation, une approche stratégique du changement*, Éditions d'Organisation, 1986.

BAUGIER J.-M. et VUILLOD S. *Stratégies du changement dans l'entreprise*, Eyrolles, 1990.

BAUMGARTNER J.-S. *Project management*, Home Wood Illinois, 1963.

BEAUDOIN P. *La gestion par projet* ; aspects stratégiques, Les Éditions Agence d'Arc, 1984.

BELLUT S. *La compétitivité par la maîtrise des coûts*, AFNOR, 1990.

BENGHOSI P.-J. *Innovation et gestion de projet*, Paris, Eyrolles, 1990.

BIOLLEY G. et ALII. *Mutation du management*, E.M.E., 1986.

BLAKE R.R. et MOUTON J.-S. *La troisième dimension du management*, Éditions d'Organisation, 1987.

BOMMENSATH M. *Manager l'intelligence de votre entreprise*, Éditions d'Organisation, 1987.

BOUTINET J.-P. *Histoire et projet*, in Pineau-Jobert, Histoires de vie, Paris L'Harmattan, 1989, b, t. 2, p. 157-172.

BOUTINET J.-P. Le projet dans le champ de la formation : entre le dur et le mou, *Éducation permanente*, 1987, p. 7-17.

BOUTINET J.-P. Paradoxes autour du projet et de son vieillissement, *Rencontres pédagogiques* Paris, *INRP*, 1989, a, 25. 122-126.

BOYER L. et EQUILBEY N. *Le projet d'entreprise*, Éditions d'Organisation, 1986.

BRIDIER M.-L. et MICHAILOF S. *Guide pratique d'analyse de projets. Analyse économique et financière de projets dans les pays en voie de développement* Paris, Economica, 1980.

BRILMAN J. *Gestion de crise et redressement d'entreprises*, Éditions Hommes et Techniques, 1985.

BRINER W., GEDDES M. et HASTINGS C. *Le manager de projet : un leader*, AFNOR, 1993, p. 264.

BRUMENT J.-M. et SZADECZKI Z. *Partenaires sociaux et conduite de projet l'exemple des industries de processus continu*, Éditions de l'ANACT, 1991.

BUIGUES P.-A. *Prospective et compétitivité*, Mc Graw Hill, 1985.

CALORI R. et ATAMER T. *L'action stratégique*, Éditions d'Organisation, 1991.

CANNAC Y. et LA CEGOS *La bataille de la compétence*, Éditions Hommes et Techniques, 1985.

CAZAUBON C., GRAMACIA G. et MASSARD G. *Management de projet technique*, Ellipses, 1997.

CHAIGNEAU Y. et PÉRIGORD M. *Du Management de projet à la qualité totale*, Éditions d'Organisation, 1990.

CHAN K.W. et MAUBORGNE R.A. The issue globalists dont talle about, *International management*, sept. 1987.

CHAUCHARD J.-L. *Le projet d'entreprise*, Paris, Éditions d'Organisation, 1990.

CHVIDCHENKO F. *Gestion des grands projets*, Toulouse, Éditions Cepadues, 1974.

CHVIDCHENKO I. et CHEVALLIER J. *Conduite et gestion de projets*, Éditions Cepadues, 1993.

CLAVIEZ J. *Diriger un projet informatique*, Editions J.C.I. inc., 1999.

CLELAND D. T. et KING W.R. *System analysis and Project management*, Mc Graw-Hill, 1968, trad. franç. *L'analyse des systèmes*, Entreprise moderne d'édition, 1971.

COLLERETTE P. et SCHNEIDER R., *Le pilotage du changement*, Presses Universitaires du Québec, 1997.

COTE N., BELANGER L. et JACQUES J. *La dimension humaine des organisations*, Éditions Gaëtan Morin, 1994.

CRAYSSAC L. *Accompagner des projets*, Projet, 1989.

CROZIER M. *Les nouveaux modes d'organisation*, Institut de l'Entreprise, 1985.

DAY G.S. Strategic market analyses and definition : an integrated approach, *Strategic Management Journal*, vol 2, 1981.

DECLERCK R.P., EYMERY P. et GRENER M.A. *Le management stratégique des projets*, Éditions Hommes et Techniques, 1980.

DECLERCK R.P. et al. *Le management et l'analyse du projet*, Éditions Hommes et Techniques, 1976.

DELAFOLLIE G. *Analyse de la valeur,* Hachette, 1991.

DEMING W.E. *Qualité : la révolution du management*, Economica, 1991.

DESMARAIS J.-M., HAMELLE B. et NIEWENGLOWSKI P. *Anticiper et vivre le changement*, Éditions d'Organisation, 1990.

Detrie J.-C. et Ramanantsoa B. *Stratégie de l'entreprise et diversification*, Nathan, 1983.

Deve J.-C. et Le Moal J.-Y. *Le guide du décideur*, Éditions d'Organisation, 1985.

Dubois P. *La division du travail*, Éditions FNSP, 1984.

Dunaud M. *Maîtriser la qualité et les coûts des produits et des projets*, Masson, 1987.

Du Roy O. *Gérer la modernisation : clé pour un management socio-technique du changement*, Éditions d'Organisation, 1989.

Du Roy O., Hunault J.-C. et Tubiana J. *Réussir l'investissement productif*, Éditions d'Organisation, 1985.

Fauvet J.-C. La culture et le projet d'entreprise, in *Mutation. du management*, Paris, Entreprise moderne d'édition, 1986.

Fievet G. *De la stratégie militaire à la stratégie d'entreprise*, Inter Éditions, 1992.

Galinon-Melenec B. *Projet et communication dans les universités*, Paris, Éditions d'Organisation, 1991.

Gedin M. *Méthode de conduite des projets informatiques*, Éditions d'Organisation, 1986.

Gelinier O. Stratégies externes et internes de l'entreprise compétitive, *Harvard l'Expansion*, n° 23, 1981.

Giard V. *Gestion de projets*, Economica, 1991.

Giard V. et Midler C., *Pilotages de Projet et Entreprises*, Economica, 1990.

Giroire J. *La volonté stratégique de l'entreprise*, Entreprise moderne d'édition, 1985.

Godet M. *Prospective et planification stratégique*, Economica, 1985.

Godet M. Le projet d'entreprise : utilité et limites, *Futuribles*, 1987, p. 61-67.

Hamalian E. *Objectif finalité totale*, Economica, 1992.

HAMEL G. et PRAHALAD C.-K. *La conquête du futur*, Inter Éditions 1995.

HAMEL G. et PRAHALAD C.-K. Competing for the future, *HARVARD Business Review*, Juil-Août 1994.

HANDY C. *The age of unreason*, Business books (Londres), 1990.

HERMEL P. L'approche socio-économique de la mise en œuvre stratégique de l'entreprise, *Revue Française de Gestion* n° 52, 1985.

HERMEL P. *Le Management participatif*, Éditions d'Organisation, 1992.

HERNIAUX G. *Organiser la conduite de projet*, INSEP, 1992.

JOCOU et LUCAS F. *Au cœur du changement : une autre démarche de management, la qualité totale.* Dunod, 1992.

JOFFRE P. *Comprendre la mondialisation de l'entreprise*, Economica, 1994.

JOLY M. et MULLER J.-L.-G. *De la gestion de projet au management par projet*, AFNOR, 1994.

JOUINEAU C. *L'analyse de la valeur : méthodes, mise en œuvre, applications*, ESF, 1985.

KEPNER C. et TREGOE B. *Le nouveau manager rationnel*, Inter Éditions, 1985.

KERZNER H. *Project management*, Van Noerstrand Reinhold Company, 1979.

KETS DE VRIES M. et MILLER D. *L'Entreprise névrosée*, Mc Graw Hill, 1985.

KING J.A. *Economic Devlopments Projects and their Appraisal*, 1967, The John's Hopkins Press Baltimore, trad. Franç. *Les projets de développement économique et leur évaluation*, Paris, Dunod 1969.

KOTLER P. et DUBOIS B. *Marketing management*, Publi Union 1994.

Landier H. *Vers l'entreprise intelligente : dynamique du changement*, Calmann-Lévy 1991.

Lantz P. Progrès et projet, in *Le progrès en question*, Éd. Anthropos 1978, p. 171-190.

Le Bissonnais J. *Le management de projet de A à Z, 530 questions pour faire le point*, Afnor 1992.

Le Boterf G. et Lessard P. *L'ingénierie des projets de développement, gestion participative et développement industriel*, Montréal, Agence d'Arc, 1986.

Lemaitre P. et Maders H.P. *L'efficacité du tertiaire par l'analyse de la valeur des processus*, Éditions d'Organisation 1991.

Le Moigne J.-L. *Les systèmes de décision dans les organisations*, PUF 1974.

Lesca H. *Système d'information pour le management stratégique de l'entreprise*, Mc Graw Hill, 1986.

Levitt T. The Globalization of markets, *Harvard Business review*, mai-juin 1993.

Lhotelier A. Le travail méthodique de projet, *Éducation permanente*, 1986, p. 67-72.

Lock D. *Project Management. Hou, to make it*, American Management Association, 1976.

Maders H.P., Gauthier E. et Le Gallais C., *Conduire un projet d'organisation*, Éditions d'Organisation, 1998.

Maire F. et Brument J.-M. *Conduite de projet industriel*, Éditions d'Organisation 1988.

March J. *Décisions et organisations*, Éditions d'Organisation, 1991.

Marchesnay M. *La stratégie du diagnostic à la décision industrielle*, Chotard, 1986.

Marchesnay M. *Management stratégique*, Eyrolles Université, 1993.

MARIN A. et DECROIX P. *L'art subtil du management*, Éditions d'Organisation, 1988.

MARION A. *Le diagnostic de l'entreprise : cadre méthodologique*, Economica, 1993.

MARTIN Ch.C. *Project Management. How to make it work*, New York, Amacom, 1976.

MARTINET A. CH. *Diagnostic stratégique*, Vuibert, 1988.

MARTINET A. CH. *Management stratégique organisation et politique*, Mc Graw Hill, 1984.

MARTINET A. CH. *Stratégie*, Vuibert, 1983.

MARTINET A. et CH. PETIT G. *L'entreprise dans un monde en changement*, Le Seuil, 1982.

MEAD EARLE E. *Les maîtres de la stratégie*, Flammarion, 1987, p. 267.

MENDRAS H. et FORSE M. *Le changement social*, Armand Colin, Collection I 1983.

MERIGOT J.-G. et LABOURDETTE A. *Éléments de gestion stratégique des entreprises*, Cujas, 1980.

MERUNKA D. *La prise de décision en management*, Vuibert, 1987.

MIDLER C. *L'auto qui n'existait pas*, Inter Éditions, 1993.

MILLOT M. et ROULLEAU J.-P. *Transformer l'organisation du travail : l'autonomie créatrice*, Éditions d'Organisation, 1991.

MINTZBERG H. La Nouvelle carte du monde, *l'Expansion*, n° 390-18, 1990.

MINTZBERG H. *Structure et dynamique des organisations*, Éditions d'Organisation, 1982.

MINTZBERG H. *Le Management*, Éditions d'Organisation, 1990.

MOTHE-GAUTRAT D. *Pour une nouvelle culture d'entreprise*, Éditions La Découverte, 1986.

NERE J.J., *Comment manager un projet*, Éditions Demos, 2000.

NÉRON R. *Le projet d'entreprise et la qualité totale, deux leviers de mobilisation des ressources, Nouvelles stratégies en gestion des ressources humaines*, Presses de l'Université du Québec, 1990, p. 65-82.

ONUDI *Directives pour l'évaluation de projets*, Nations Unies, New York, 1973.

ORTSLAN O. *La gestion des grands projets*, Direction et Gestions, 1970.

OSTROFF F. et SMITH D. *The horizontal organization*, The McKinsey quartely, n° 1, 1992.

PARIS F. *Missions stratégiques de l'équipe dirigeante*, Dunod, 1980.

PORTER M.-E. *Choix stratégiques et concurrence*, Economica, 1982.

PORTER M.-E. *L'Avantage concurrentiel*, Inter Éditions, 1986.

POYNTER T.A. et WHITE R.E. Making the horizontal organization work, *Business quartely*, hiver 1990.

PROBST G.J.B., MERCIER J.Y, BRUGGIMANN O. et RAKOTOBARISON A. *Organisation et Management*, Tomes 1 et 2, Éditions d'Organisation, 1991 et 1992.

PROVOST H., *La conduite de projet*, Éditions Technip, 1994.

QUENTIN J.-P. *Mutation 2000*, Le Hameau, 1982.

QUIBEL J. *Être un décideur avec les nouvelles technologies*, Éditions d'Organisation, 1988.

QUINN J. *L'entreprise intelligente*, Dunod, 1994.

RAIMBAULT M. et SAUSSOIS J. *Organiser le changement*, Éditions d'Organisation, 1983.

REIX R. *La flexibilité de l'entreprise*, Cujas, 1979. ROBIN J. Changer d'ère, Le Seuil, 1989, p. 268.

SALLENAVE J.-P. *Direction générale et stratégie d'entreprise*, Éditions d'Organisation, 1984.

SIMONET J. et SIMONET R. *Le management d'une équipe*, Éditions d'Organisation, 1987.

STALK G. et HOUT T.M. *Vaincre le temps*, Dunod, 1992.

STALK G., EVANS P. et SCHULMAN L.E. Competing on capabilities : The new rides of corporate strategy, *Harvard Business Review*, mars-avril 1992.

TAFURI M. *Projet et utopie*. Paris, Dunod, traduction 1979.

THIETART R.A. *La stratégie d'entreprise*, Mc Graw Hill, 1984.

TIBERGHIEN F. *Le rapport qualité-temps dans la performance de l'entreprise*, INSEP, 1995.

TISSIER D. *Guide pratique pour la gestion des unités et des projets*, INSEP, 1987.

TOFFLER A. *La Troisième vague* Denoël, 1980.

VALÉRY P. *Regards sur le monde actuel,* Gallimard, 1985.

WELLINS R. et GEORGE J. The key to self directed teams, *Training and Development journal, the associations for training and development*, avril 1991.

WESTNEY R.E. *Gestion de petits projets*, AFNOR, 1991.

www.ingramcontent.com/pod-product-compliance
Lightning Source LLC
Chambersburg PA
CBHW060507300426
44112CB00017B/2571